R & B

Tom Hodgkinson

Leitfaden für faule Eltern

Aus dem Englischen von Heike Steffen

ROGNER&BERNHARD

3. Auflage, Dezember 2009
© 2009 by Tom Hodgkinson
Die Originalausgabe erschien 2009 unter dem Titel: *The Idle Parent*
bei Penguin Books Ltd, London.
© der deutschen Ausgabe 2009 by Rogner & Bernhard GmbH &
Co. Verlags KG, Berlin
ISBN 978-3-8077-1047-1
www.rogner-bernhard.de

Lektorat: Kerstin Pistorius, Berlin
Umschlaggestaltung: Philippa Walz und Andreas Opiolka, Stuttgart
Umschlagabbildung: Jutta Klee / Corbis
Layout und Herstellung: Leslie Driesener, Berlin
Gesetzt aus der ITC Galliard Std
durch deutsch-türkischer fotosatz, Berlin
Druck und Bindung: CPI – Clausen & Bosse, Leck
Printed in Germany 2009

Inhalt

Vorwort 7

1. Zurück zur Kinderarbeit. 19

2. Schluss mit dem Gequengel 35

3. Streben Sie nicht nach Perfektion oder
   Warum schlechte Eltern gute Eltern sind . . 49

4. Ein Hoch auf die Natur 69

5. Je mehr, desto besser 83

6. Nieder mit der Schule 97

7. Der Mythos vom Spielzeug 119

8. Weg mit dem Fernseher, auf in die Freiheit. . 131

9. Wir wollen schlafen! 139

10. Die Macht von Musik und Tanz. 153

11. Schluss mit dem Beschäftigungsdrang,
    seien Sie wild. 165

12. Ein Nein zu Familienausflügen 183

13. Freude beim Essen – und einige Gedanken
    über Manieren 197

14. Lassen Sie Tiere für sich arbeiten 211

15. Basteln und bauen mit Holz und Gerümpel . 225

16. Sagen Sie »Ja« 239

17. Lernen Sie leben von Ihren Kindern 253

18. Gute Bücher und schlechte Bücher 271

19. Kein Stress mit Computern oder zu einem
    Tao der Elternschaft 293

Danksagung. 305

Register 307

Vorwort

Lasst das Kind in Ruhe.

D. H. Lawrence, »Education of the People«, 1918

Eine ungesunde Dosis Arbeitsethos droht die Kindheit zu zerstören. Jene Jahre, die eigentlich dem Spiel und dem freudvollen Lernen gewidmet sein sollten, werden von tyrannischen, arbeitsbesessenen Regierungen unter Zielvorgaben und Tests und langen Schultagen erstickt. Wirtschaftliche Interessen in Form von Spaßangeboten und Computerspielen bemächtigen sich der Freizeit unserer Kinder. Ehrgeizige Eltern tragen ihren Teil dazu bei, indem sie Kindheit in eine stressgeprägte Zeit angestrengten Strebens und Wetteiferns verwandeln. Die Tage unserer Kinder sind bis oben hin mit von Erwachsenen organisierten Aktivitäten verplant: Ballet, Judo, Tennis, Klavier, sportliche Wettkämpfe, Kunstprojekte. Zu Hause lassen sie sich von Riesenbildschirmen und Computern unterhalten. Zwischendrin werden sie in Blechkarossen festgeschnallt und müssen sich Lernkassetten anhören. Ambitionierte Mütter zwingen ihren völlig irregemachten Zehnjährigen stundenlange Hausaufgaben auf, immer mit der abstrakten Angst vor »zukünftigen Arbeitgebern« im Hinterkopf. Dann kaufen sie ihnen einen Nintendo Wii, jenes absurde und überteuerte Gerät, welches Computerspiel und körperliche Bewegung vereinen soll. Es ist nur noch eine Frage der Zeit, bis die ersten viel beschäftigten Kinder ihren eigenen BlackBerry bekommen.

Warum wird nicht mehr gespielt? Mir fällt ein Cartoon im *New Yorker* ein: zwei Kinder auf dem Spielplatz, beide starren in ihre Kalender. Eins sagt zum anderen: »Nächsten Donnerstag um vier hätte ich noch ein Zeitfenster für außerplanmäßiges Spielen frei.«

All diese Aktivitäten bedeuten eine gewaltige zeitliche und finanzielle Belastung für die ohnehin schon arg gebeutelten Eltern. Es bleibt keine Zeit für simples Herumalbern, für freies Spiel. Und sie haben noch den zweiten unerwünschten Nebeneffekt, dass Kinder verlernen, sich selbst zu beschäftigen. Wenn Kinder ständig von äußeren Instanzen stimuliert werden, sei es vom Kursleiter, vom Computer oder Fernseher, dann verlieren sie die Fähigkeit, sich eigene Spiele auszudenken. Sie vergessen, wie spielen geht. Ich erinnere mich noch gut, wie unser Ältester, ein Opfer chronischer Überstimulation durch seine ängstlich bemühten Eltern, in einem Moment der Langeweile brüllte: »Ich ... brauche ... *Unterhaltung*!« Ein ernüchternder Kommentar, insbesondere von einem Fünfjährigen. Was kommt jetzt? Was als Nächstes? Das sind die Fragen, die unsere hyperstimulierten Kinder stellen. Was ist aus ihrer eigenen Fantasie geworden, ihrem Einfallsreichtum?

Es gibt einen Ausweg aus dieser Falle der übereifrigen Elternschaft. Es gibt eine einfache Lösung, die Ihnen das Leben leichter und billiger und das Ihrer Kinder freudvoller machen wird. Sie wird dazu beitragen, glückliche, selbständige Kinder hervorzubringen, die in der Lage sind, ihr Leben selbst in die Hand zu nehmen, ohne auf einen Mama-Ersatz angewiesen zu sein. Ich nenne sie faule Elternschaft, und das simple Mantra ihrer Anhänger lautet: »Lasst sie in Ruhe.« Die überaus willkommene Erkenntnis, dass faule Eltern gute Eltern sind, habe ich folgender Passage aus einem Essay von D. H. Lawrence zu verdanken, der im Jahre 1918 unter dem Titel »Education of the People« erschien: »Wie erziehe ich mein Kind. Regel Nummer eins: Lass es in Ruhe. Regel Nummer zwei: Lass es in Ruhe. Regel Nummer drei: Lass es in Ruhe. Für den Anfang ist das genug.«

Geschäftigen modernen Eltern mag diese Idee zunächst abwegig erscheinen. Werden wir nicht ständig dazu angehalten, mehr zu tun statt weniger? Wir Eltern laufen alle mit dem quälenden Gefühl durch die Welt, irgendwie alles falsch zu machen und uns mehr anstrengen zu müssen. Nun, nein. Das Problem ist, dass wir viel zu viel Anstrengung in unser Elternsein stecken, nicht zu wenig. Indem wir uns ständig einmischen, nehmen wir dem Kind die Möglichkeit, selbst erwachsen zu werden und selbst zu lernen. Ein Kind, das ständig beschäftigt wurde, hat irgendwann verlernt, sich selbst zu beschäftigen. Wir müssen uns zurückziehen. Lassen Sie sie leben. Willkommen in der Schule für inaktive Elternschaft. Eine Win-win-Situation: Weniger Arbeit für Sie und besser für Ihr Kind, es wird mehr Spaß am Leben haben und selbständiger und unabhängiger werden.

Selbstverständlich plädiere ich hier nicht für schludrige Vernachlässigung. Möglicherweise bin ich mit meiner faulen Elternschaft ein wenig zu weit gegangen, als ich, während ich »für die Kinderbetreuung«, wie es heute so hässlich heißt, verantwortlich war, vor dem brennenden Holzofen auf dem Sofa einschlummerte, um vom Geheul eines Kleinkindes geweckt zu werden, das seine Hände zielsicher aufs heiße Metall gepresst und sich die Fingerspitzen verbrannt hatte. Natürlich lassen wir unsere Kinder nicht aus dem Fenster springen oder mit dreckigen Windeln durch die Gegend laufen. Man kann sorglos sein oder achtlos, und das ist nicht dasselbe.

Und einen Haushalt zu schaffen, der frei wäre von Sorgen, das wäre doch etwas Wundervolles. Ich habe meine drei Kinder beobachtet und eindeutig festgestellt: Je mehr sie ignoriert wurden, umso besser. Dem Ältesten ist noch ein Übermaß an elterlicher Aufsicht zuteilgeworden, und er ist noch immer der Schwierigste. Die Zweite hatte schon ein klein wenig weniger Aufmerksamkeit und ist viel genügsamer. Der Dritte schließlich kam auf dem Badezimmerfußboden zur Welt und musste sich im Leben selbst zurechtfinden. Von allen dreien ist vermutlich er derjenige, der am besten spielen kann. Und ohne Zweifel ist er der Witzigste.

Das Großartige an Kindern ist, dass sie gern Sachen machen. Und da Eltern gern faul sind, liegt es doch nahe, dass die Kinder die Arbeit tun. Diese Idee wurde bereits im 19. Jahrhundert ansatzweise erforscht, als Kinder schon im zarten Alter von fünf Jahren in die Manufakturen geschickt wurden. Der Umstand, dass lästige Liberale seither ein Verbot der Kinderarbeit erwirkt haben, sollte faule Eltern nicht davon abhalten, ihre eigene Nachkommenschaft auszubeuten.

Ich erinnere mich noch, wie mein Freund John eines sonnigen Nachmittags bei uns im Garten in der Hängematte lag. Ohne sich aus seiner Liegeposition zu erheben, schaffte er es, seine vierjährige Tochter dazu zu bewegen, ihm ein Bier und Zigaretten zu bringen. Ja, es ist eine weitgehend unbekannte Tatsache, dass sich durch bloßes Liegenbleiben vieles bewirken lässt. Durch simples Nichtstun kann man die Kleinen dazu bringen, nützliche Dinge zu erlernen. Während der letzten Schulferien lagen meine Frau und ich plötzlich bis zehn oder elf im Bett. Mein Bruder hat es noch besser gemacht: Eines Morgens kam sein achtjähriger Sohn herein, als Papa und Mama noch in den Federn lagen. »Glückwunsch«, sagte der Kleine. »Das ist euer Rekord. Es ist zwölf.« Wenn Kinder auf sich allein gestellt sind, lernen sie ganz von selbst, aufzustehen, sich Frühstück zu machen und zu spielen.

Paradoxerweise ist faule Elternschaft verantwortungsbewusste Elternschaft, denn im Herzen fauler Elternschaft steht der Respekt vor dem Kinde, Vertrauen in ein anderes menschliches Wesen. Es sind die verantwortungslosen Eltern, die ihr Kind zum Zwecke der Erziehung und Beaufsichtigung an verschiedene Autoritäten abgeben, seien es Tagesmütter und -väter, Schulen, Nachmittagsclubs, Sportvereine, das Kleinkinderprogramm der BBC, Habbo, Club Penguin oder wen oder was auch immer. Oder sie versuchen, den Kindern ihre eigenen Wunschvorstellungen aufzudrücken, statt sie einfach in Ruhe zu lassen.

Ein weiterer großer Vorteil fauler Elternschaft liegt darin, dass sie die Stimulation von Bitterkeit bei Vater und Mutter zu vermeiden hilft. Nichts ist zersetzender und abscheulicher als leise in der Brust schwelender Groll. Man stelle sich vor: all diese Opfer, die wir für unsere Kleinen bringen, wie wir uns ein Bein ausreißen, die Entbehrungen, die wir auf uns nehmen – und dann drehen sie sich um und stürzen sich auf die schiefe Bahn und hinein in die Rauschmittelsucht. Ein Albtraum à la Amy Winehouse/Pete Doherty. Nein, in der Welt fauler Eltern ist kein Platz für Märtyrer. Unser Glück steht an erster Stelle. Und genau so soll es sein – wie mir schon der Taxifahrer neulich über seine Kinder erzählte: »Sie sind glücklich, weil wir glücklich sind.« Leiden Sie nicht. Genießen Sie Ihr Leben.

Faule Eltern sind häusliche Eltern. Teure Freizeitwochenendaktivitäten sind nichts für uns. Den kostspieligen Kitzel keimfreier Plastikvergnügungsstätten lehnen wir ab. Zoos, Freizeitparks und ganz allgemein Familienausflüge. Wir sitzen auf dem Sofa, lassen die Dinge geschehen und vergnügen uns in unserem eigenen Garten. Wir bauen Flugzeuge aus Cornflakes-Verpackungen. Es ist faszinierend, wie viele Fang- und Kitzelspiele man auf dem Sofa sitzend mit den Kindern spielen kann. Unseres nennen wir »Kitzeln oder Fangen«: Das Kind rennt auf mich zu, schreit »Kitzeln!« oder »Fangen!«, und ich führe den jeweiligen Befehl aus. Ein Riesenspaß.

Faule Eltern sind sparsame Eltern. Wir arbeiten nicht zu viel und können daher auch nicht erwarten, im Geld zu schwimmen. Und mit Sparsamkeit geht Kreativität einher. »Sparsamkeit ist poetisch, weil sie kreativ ist«, schrieb schon der große Polterer G. K. Chesterton. »Verschwendung ist unpoetisch, weil sie Verschwendung ist.« Wer abgebrannt und pleite zu Hause herumsitzt, entdeckt seine ihm innewohnenden Fähigkeiten. Man bastelt und zeichnet. Legen Sie einen Stapel Din-A4-Blätter auf den Küchentisch, dazu einen Hefter, Schere, Stifte und Kleber, und Sie werden begeistert sein, was Ihre Kinder daraus machen. Vergessen Sie Leap-Pad-Lernsysteme und allen digitalen Firlefanz. Zurück zum Analogen! Das macht mehr Spaß und ist sehr viel billiger. Hängen Sie sich ein Vogelhäuschen vors Küchenfenster. Spaß muss nicht teuer sein.

Status und Karriere und was andere über uns denken, ist uns egal. Wir sind frei davon. Wir wollen einfach nur unser Leben genießen und unseren Kindern eine glückliche Kindheit schenken. Gibt es ein größeres Geschenk? Wenn Ihre Kinder ihren Freunden einmal sagen werden: »Ich hatte eine schöne Kindheit«, dann würde ich das als großartigen Erfolg bewerten. Besser eine glückliche Kindheit als eine leistungsorientierte, für die man später als Erwachsener gewaltige Psychiaterrechnungen zu begleichen hat.

Faule Eltern sind gesellig. Wir wissen, wie wichtig Freunde sind. Freunde machen uns das Leben leichter. Zu den Mythen der modernen Gesellschaft gehört die Vorstellung, dass man »auf sich allein gestellt ist in dieser Welt«. Statt sich mit Freunden und Nachbarn zu unterhalten, sucht der geplagte Mensch von heute Rat in Büchern, Internetforen und auf Webseiten. Wir wollen alles allein bewältigen und bloß niemanden um Hilfe bitten oder Schwäche zeigen. Nein! Seien Sie schwach! Geben Sie auf! Sie können nicht alles schaffen. Senken Sie Ihre Ansprüche. Trommeln Sie Ihre Freunde zusammen, damit die Ihnen unter die Arme greifen. Organisieren Sie eine Spielgruppe bei sich zu Hause, wo die Eltern zusammenkommen und ein Schwätzchen halten und die Kinder spielen können. Und dann ignorieren Sie die Kleinen.

Ich bin ein Fan von D. H. Lawrence' Vorstellung von der Kindererziehung. Er sagt, man solle die Babys »dummen, fetten Weibern übergeben, die keine Lust haben, sich um sie zu kümmern ... lasst die Kinder in Ruhe. Schickt sie hinaus auf die Straße oder auf den Spielplatz und beachtet sie nicht weiter.« Betrachten Sie sie nicht als Rohmaterial, das zu gehorsamen Sklaven für den Arbeitsplatz der Zukunft geformt werden muss. Lassen Sie sie spielen. Und ja, holen Sie Ihre Freunde ran. Das Leben ist so viel leichter, wenn die Arbeit geteilt wird. Freunde bringen Lachen und Freude. Kein traurigerer Anblick als die einsame Mutter, die ihr Kind durch die trübselige städtische Grünanlage schiebt und sich einzureden versucht, dass sie Spaß hat.

Meine Idealvorstellung von Kindererziehung ist eine große Wiese. An der einen Seite der Wiese ein Festzelt mit Bar, an der das heimische Ale ausgeschenkt wird. Dort versammeln sich die Eltern. Auf der anderen Seite der Wiese, ein gutes Stück entfernt, spielen die Kinder. Ich gehe ihnen nicht auf die Nerven, und sie gehen mir nicht auf die Nerven. Geben Sie ihnen so viel Freiheit wie möglich.

Doch das Leben fauler Eltern ist nicht immer leicht. Kinder begeistern sich nicht immer auf Anhieb für das Modell der Konsumverweigerung, dem sich natürliche Eltern verschrieben haben. Kinder wollen Zeug. Kinder machen einem das Leben schwer. Sie sind fürchterlich unordentlich. Sie zetern und heulen. Noch dazu sind sich Mutter und Vater für gewöhnlich in allem, von der Wandfarbe bis zu den Tischmanieren, uneinig. Scheint eine Frage innerehelicher Politik zu sein. Und das ist längst nicht alles, was uns Kummer bereitet. Ist es fies, unseren Kindern den iPod Nano oder den Nintendo Wii zu verweigern und ihnen stattdessen ein Schnurknäuel und *Das einzig wahre Handbuch für Väter und ihre Söhne* zum Geburtstag zu schenken? Sollte ich wirklich eine Breitband-Internetverbindung ins Baumhaus legen? Muss ich länger arbeiten, damit die Kleinen in Skiurlaub fahren und teure Jogginghosen tragen können? Wäre ich weniger unleidlich, wenn ich weniger trinken würde? Manchmal zweifeln wir an unserem eigenen Evangelium. Daher hoffe ich, auf den folgenden Seiten eine Philosophie der Elternschaft entwerfen zu können, die Spaß macht, ohne dabei zu leugnen, dass es nicht immer leicht ist. Ich werde von meinen zahlreichen und mannigfaltigen Erziehungsfehlern berichten. Ich bin ein chaotischer, zum Desaster neigender Faulpelz und sollte Sie daher warnen, besser nicht auf meinen Rat zu hören. Meine Freunde jedenfalls halten die Vorstellung, ich könnte andere Eltern in Fragen der Kindererziehung beraten, für komplett absurd.

Mit dieser Warnung im Hinterkopf wollen wir uns auf den Weg machen, alle Regelbücher wegwerfen, vergessen, was die Leute denken, und das Familienleben mit all seinen Freuden und Leiden genießen.

Bei den Vorarbeiten zu diesem Buch habe ich bewusst nicht die Werke moderner Kindererziehungs-Gurus gelesen, da es meiner Ansicht nach just die moderne Lehrmeinung ist, die uns die Probleme bereitet. Vielmehr habe ich mir zwei unserer größten Philosophen aus nachdenklicheren Zeiten vorgenommen: John Locke aus dem 17. und Jean-Jacques Rousseau aus dem 18. Jahrhundert. Beide liefern sie, wie ich finde, ganz vortreffliche Gedanken und Ideen zum Thema Kindererziehung. Locke veröffentlichte seine *Gedanken über Erziehung* im Jahre 1693, und Rousseaus Anleitung zur »natürlichen« Erziehung, *Emile*, erschien 1762. Seine Idee war es, das Kind »vor der vernichtenden Kraft gesellschaftlicher Konventionen zu schützen« und eine Art natürlichen Jungen hervorzubringen.

Und nicht zuletzt ist dieses Buch ein Protokoll meiner eigenen Misserfolge, Katastrophen und Fehler. Alle meine Freunde sind in Gelächter ausgebrochen, als ich verkündete, ich wolle ein Buch über Kindererziehung schreiben. Sie alle haben miterlebt, wie ich bei kleinen Kindern die Nerven verloren habe. Und somit lege ich die folgenden Worte nicht als besserwisserischen Ratgeber vor, sondern vielmehr als eine Sammlung von Reflexionen, die einen Dialog anregen und Eltern die Freiheit geben sollen, sich dem Familienleben auf ganz eigene Art und Weise zu nähern, statt die Regeln anderer Leute zu befolgen. Der Möglichkeiten sind viele. Indem wir die enge, eigentümliche und einförmige Vorstellung vom Leben ablegen, die wir von unseren puritanischen Vorfahren geerbt haben – für die es im Leben um harte Arbeit und Geldverdienen ging –, eröffnen wir Millionen neuer Wege und rennen mit ganz neuer Freude hinaus auf die Felder, endlich befreit.

Tom Hodgkinson
North Devon, 2008

Das Manifest der faulen Elternschaft

Wir wehren uns gegen die Vorstellung, dass
Elternschaft harte Arbeit bedeutet

Wir geloben, unsere Kinder in Ruhe zu lassen

Wir verweigern uns dem grassierenden
Konsumismus, der vom Augenblick ihrer Geburt
an in das Leben unserer Kinder eindringt

Wir lesen unseren Kindern moralfreie
Gedichte und Fantasieerzählungen vor

Wir trinken Alkohol ohne Schuldgefühle

Wir verweigern uns dem inneren Puritaner

Wir verschwenden kein Geld für
Familienausflüge und Urlaubsreisen

Faule Eltern sind sparsame Eltern

Faule Eltern sind kreative Eltern

Wir bleiben so lange wie möglich im Bett liegen

Wir geben uns Mühe, uns nicht einzumischen

Wir spielen auf den Wiesen und im Wald

Wir schicken die Kinder in den Garten und machen
die Tür zu, damit wir das Haus putzen können

Wir arbeiten beide so wenig wie möglich, vor
allem, solange die Kinder noch klein sind

Zeit ist wichtiger als Geld

Glückliches Chaos ist besser als freudlose Ordnung

Nieder mit der Schule

Wir erfüllen das Haus mit Musik und Fröhlichkeit

Wir verweigern uns allen Richtlinien
zu Gesundheit und Sicherheit

Wir übernehmen die Verantwortung

Der Möglichkeiten sind viele

1. Zurück zur Kinderarbeit

Kinder haben viel weniger Neigung zum
Müßiggang als Erwachsene ...
John Locke, *Gedanken über Erziehung*, 1693

Ob er arbeitet oder spielt – das eine gilt ihm so
viel wie das andere; seine Spiele sind seine Arbeit,
da gibt es für ihn keinen Unterschied.
Jean-Jacques Rousseau, Emile, 1762

Wie oft bekommen wir zu hören, dass Kinder eine Bürde
seien, eine Last? Kinderbetreuung eine bedauerliche
Pflicht, und dass Kinder unterhalten werden müssen,
abgespeist und unter Aufsicht gestellt? Das sind die Irrun-
gen, mit denen wir im Westen uns herumschlagen, wenn
wir Kinder großziehen wollen. Wir empfinden das Familienleben als Einschränkung, als anstrengend, als Arbeit,
als ermüdend und teuer. Wir werden zu Sklaven der kleinen Tyrannen. Wir seufzen und klagen und wünschten,
wir hätten mehr Geld.

Nun, es gibt eine einfache Methode, um zum einen
Ihnen die Last zu erleichtern und zum anderen dem Kind
das Gefühl zu vermitteln, dass es sowohl im Haushalt als
auch in der Gesellschaft als ganzer von Nutzen sein kann.
Der Ausdruck »Kinderarbeit« hat einen unschönen Klang:
Schornsteinfeger, industrielle Revolution, Ausbeuterfabri-

ken am anderen Ende der Welt, das Verheizen schutzloser kleiner Racker zur Befriedigung der Gier dickwanstiger Textilfabrikanten. Doch es ist an der Zeit, diese Konnotationen über Bord zu werfen und die Kinder im Haushalt an die Arbeit zu bringen. Es macht ihnen Spaß!

Man kann damit anfangen, dass man selbst weniger tut. Geben Sie den Versuch auf, tüchtige, hart arbeitende Eltern zu sein. Bleiben Sie im Bett liegen und warten Sie ab, was passiert. Sie werden feststellen, dass Ihre Kinder selbständiger werden, wenn Sie ihnen weniger aus der Hand nehmen. Und denken Sie immer daran, dass wir mit diesem Buch zwei einander ergänzende Ziele verfolgen: Erstens, wir machen Ihnen das Leben leichter, und zweitens, wir bringen selbständige, unabhängige Kinder hervor, Kinder, die für sich selbst sorgen können und nicht Arbeitgeber oder andere Autoritätspersonen anflehen müssen, das für sie zu tun. Ein frisches Beispiel dafür liefern unser Sohn Arthur und der morgendliche Tee. Statt wie gut organisierte Roboter morgens um halb sieben aus dem Bett zu springen, um das Frühstück zu machen, hatten wir uns entschieden, noch zu dösen, im Bett zu bleiben. Gegen neun Uhr geschah das Wunder. Die Tür schwang auf, und herein spazierte ein siebenjähriger Junge mit zwei Tassen Tee. O welch Freude! Der Junge hat es sichtlich genossen, einen praktischen Beitrag zur Haushaltsführung zu leisten, und wir waren selbstverständlich entzückt. Wären nun wir zeitig auf den Beinen gewesen, hätte er diese wichtige häusliche Aufgabe niemals übernommen. Just weil wir faul waren, konnte er sich nützlich machen. Ein zu guter Vater oder eine zu gute Mutter zu sein, zu viel für seine Kinder zu tun, kann, das wurde mir langsam klar, bei Kindern einen chronischen Mangel an Selbständigkeit hervorrufen.

Kinder, denen zu viel aus der Hand genommen wird, kommen irgendwann nicht mehr allein zurecht. Ist Ihnen aufgefallen, dass viele Kinder von ihren Eltern erwarten, jederzeit ganz genau zu wissen, wo sie ihre Habseligkeiten verstreut haben? »Wo ist mein Tamagotchi?«, jammert der kindliche Tyrann. »Ich kann meine Socken nicht finden.« Klavier wird nur geübt, wenn ein Elternteil danebensitzt und die Kleinen durch jeden einzelnen Schritt führt. Man muss ihnen die Hand halten, und die Schuld daran tragen ganz allein wir. Hören Sie auf D. H. Lawrence:

Von frühester Kindheit sollen sie unabhängig sein, unabhängig und selbständig. Jedes Kind soll alles tun, was es allein tun kann, sich selbst waschen und anziehen, selbst die Stiefel putzen, die Kleider ausbürsten und falten, selbst einholen und selbst tragen, selbst die eigenen Socken stopfen, Junge genau wie Mädchen, selbst die Kleider flicken und so früh wie möglich für sich selbst nähen und ausbessern. Mann und Frau sind glücklich, wenn sie beschäftigt sind, und genauso das Kind.

Und je besser das Kind falten und flicken kann, umso weniger muss der Erwachsene es tun. Nebenbei gesagt ist es schockierend, aus diesem Absatz zu erfahren, wie inkompetent wir Erwachsenen seit Erscheinen dieses Essays im Jahr 1918 geworden sind. Ich meine, welche Eltern flicken heute noch ihre Kleider? Genau wie von Lawrence prophezeit, hat das Verzärteln und Verhätscheln der Kinder eine Nation »großer Babys« hervorgebracht. Wenn schon wir abhängig und unfähig geworden sind, welche Hoffnung besteht dann für unsere Kinder?

Nun, es gibt Hoffnung, weil wir nämlich gemeinsam lernen können. Wir können die verlorenen Künste der Hauswirtschaft wieder lebendig werden lassen. Einfache Tätigkeiten wie Brotbacken oder Marmelade und Gemüse einkochen lassen sich mit den Kindern gemeinsam erledigen. Kinder lieben es, zu kneten, zu rühren und den Topf auszulecken. Lernen Sie, für sich selbst zu sorgen, und Sie werden Ihren Kindern beibringen, es Ihnen gleichzutun, und über kurz oder lang werden die Kleinen das Brot für Sie backen.

Und wie bringen wir die Kinder dazu, uns zu helfen? Lawrence war, genau wie Rousseau, sehr darauf bedacht zu betonen, dass wir Kindern keinen Arbeitsethos – also die Idee von Arbeit als leidvoller Notwendigkeit – vermitteln oder sie dazu animieren sollten, den Eltern aus Altruismus oder Mitleid zu helfen. Zweck der Arbeit, schreibt er, ist es

… weder zu »helfen« noch der ethisch religiöse Dienst an der Menschheit. Noch ist es das gierige Anhäufen von albernem Besitz. Ein Individuum arbeitet zu seinem eigenen Vergnügen und für seine Unabhängigkeit: vor allem aber in dem glücklichen Stolz persönlicher Unabhängigkeit, persönlicher Freiheit. … Um frei zu sein, muss man selbständig sein. … Was wir uns für alle Kinder wünschen, ist Handfertigkeit, körperliche Vielseitigkeit und Handfertigkeit.

Werden Sie nicht zum Diener der Launen Ihrer materialistischen Brut. Statt sich mit Süßigkeiten vollzustopfen und vor dem Fernseher abzuhängen oder auf den Computerbildschirm zu starren, sollten die Kleinen arbeiten. Meine New Yorker Freundin Heather hat zwei kleine Kinder, und ihre Sicht der Dinge sei hier wiedergegeben:

> Ich persönlich finde, es sollte sehr viel mehr Energie darauf verwandt werden, den Kindern beizubringen, wie man Martinis mixt und die Hausarbeit erledigt. Wenn Sam für mich Staub putzt, kriegt er 25 Cent Taschengeld. Er kommt außerordentlich gut in die Ecken, wie ich feststellen durfte. Außerdem freue ich mich, berichten zu können, dass Clementine beim Servieren immer besser wird.

Also: zurück zur Kinderarbeit. Und ich finde wirklich, wir sollten die Spülmaschine rauswerfen. Nach jedem Essen sollte die ganze Familie gemeinsam abwaschen. Einer spült, einer trocknet ab, der andere räumt ein. Dauert nur fünfzehn Minuten. Wie schon Woody Guthrie sang: Wenn wir alle gemeinsam anpacken, dauert's nicht lang. Schieben Sie The Monkees in den CD-Spieler, und das Ganze kann richtig Spaß machen. Die Spülmaschine jedoch, die uns verspricht, uns die Last zu erleichtern, wie alle Maschinen das tun, macht den Abwasch in Wahrheit zur Qual. Ohne Spülmaschine lernen Kinder mitzuhelfen, und, was noch wichtiger ist, sie können einen echten Beitrag leisten. Sie können sich nützlich machen. Und das wiederum kann dazu beitragen, Quengelei zu vermeiden (ein diffiziles Problem, dem wir uns im nächsten Kapitel eingehender widmen werden), weil kindliche Quengelei aus dem Gefühl resultiert, als Belastung empfunden zu werden und selbst nichts zu bieten zu haben. Nur die Hilflosen quengeln. Also lassen Sie die Kleinen nützlich sein!

Niemals dürfen wir vergessen, dass die Hervorbringung unfähiger Menschen das Herzstück des industriell-kapitalistischen Komplotts ist. Unfähige Menschen sind von anderen Menschen abhängig, von Profis, von Maschinen und von Geld. Wenn Sie eine bestimmte Sache nicht selbst machen können, für sich persönlich oder für die Familie oder die Gemeinschaft, dann werden Sie sich hilfesuchend an die Marktwirtschaft wenden, damit die Ihre Bedürfnisse erfüllt. Das bedeutet, dass wir aus unseren Kindern, wenn wir ihnen zu viel abnehmen, die warenabhängigen erwachsenen Gören der Zukunft machen.

In seiner Vorlesung »Taught Mother Tongue«, die der große Denker Ivan Illich 1978 in Indien gehalten hat, zeigt er den Zusammenhang zwischen Unfähigkeit und Geld auf: »Die Gefühle des Individuums hinsichtlich seiner eigenen Bedürfnisse sind heutzutage in erster Linie mit einem wachsenden Gefühl des Unvermögens assoziiert: In einer warendominierten Umwelt können Bedürfnisse nicht länger ohne Rückgriff auf ein Geschäft, einen Markt befriedigt werden.« Geld ausgeben ist somit praktisch zu einem Instinkt geworden, genau wie wir heute nahezu instinktiv zur Maus greifen, sobald wir irgendetwas brauchen. Schon können wir unser Leben kaum noch ohne den Computer, der uns einst als Mittel der Emanzipation verkauft wurde, bewältigen. Ein Stromausfall im Haus, die

Breitbandverbindung bricht zusammen, und das Ergebnis ist ein schreckliches Gefühl der Hilflosigkeit. Wir sind abhängig geworden von dem Ding, das uns eigentlich frei machen sollte. Genauso ist es mit dem Geld.

Wir müssen zurück zu »Eigenständigkeit und Vertrauen in andere«, sagt Illich. »In einer Welt, in der ›genug‹ nur noch gesagt werden kann, wenn die Natur nicht länger als Bergwerk oder Müllhalde fungiert, ist der Mensch nicht auf Befriedigung, sondern auf widerwillige Ergebenheit gepolt.«

»So ist das Leben«, lügen wir uns vor. Tatsächlich aber ist dieses »so«, von dem wir, widerwillig ergeben, behaupten, es sei das Leben, nicht Leben, sondern eine Karikatur von Leben, Leben als bloßes Überleben.

Frauen, seid wachsam! Hört auf zu arbeiten und fangt an zu leben! Mütter arbeiten viel zu viel. Sie gehen Geld verdienen und arbeiten danach noch zu Hause. Die viele Arbeit ist schlecht für ihre Gesundheit und schlecht für die Gesundheit ihrer Kinder, die zu schwachen, unselbständigen Menschen heranwachsen und somit zu willigen Sklaven des Arbeitsmarktes.

Vielseitig, selbständig, geschäftstüchtig: Männer und Frauen sollten sich der Sklavenarbeit für den Großkonzern verweigern und die Kontrolle über ihr Leben wieder an sich reißen, indem sie Sachen zu Hause selber machen. Kinder werden dabei ganz von selbst zu nützlichen kleinen Helfern, und letztendlich werden auch sie die Kunst der Unabhängigkeit erlernen. Auf diese Weise werden Sie anfangen, Vater- und Mutterschaft zu genießen, statt sie zu erleiden, statt sich, um mit Illich zu sprechen, widerwillig zu ergeben.

Wenn Eltern die simple Entscheidung treffen, die Gesellschaft ihrer Kinder zu genießen, dann ist das, was wir »Kinderbetreuung« nennen, auf einmal keine Belastung mehr. Wir haben es hier nicht zuletzt mit einem linguistischen Problem zu tun. Wir müssen das Wort »Kinderbetreuung«, das nach Mühsal und Plackerei, Outsourcing und Professionalisierung klingt, aus unserem Vokabular streichen und stattdessen von »spielen« reden. »Kinderbetreuung« ist die Kommodifizierung des Spielens. Spielen wird zu etwas, für das man zahlen muss. Doch das ist alles nur eine Sache des Geistes. Wenn wir diesen mentalen Schalter umlegen können, dann, sagt Rousseau, tritt folgender Effekt ein:

> Das früher als lästig empfundene geräuschvolle Spiel der Kinder wird zur Freude, die Mutter und Vater einander immer unentbehrlicher und lieber macht, und die ehelichen Bande knüpfen sich immer fester. In einer lebendigen und angeregten Familie ist die Pflege der Häuslichkeit die liebste Beschäftigung der Frau und das zärtlichste Vergnügen des Gatten.

Wenn Eltern zu viel tun, überanstrengen sie sich selbst und schwächen ihre Kinder. Noch einmal Rousseau:

> Es gibt noch einen anderen Weg, aus der Natur herauszutreten, den entgegengesetzten: wenn eine Frau, anstatt die mütterliche Pflege zu vernachlässigen, sie bis zum Exzess betreibt. Wenn sie aus ihrem Kind ein Idol macht. Wenn sie seine Schwäche steigert und züchtet, damit es sie nicht spürt. Wenn sie, in

der Hoffnung, es den Gesetzen der Natur entziehen zu können, alles, was ihm schmerzlich sein könnte, aus dem Weg räumt, ohne daran zu denken, dass sie um einiger Unannehmlichkeiten willen, vor denen sie es im Augenblick bewahrt, damit von langer Hand Unglück und Gefahr auf sein Haupt häuft, und wie barbarisch diese Vorsicht ist, dass fertige Menschen sich abplagen, um die Schwäche des Kindes zu verlängern, wo der erwachsene Mann Strapazen ertragen muss.

Wir müssen uns darauf konzentrieren, nicht den Schmerz zu eliminieren, sondern uns zu befähigen, den Schmerz auszuhalten. Sie sollen hinfallen und sich die Knie aufschlagen, sie sollen nass und dreckig werden. Sie sollen über Felsen kraxeln. Es muss Gefahren geben im Leben, es muss Schmerz genauso geben wie Freude. »Taucht sie ein in das Wasser des Styx«, rät Rousseau in *Emile*.

Das Buch erzählt von der Erziehung eines fiktiven Jungen namens Emile von der Geburt bis zur Jugend. Ziel war es, wohlhabende Frauen jener Zeit dazu anzuhalten, wieder mit ihren Kindern in Kontakt zu treten. Damals herrschte der Trend, das Stillen den Ammen zu überlassen, damit sich die Mutter so schnell wie möglich wieder in die Vergnügungen der Stadt stürzen und die Kinder den Dienstboten überlassen konnte. Rousseau hielt nichts davon, sich derart vor der Verantwortung zu drücken, doch zugleich warnte er vor übertriebener Fürsorglichkeit. Er wünschte sich »natürliche« Mütter, die unter anderem ihre Kinder selbst stillten, und in der französischen Gesellschaft des 18. Jahrhunderts fand das Buch einen gewaltigen Widerhall, weil auf einmal alle ihre Kinder »*à la Jean-Jacques*« erziehen wollten.

Doch einfach ist das nicht. Und zwar weil wir, mehr als Rousseau und mehr als Lawrence, in einer unselbständigen, verhätschelten Gesellschaft leben. Ich zum Beispiel komme soeben aus der Küche, wo ich die Kinder zu zwingen versuchte, Teller und Besteck einzuräumen. Ja, sie haben es geschafft irgendwann, aber nicht ohne reichlich theatralisches Gekeuche, mutwilliges Schneckentempo, Schmollen, Schlurfen, Zungenschnalzen und Seufzen, dabei das Besteck ungeschickt auf den Armen haltend, so dass es zu Boden rutschte, und mit lautstarkem Protest in Form von »Auuua!«-Rufen. Und wie sie trödeln! Ein ständiger Kampf. Sie sind verzogen. Und ich muss lernen zu manipulieren, statt sie mit meiner kümmerlichen Autorität zum Helfen nötigen zu wollen. Aus dieser Dualität von Herr und Sklave herauszukommen ist von entscheidender Wichtigkeit, weil Kinder natürlicherweise rebellieren, wenn sie per Autorität dazu gezwungen werden, etwas zu tun. Und einem Befehl ein »Bitte« anzuhängen macht es nur schlimmer: Es verwandelt eine Bitte in einen Befehl, der sich in Höflichkeit kleidet. Also, finden Sie einen Weg, Ihre Kinder dazu zu bringen, ihren Beitrag zu leisten, wie Kinder in afrikanischen Dörfern das tun, die mit fünf Jahren Fisch ausnehmen und Holz schnitzen. Kinder, die in einer Lohn- statt einer Subsistenzwirtschaft aufwachsen, sind so lange mehr oder weniger nutzlos, bis sie einen Job haben, und die Schule dient lediglich dazu, die Zeit zu überbrücken und ihnen eine rudimentäre Bildung angedeihen zu lassen, um sie für eine schlecht bezahlte Lohnarbeit zu befähigen.

Faule Eltern haben nicht vor, ihre Nachkommenschaft auf die dürre und geistlose Wüste des Konzernarbeitsplatzes vorzubereiten. Nein: Dieses Kind wird verwegen sein, unabhängig und furchtlos. Es wird den Mut zur Selbständigkeit haben. Daher sollte es konstant dazu ermuntert werden, seinen Teil zur Hausarbeit beizutragen. Wir sollten den Haushalt als eine Art Kommune betrachten, einen Zusammenschluss von Individuen, die sich entschieden haben, gemeinsam unter einem Dach zusammenzuleben. Was allerdings nicht bedeutet, dass die Kinder genauso viel zu sagen hätten wie Sie: Kinder müssen lernen, und Sie sind der Lehrer, also tragen Sie die Verantwortung.

Tanzen Sie nicht ständig um die Kleinen herum und fragen sie andauernd, was sie wollen. Immer wieder sehe ich Mütter, die um ihre Zweijährigen herumscharwenzeln wie ein katzbuckelnder französischer Kellner: »Wie wäre es mit dieser Sorte Saft, Sir? Würde Ihnen das zusagen?«, während die Zweijährigen »Nein!« brüllen und Zeug durchs Zimmer schmeißen. Als Eltern haben Sie das Sagen, und es ist Ihre Aufgabe, eine Rangordnung herzustellen, und zwar ohne die Zuflucht in die Autorität. Genau wie in der mittelalterlichen Stadt ist auch in der Familie das »gemeinsame Wohl« das höchste Gut. Ein Großteil der Konflikte im modernen Haushalt entsteht, weil die aufgeklärte Vorstellung von Individualität und Freiheit, die wir im Kopf haben, eine selbstsüchtige ist. Freiheit bedeutet für uns, unsere selbstsüchtigen Wünsche im Widerstreit gegen die selbstsüchtigen Wünsche anderer durchzusetzen. Die Philosophie der Aufklärung hat eine Nation zügelloser Egoisten hervorgebracht, die ohne Rücksicht auf Verluste jeder persönlichen Laune nachjagen. »Ich brauche mehr Zeit für mich!« – wie grauenhaft! »Weil Sie es wert sind.« »Das ist wichtig für mich.« »Ich brauche mehr Raum.« Aber wir leben nun einmal zusammen, und Freuden sollten geteilt und das Brot gemeinsam gebrochen werden. An dieser Stelle trenne ich mich auch von Rousseau, der Emile von der Welt abschirmt. Augenscheinlich verbringt Emile vierundzwanzig Stunden eines jeden Tages mit seinem Mentor. Leben wir in der Gemeinschaft. Und lernen wir, in der Welt zu leben – womit ich die Welt da draußen meine, die Verbrauchergesellschaft, die Welt der Arbeit und des Geldes und des Konsums –, ohne uns von ihr zu Opfern machen zu lassen.

Heutzutage denken wir uns eine absurde Palette von Dingen aus, die wir mögen oder nicht mögen, und nennen das Freiheit. Es ist dies die Kommerzialisierung der Idee vom freien Willen. Statt uns wie freie Menschen zu verhalten und statt uns wahrhaft lebendig zu fühlen, reduzieren wir das Dasein auf eine Liste von Produkten: »Was ich mag: Red Bull, VW, *Die Simpsons*, Apple Mac, Arcade Fire. Was ich nicht mag: Gerstenwasser von Robinson, Toyota, *Alles Betty*, PCs, Metallica.« Und? Kinder übernehmen das. Sie vermeinen, ihre Individualität zu behaupten, wenn sie nur laut genug »Ich mag keine Spaghetti« brüllen. Wir steuern auf eine Situation zu, in der jedes Familienmitglied mit einem anderen Essen vor sich am Tisch sitzt und jeder einen iPod im Ohr hat, der ihm seine Lieblingsmusik direkt ins Hirn bläst. Geredet wird nicht mehr. In Kürze werden wir alle unser eigenes kleines iTV haben. (Bedenken Sie das Geniale und das Böse an dem kleinen Präfix »i«:

Unterhaltung, die ich selbst bestimme! Es ist die Erfüllung der puritanischen Ideale der Einsamkeit.) Alles falsch! Wie schon der 3. Patriarch des Zen sagte:

> Das, was du magst, gegen das zu stellen, was du nicht magst – das ist die Krankheit des Geistes.

Und viel zu viel Arbeit und viel zu teuer! Freud und Leid sollten geteilt werden. Hören wir die gleiche Musik.

Der Schlüssel liegt darin, Arbeit so zu gestalten, dass sie Spaß macht. Langweilige Jobs werden leichter, wenn man sie nicht allein machen muss und wenn Musik läuft. Und es liegt in Ihrer Verantwortung, auch selbst Spaß an Ihrer Arbeit zu haben, weil Ihre Kinder ansonsten mit der Vorstellung aufwachsen, dass Arbeit nichts anderes sei als eine notwendige Bürde. Die kleinen Ohren hören jeden winzigen Seufzer, der Ihnen entfleucht. »Daddy hat eine Arbeit, die er hasst, damit er dir nutzloses Zeug kaufen kann, mit dem du deine Zeit vergeudest, bis der Tag kommt, an dem du selbst einer Arbeit nachgehen wirst, die du hasst, damit du die Rechnungen begleichen und die Hypothek abzahlen kannst.«

Warum nicht singen beim Abwasch? Vor Erfindung des Radios haben wir alle den ganzen Tag lang gesungen. Die Straßen mittelalterlicher Städte waren voll von Handwerkern und Händlern, die aus voller Kehle gesungen haben. In den Marktschreiern unserer Zeit hat dieser Brauch überlebt.

Ja, singen Sie! Sie dürfen Ihren Kindern nicht die Vorstellung vermitteln, dass Arbeit Leid bedeutet. Das würde es den Kapitalisten nur leichter machen, Ihren Nachwuchs später auszubeuten. Wenn Kinder mit der Vorstellung aufwachsen, dass Arbeit gleich Leiden sei, dann werden sie nicht überrascht sein, wenn sie eines Tages arbeiten gehen und feststellen, dass sie die Angelegenheit als mühselig erleben. Und das wiederum bedeutet, dass Arbeitgeber wenig bis gar keine Anstrengungen unternehmen müssen, um Arbeit freudvoll zu gestalten. Vermitteln Sie ihnen vielmehr die Vorstellung, dass jede Art von Arbeit Spaß machen kann, und Ihre Kinder werden ganz natürlich ihren eigenen Weg durchs Leben finden, statt demütig und stumm die Zukunft hinzunehmen, die ihnen vorgezeichnet ist und die, wie Jarvis Cocker so treffend bemerkte, nicht viel Anlass zum Jubeln gibt: *»nothing much to shout about«*.

Eine Tätigkeit, die zeigt, dass Arbeit freudvoll, kreativ und selbstbestimmt sein kann, ist das Gärtnern. Eine magische, geheimnisvolle, befriedigende, nützliche, therapeutische und gesunde Form der Arbeit. Jede Familie sollte über irgendeine Art von Garten verfügen oder zumindest Zugang zu einem haben. Wenn Sie in einer Wohnung im zehnten Stock ohne Fensterbank und ohne Balkon leben, suchen Sie sich einen Schrebergarten. Rousseau empfiehlt Emile die Gartenarbeit; und der große englische Agitator und Verfechter der Selbstversorgung William Cobbett berichtet in *Rural Rides* stolz vom Geschick seines Sohnes mit der Hacke. Graben Sie ein Loch, werfen Sie eine Bohne rein, schauen Sie der Pflanze beim Wachsen zu und erklären Sie die Früchte, die sie trägt, zum Eigentum Ihrer Kinder.

Rousseau ist der Meinung, dass die Trennung zwischen Arbeit und Spiel aufgehoben werden müsse:

Im Übrigen vergesse man nicht, dass dies alles nur Spiel ist oder sein soll, leichte und freiwillig hingenommene Führung ihrer Bewegungen, so wie die Natur es verlangt, eine Kunst, Abwechslung in ihr Vergnügen zu bringen und es so noch genussreicher zu machen, ohne dass auch nur der geringste Zwang es zur Arbeit macht. … Ob er arbeitet oder spielt – das eine gilt ihm so viel wie das andere; seine Spiele sind seine Arbeit, da gibt es für ihn keinen Unterschied. Alles, was er tut, tut er mit einem Interesse, das zum Lachen reizt, und mit einer Freiheitlichkeit, die sympathisch ist … Ist es nicht das Bild dieses Alters, ein reizvolles und liebenswürdiges Bild, ein hübsches Kind zu sehen, mit lebhaften und fröhlichen Augen, zufriedener und heiterer Miene, offenem und lachendem Gesicht, das spielend die ernsthaftesten Dinge tut und sich tiefernst mit dem unsinnigsten Zeitvertreib abgibt?

Hinzu kommt, dass auch Ihr Leben leichter wird, wenn Sie beispielsweise das Wegräumen des Spielzeugs oder den Abwasch zum Spiel machen können. »Wer kann mehr Sachen in den Karton packen?«, könnten Sie fragen. Mir wird klar, dass meine bisherigen Methoden – zum Beispiel zu brüllen: »Wie oft habe ich dir schon gesagt, du sollst den Scheiß wegräumen!« oder auch die Drohung, das grauenhafte kleine Spielzeug aufzusaugen (und es tatsächlich zu tun) – grundfalsch waren. Seien Sie clever. Dann lässt sich mit wenig Anstrengung Ihrerseits viel erreichen. Zum Beispiel kann ich inzwischen alle meine Kinder dazu bringen, nach oben ins Bett zu gehen, ohne mich vom Sofa zu erheben. Ich mache einfach einen

Wettkampf draus: »Wer ist als Erster oben? Achtung, fertig, los …«, und weg sind sie, raus aus dem Zimmer und im Laufschritt die Treppe hoch.

Rousseau empfiehlt noch eine andere Methode der Manipulation. Statt den Kleinen irgendetwas aufzutragen, teilen Sie ihnen mit, dass Sie es erledigen werden und ob sie vielleicht Lust haben mitzumachen. Ich habe das heute Morgen versucht, und es hat funktioniert. »Ich geh jetzt runter frühstücken, Arthur. Möchtest du mitkommen?« »Ja!«, sagte er und nahm meine Hand.

Wir müssen Zwang und autoritäre Regeln durch freiwillige gemeinsame Aktionen ersetzen. So machen wir unsere Kinder zu freien, autonomen, selbstbestimmten, mutigen Menschen, die der Regierung und dem Großkapital eine lange Nase drehen können, weder Herr noch Sklave. Und um das zu schaffen, müssen wir uns ein paar Tricks aneignen.

2. Schluss mit dem Gequengel

> Welche Weisheit habt ihr denn noch außer der
> Menschlichkeit? Liebt die Kindheit, fördert ihre Spiele,
> ihre Freuden und ihren liebenswerten Instinkt.

> Kennt ihr das sicherste Mittel, euer Kind unglücklich
> zu machen? Gewöhnt es daran, alles zu bekommen.
>
> Rousseau, *Emile*

Das größte Problem für faule Eltern besteht darin, die richtige Balance zwischen Nachsicht und Disziplin zu finden. Und obschon Rousseau der Vorwurf gemacht wurde, ein übermäßig sentimentales Bild von der Kindheit zu zeichnen, ist er in Wahrheit sehr streng. Er ist sich sehr wohl darüber im Klaren, dass es einen Unterschied gibt zwischen »einem glücklichen Kind und einem verwöhnten Liebchen«. Die Mission fauler Eltern ist es, die Kinder spielen zu lassen, ohne sie zu verhätscheln. Damit setzt man auch der Quengelei ein Ende, der vielleicht schmerzhaftesten Konsequenz unserer verqueren modernen Elternschaftsmethoden.

Warum jammern und quengeln Kinder? Warum geben sie diese grauenhaften Geräusche von sich? Fragen wir uns zunächst, welche Tiere quengeln. Viele sind es nicht. Die meisten Tiere nehmen ihr Schicksal einfach hin und machen das Beste draus. Nicht so der domestizierte Hund. Weil

Haushunde so häufig verwöhnt werden und es gewohnt sind, ihren Willen durchzusetzen, winseln sie, wenn sie nicht kriegen, was sie wollen, oder wenn sie etwas wollen, das sie sich nicht selbst beschaffen können. Es ist dies ein Ausdruck von Machtlosigkeit und Abhängigkeit. Wenn man nichts selbst machen kann, wenn man davon abhängig ist, dass andere die eigenen Bedürfnisse und Wünsche erfüllen, dann ist Winseln und Quengeln die hilflose Reaktion, wenn es einmal nicht so läuft, wie man es gern hätte. Wir kennen das auch aus eigener Erfahrung als Erwachsene am Arbeitsplatz. Wenn wir nicht kriegen, was wir wollen, nörgeln und jammern wir uns gegenseitig was vor. Manchmal hat das Jammern Erfolg: ein größeres Büro, eine Beförderung. Aber wir sind weiterhin abhängig von unserem Chef. Genauso ist es mit Kindern. Weil sie keine Freiheit haben, und weil sie es gewohnt sind, dass ihre Sklaveneltern alles für sie erledigen, müssen sie quengeln und uns mit ihrem unerträglichen Gejammer mürbemachen, um zu kriegen, was sie wollen. Also müssen wir das Gequengel durch eine gelassene Bitte um Hilfe ersetzen oder, besser noch, ihnen beibringen, ihre Probleme selbst zu lösen und ihre Bedürfnisse selbst zu befriedigen. Ich probiere das derzeit an meinen Kindern aus. Meine bisherige Reaktion auf ihr Gequengel war zumeist ein gebrüllter Kommentar in Form von: »Ich kann dein Gequengel nicht ertragen!« oder »HÖR AUF ZU QUENGELN! Du machst mich wahnsinnig!« Natürlich sind derlei Reaktionen lediglich dazu angetan, ihre Gefühle des Selbstmitleids zu verstärken: »Es war sowieso schon alles ganz schrecklich«, werden sie denken, »und jetzt schreit Papa mich auch noch an.«

Wenn also Brüllen und Schimpfen, so verständlich sie auch sein mögen, nicht zum gewünschten Ergebnis führen, müssen wir einen anderen Ansatz ausprobieren, immer mit dem Leitgedanken im Hinterkopf: Je unabhängiger und selbständiger das Kind, umso weniger Arbeit für faule Eltern. Dabei sind Faulheit und Müßiggang nicht gleichzusetzen mit Chaos. Vielmehr kann Effizienz uns mehr Zeit zum Müßiggang verschaffen. Heute Morgen zum Beispiel haben wir ein kleines Wunder bewirkt: Um Punkt acht Uhr waren drei Kinder fertig angezogen und hatten gefrühstückt, womit uns zwanzig Minuten Zeit zum Spielen blieb, bevor der Schulbus kam.

Nachdem wir uns in letzter Zeit jeden Morgen selbst reichlich Stress und Chaos bereitet hatten, weil die Kinder sich nicht anziehen wollten und daraufhin den Bus verpassten und zur Schule gebracht werden mussten, haben wir beschlossen, uns für morgens und abends einen einfachen Zeitplan auszudenken. Ich habe ihn mit den Kindern besprochen, und sie schienen ihn akzeptabel zu finden. Ich habe ihn an der Pinnwand in der Küche aufgehängt, damit wir ihn immer vor Augen haben. (Victoria, die Mutter meiner Kinder, bezeichnet mich als Faschisten, aber ich stehe dazu, dass Chaos nicht das Gleiche ist wie Müßiggang, und da mein erklärtes Ziel ein leichteres Leben ist und Chaos das Leben stressig macht, ist ein Zeitplan durchaus hilfreich. Und wir haben ja auch nicht vor, ihn übermäßig streng durchzusetzen. Jeder Tag ist neu, und wer weiß, ob wir nicht irgendwann beschließen, einen Spaziergang unterm Sternenhimmel zu machen und erst spät ins Bett zu gehen? Oder die Hausaufgaben ins Feuer zu werfen und mit dem Auto in die Stadt zu fahren, wie schon David Bowie sang?) Wie auch immer, hier unser Zeitplan:

Morgens
7.15 Anziehen
7.45 Frühstück
8.10 Aufräumen
8.20 Zum Bus gehen

Abends
18.00 Abendbrot, danach Spielen
19.00 Baden
19.30 Geschichten
20.00 Licht aus

Heute Morgen habe ich, von Rousseaus Liebe zum Spiel inspiriert, mit Arthur die Idee der »Abendspiele« diskutiert. Zwischen Abendbrot und Bad werden wir spielen. Ringkampf macht ihnen allen Spaß: übereinander herfallen, sich auf dem Fußboden herumrollen und dramatische Grunzgeräusche von sich geben. Wettrennen durchs Haus sind für Eltern besonders einfach, da man nur irgendwo stehen oder gar sitzen und »Auf die Plätze, fertig, los!« sagen muss. Auch Treppenball bereitet uns Freude: Die Kinder stehen oben auf der Treppe, ich unten, und jeder muss versuchen, am anderen vorbei ein bestimmtes Ziel zu treffen. Derlei Spiele sind den Erzeugnissen der Spielzeugindustrie bei weitem vorzuziehen. Nehmen Sie Ihren Popup Pirate und Ihr Hippo Flipp mitsamt ihrem gewaltigen Chaospotenzial, der elend langen Wiederaufräumzeit und ihrer nicht

kompostierbaren erdölbasierten Hässlichkeit und überantworten Sie sie dem Mülleimer, oder, besser noch, kaufen Sie den Blödsinn erst gar nicht. (Wir werden uns dem
Problempunkt Spielzeug in einem späteren Kapitel noch
einmal zuwenden.) Körperliche Spiele dagegen machen
die Kleinen müde und tragen dazu bei, Gequengel zu
vermeiden, da sie als Ventil für die aggressivere Seite ihres
Naturells dienen.

Wir müssen unsere Zeitvorgaben mit leichter Hand
durchsetzen. Andernfalls laufen wir Gefahr, fabrikfer-
tige Roboter hervorzubringen. Rousseaus Emile ist ein
Geschöpf der Natur, und industrielle Arbeitsrhythmen
sind ihm fremd:

> Er weiß nicht, was Routine, Brauch und Gewohnheit
> sind; was er gestern tat, hat keinerlei Einfluss auf das,
> was er heute tut: er folgt niemals einem Schema, beugt
> sich weder der Autorität noch dem Beispiel und han-
> delt und spricht nur so, wie es ihm passt.

Doch um nicht zum Sklaven der Launen unseres Nach-
wuchses zu werden, müssen wir uns auch auf einen fried-
lichen Abend ohne die Kinder freuen können oder in
die Kneipe gehen oder Freunde treffen. Es gibt nichts
Schlimmeres, als abends um halb zehn erschöpft zusam-
menzubrechen, nachdem man zwei Stunden damit verbracht hat, die kleinen Satansbraten ins Bett zu kriegen,
nur um frühmorgens um sechs Uhr von einem Kleinkind
aus dem Schlaf gerissen zu werden, das einem im Gesicht
herumspringt.

Und so kann ein Zeitplan, mit leichter Hand und Flexibilität implementiert, zum Freund des Müßiggängers werden. Ich rede hier ja nicht einem von-Trapp-artigen militärischen Regime das Wort. Unzweifelhaft würde das mehr Ärger und Kummer bringen, als es vermeiden kann, weil wir auf Unterdrückung natürlicherweise mit Rebellion reagieren und genau das der Grund ist, warum Kinder frech werden: Sie versuchen, ein Stück Autonomie – oder gar Würde – in ihr Leben zu bringen. Genau wie Krankfeiern für uns Erwachsene eine Methode ist, ein wenig von der Würde zurückzuerlangen, die uns verloren ging, als wir uns beim Arbeitgeber versklavten, genauso ist Ungezogenheit der Versuch des Kindes, sich der Tyrannei zu widersetzen. Je mehr Tyrannei, umso mehr Ungezogenheit. Je mehr Regeln, umso mehr Regeln gilt es zu brechen. Ungezogenheit ist ein Ausdruck des Willens zur Freiheit: »Ich liebe die herrische Natur von Kindern«, sagt mein Freund Mark Manning (auch bekannt als Heavy-Metal-Sänger Zodiac Mindwarp). Kinder widersetzen sich der Tyrannei, wo sie nur können. Werden Sie nicht zu einem Kapitän Bligh, der mit Angst, Hunger und Peitsche regiert, bis seine Männer keinen anderen Ausweg mehr sehen als die Meuterei.

Eine weitere Methode, der Quengelei ein Ende zu bereiten, besteht darin, selbst damit aufzuhören. Und das bedeutet, für ausreichend Schlaf zu sorgen und Stress zu vermeiden. Meiner Erfahrung nach steht ein Vollzeitjob dem natürlichen Schlafbedürfnis in unerträglichem Maße entgegen: keine Zeit fürs Mittagsschläfchen. Man muss frühmorgens antanzen. Noch dazu verursacht der moderne Arbeitsplatz Stress: In den allermeisten Unternehmen herrscht ein höllischer Druck. Kein Wunder, dass immer wieder ein amerikanischer Arbeitnehmer durchdreht und mit der Waffe in der Hand ins Büro oder in die Fabrik marschiert und seine Kollegen über den Haufen schießt, bevor er die Waffe gegen sich selbst richtet. Es ist nur noch eine Frage der Zeit, bis wir auch in Europa ein Arbeitsplatzmassaker zu betrauern haben. Daher müssen faule Eltern, die dem Gequengel ihrer Kinder einen Riegel vorschieben wollen, selbst mit dem Quengeln aufhören, und eine Methode, mit dem Quengeln aufzuhören, besteht darin, zu kündigen oder nur noch halbtags zu arbeiten. Widerstehen Sie dem Ruf, noch länger und noch härter zu arbeiten. Werfen Sie Ihren BlackBerry in den Fluss. Befreien Sie sich aus der Sklaverei. Harte Arbeit führt nicht zu Gesundheit und Glück. Stellen Sie sich eine einfache Frage: Würden Sie die ersten Lebensjahre Ihrer Kinder lieber damit verbringen, mit ihnen zu spielen oder in einem Megakonzern zu schuften, damit der noch mehr Gewinn macht und Sie Geld, mit dem Sie unnützen Schund kaufen können, um damit das Leid der Überarbeitung zu lindern? Der Megakonzern braucht Sie nicht, Ihre Kinder brauchen Sie.

Lieber pleite und zu Hause als reich und abwesend, zumindest in den ersten drei bis vier Lebensjahren jedes Kindes. Fürs Malochen bleibt noch reichlich Zeit, wenn die Kleinen älter werden. Ihre Arbeit, fürchte ich, ist nicht besonders wichtig und ganz gewiss nicht so wichtig oder so freudvoll wie die Aufgabe, Ihren Kindern die ersten Lebensjahre so schön wie möglich zu gestalten.

Das soll nicht heißen, dass Eltern grundsätzlich nicht arbeiten und für irgendein Einkommen sorgen müssten. Das müssen sie natürlich. Doch faule Eltern streben danach, ihr Geld auf möglichst angenehme und kreative Weise zu verdienen. Lassen Sie sich etwas einfallen. Überarbeitung wird Sie umbringen. Sie wird Ihr Leben und das Ihrer Kinder zerstören. Und es führt zu Jammerei – und wir waren uns ja einig, dass das Gequengel ein Ende haben muss.

Um Quengelei zu vermeiden, geben Sie den Kleinen nicht alles, wonach sie verlangen. Rousseau sagt:

> Ich habe auf diese Weise erzogene Kinder gesehen, die wollten, dass man das Haus durch einen Stoß mit der Schulter umwürfe; dass man ihnen den Hahn gäbe, den sie auf dem Kirchtum sahen; dass man ein aufmarschierendes Regiment anhielte, damit sie die Trommeln länger hören könnten, und die, ohne auf jemanden zu hören, die Luft mit ihrem Geschrei zerrissen, wenn man ihnen nicht sofort nachgab. Vergebens mühte sich jedermann, ihnen gefällig zu sein; da ihr sonst so leicht gestilltes Begehren gereizt war, versteiften sie sich auf unmögliche Dinge und stießen überall auf Widerspruch, Hindernisse, Kummer und Leid. Immer zänkisch, immer aufsässig, immer wütend verbrachten sie ihre Tage mit Geschrei und Weinen …

Wir müssen uns die Vorstellung aus dem Kopf schlagen, dass das »Nein«-Sagen ein unfreundlicher Akt sei. Wir müssen ihnen von klein auf zeigen, was möglich ist und was nicht. Vielleicht als Folge unserer Schuldgefühle, weil wir zu viel arbeiten, verwöhnen und verhätscheln wir unsere

Kinder und schaffen uns damit selbst eine Menge unnötiger Arbeit. Faule Eltern haben sich die Ziele Freude und Faulenzen auf die Fahnen geschrieben, und das »Nein« kann ein effizientes Mittel sein, diese Ziele zu erreichen. Nicht vergessen: Je fauler Vater und Mutter, umso glücklicher das Kind, weil faule Eltern spontane Eltern sind, freudvoll, frei von heimlichem Groll und daher die nettere Gesellschaft.

Ein einfaches »Nein«, ruhig und bestimmt vorgebracht und vom anderen Elternteil (sofern vorhanden) mitgetragen – das sollten alle faulen Eltern beherrschen. Es ist nicht gleichzusetzen mit Grausamkeit, ganz im Gegenteil. Dem Kind »Nein« zu sagen kann auch als ein »Nein« zu den Kräften der Marke, des Spielzeugs, des Geldes und der gesamten Warenkultur verstanden werden. Rousseau: »… euer Nein muss wie eine eherne Mauer sein; ist das Kind fünf- bis sechsmal vergeblich dagegen angerannt, wird es nicht mehr versuchen, sie umzustürzen.«

Mit einem »Nein« zu *Dingen* helfen Sie Ihrem Kind, kompetent und selbständig zu werden, denn ein »Nein« zu Dingen ist ein »Ja« zur Menschlichkeit und ein »Ja« zum Leben. Ihr Kind darf sich gar nicht erst die Vorstellung aneignen, dass seine Bedürfnisse durch eine Injektion Bargeld befriedigt werden könnten. Dann wird es nur immer mehr und mehr Geld wollen, es wird vom Geld abhängig werden und muss später als Erwachsener alle möglichen unangenehmen Dinge tun, um an Geld zu kommen. Spielzeug geht kaputt, verblasst und stirbt, aber die Liebe lebt weiter. Seien Sie streng. Überall um uns herum können wir beobachten, wohin die Übersättigung mit Konsumprodukten führt: Der Erwachsene von heute ist ein verwöhntes Kind. Wir glauben, dass wir alles haben können, was wir wollen, und zwar, der Kreditkarte sei Dank, jetzt gleich. Ich will, ich will, ich will. Den Schmerz verschieben wir auf später. Doch diese Befriedigung von Bedürfnissen führt nur zu noch mehr Bedürfnissen, weshalb wir konstant unbefriedigt sind. Kinder lehren uns die Freuden eines Pappkartons oder eines Kieselsteins oder eines Zweiges. Neulich sind wir mit Delilah und einer Freundin an einen steinigen Strand gefahren, und die beiden haben sich stundenlang damit beschäftigt, Steinkreise zu bauen. Danach sind wir zum Laden gegangen, vor dem eines jener Münzautos stand, die eigens dazu erfunden wurden, uns die Pence-Stücke aus der Tasche zu ziehen. Gequengel beim Schlangestehen und Geschrei und Streit darüber, wer vorn sitzen darf. Kommerz führt zu Ungleichheit und Quengelei. Und wir müssen der Versuchung widerstehen, ihnen beizubringen, dass ein ferngesteuerter Dalek besser ist als ein Zweig. Afrikanische Kinder weinen praktisch nie. Meiner Ansicht nach hat das zwei Gründe: Erstens haben sie mehr Kontrolle über ihr Leben, und zweitens gibt es weniger Zeug, um das sie sich streiten können.

Tatsache ist, man kann das Leben leben wie ein Spiel und zugleich streng sein. Es ist durchaus möglich, humorvoll streng zu sein. Keine Sorge, wir werden nicht auf puritanische Abwege geraten. Susanna Wesley, die Mutter des Methodisten John, schrieb ihrem Sohn im Jahre 1732 jenen Brief mit dem berühmten Rat, Kinder sollten »die Rute fürchten und leise weinen«. In der puritanischen Vorstellung von der Kindheit galten Kinder als sündig, faul und böse, sie waren Vipern und daher eine

Menge Einmischung von Seiten der Eltern und Lehrer vonnöten, um ihre bösartigen Tendenzen zu korrigieren. In *The Office of Christian Parents*, einem 1616 erschienenen Elternratgeber für Fromme, werden Kinder als »träge ..., widerwärtige und niederträchtige Personen, Lügner, Diebe, gemeine Bestien, faule Bäuche und Tunichtgute« bezeichnet. Ungeachtet der unmittelbaren Reaktion geplagter Eltern, dass da vielleicht ein Körnchen Wahrheit drinstecken könnte, weisen wir die Vorstellung von der Kindheit als »sündig« entschieden zurück, so wie wir auch für Erwachsene das Konzept der »Sünde« entschieden zurückweisen. Vielmehr müssen wir über Gut und Schlecht hinausgehen. Rousseau versucht, Emile solche Dualitäten gar nicht erst zu vermitteln, unter anderem mit dem Argument, dass moralische Fabeln das Kind im Grunde erst mit dem Bösen vertraut machen (und die Übeltäter dabei zumeist sehr viel sympathischer dastehen lassen. Wer will schon Miss Goody-Two-Shoes sein?). »Was ist Reue?«, fragte mich Arthur neulich. Nun, um Reue zu erklären, müsste man zuerst die Idee einführen, dass jemand etwas Böses tut und danach ein schlechtes Gewissen hat. Da ich sowieso nichts von Schuldgefühlen halte, schien es mir geraten, einen Bogen um das Thema zu machen, und ich antwortete: »Ach, nichts. Was Dummes für Erwachsene.«

Rousseau analysiert eine Fabel über einen Fuchs, die veranschaulichen soll, dass Lügen nur Ärger einbringen. Wäre es nicht besser, scheint er sagen zu wollen, die Fabel dem Kind nicht vorzulesen und der ganzen Dualität von wahr und unwahr aus dem Weg zu gehen und vielleicht gar so zu tun, als gäbe es so etwas wie Lügen gar nicht?

Um das Gute zu kennen, muss man das Böse kennen. Für ein kleines Kind ist das alles das Gleiche. Wir Erwachsenen sind es, die den Kindern viel zu früh Vorstellungen von Moral vermitteln. Das natürliche Kind kennt keinen Unterschied zwischen Gut und Schlecht, und es tollt und tobt und lacht und weint in glücklicher Unkenntnis dieser menschengemachten Konzepte. Wenn ich nicht schlecht bin, wie sollte ich besser gemacht werden können? Es waren die elenden Elisabethaner, denen wir die Idee der »Besserungsanstalten« zu verdanken haben. Bis dahin hatten Kinder keine Verbesserung nötig, und tatsächlich konzentrieren sich mittelalterliche Ratgeber zur Kindererziehung auf die praktischen Aspekte der Angelegenheit. Sie geben eher medizinische denn philosophische Tipps, beispielsweise wird empfohlen, das kleine Kind möge eine Art Lederhelm tragen, der es vor Beulen und Dellen schützen soll. Dem mittelalterlichen Geiste scheint die Idee fremd gewesen zu sein, dass Kinder von Eltern und Erziehungsberechtigten geformt werden könnten wie Kitt. Sie haben die Kleinen einfach in Ruhe gelassen.

Nörgeln und Quengeln entstehen aus Machtlosigkeit. Das heißt, um dem Gequengel ein Ende zu setzen, müssen wir unsere Kinder stark machen. Und das bedeutet weniger Einmischung. Mein Ziel ist es nicht, eine bestimmte Sorte Kind hervorzubringen, das in der Gesellschaft bestimmte Rollen ausfüllt. Mein Ziel ist es, dafür zu sorgen, dass Eltern und Kinder das tägliche Leben genießen. Von der Vorstellung einer perfekten oder idealen Erziehung sollten wir uns verabschieden. Alles Weitere erwächst aus dem einfachen Prinzip »Spaß, jetzt«.

Es ist eine gefährliche Angewohnheit, in die Zukunft der Kinder schauen zu wollen, wo deren sämtliche Instinkte darauf ausgerichtet sind, glorreich in der Gegenwart zu verweilen.

Also: Lernen Sie, »Nein« zu sagen. Meiden Sie Situationen, die mit hoher Wahrscheinlichkeit zu Quengelei führen, und insbesondere alle Orte, an denen Geld den Besitzer wechselt, seien es Geschäfte, Jahrmärkte oder Eisstände. Machen Sie einen Bogen um McDonald's, Tesco, Toys'R'Us. Steigen Sie nicht ins Auto. Sperren Sie Ihre Kinder nicht ein. Lassen Sie sie in Ruhe!

Und denken Sie immer daran: Je stärker Ihre Kinder im Geiste, umso weniger neigen sie zum Quengeln. Also gehen Sie mit gutem Beispiel voran und hören Sie selbst auf, zu jammern und zu stöhnen. Die Methode ist einfach; noch einmal: Lassen Sie sie in Ruhe.

3. Streben Sie nicht nach Perfektion oder Warum schlechte Eltern gute Eltern sind

Eines in Allem

Alles in Einem –

Wird das erst erkannt,

Schwindet die Angst, nicht perfekt zu sein!

3. Patriarch des Zen, verstorben 606

Es gibt viele verschiedene Stile der Elternschaft. In Papua-Neuguinea zum Beispiel haben Kinder viele Mütter. Die Menschen dort passen gegenseitig auf ihre Kinder auf. Siebenjährige ziehen aus der Hütte aus, um bei einer anderen Familie zu leben. In Sparta wurden schwache Babys auf den Berghängen ausgesetzt und dem Tod überlassen. In Platons *Staat*, in dem Frauen und Männer gleich sind, wird von Frauen nicht verlangt, dass sie ihre Kinder selbst aufziehen, dafür gibt es staatliche Kinderkrippen. In der altnordischen Welt haben wohlhabende Witwen ihre Kinder oft in Pflege gegeben. In Europa gab es bis ins 20. Jahrhundert hinein Ammen. Im heutigen Indien oder Mexiko oder im ländlichen Afrika springt die Großfamilie ein, und alle helfen bei der Kinderbetreuung. Die Bildhauerin Barbara Hepworth hat ihre Zwillinge bekanntermaßen zur Adoption freigegeben, weil sie sich in Ruhe der Kunst widmen wollte. Nach dem Zweiten Weltkrieg haben zwei Millionen Mütter ihre Kinder ohne

Vater großgezogen. Heute übernehmen Väter zunehmend eine aktive Rolle im Haushalt.

Ich führe diese Beispiele an, um zu zeigen, dass es, historisch, philosophisch und gesellschaftlich betrachtet, viele verschiedene Auffassungen gibt von dem, was Elternschaft bedeutet, und die wohl am wenigsten verbreitete ist die von der einsamen, zu Hause bleibenden Mutter der westlichen Vorstellungswelt. Es muss nicht so sein. Wählen Sie Ihren eigenen Weg.

Mutterschaft ist keine Funktion. Und sie sollte kein Vollzeitjob sein. So viel Bemutterung brauchen Kinder nicht. Im Westen ist Mutterschaft zu einem Vollzeitjob geworden – mehr als Vollzeit im Grunde –, seit wir so vereinzelt leben. Das typische Familienleben sieht heutzutage so aus, dass der Vater um acht Uhr morgens das Haus verlässt und gegen 19.00 Uhr zurückkehrt, während die Mutter den lieben langen Tag in Gesellschaft der Waschmaschine und des Fernsehers verbringt. Die Langeweile der jungen Mutter ist zerstörerisch und extrem ärgerlich. Ich erinnere mich noch gut, wie mich Victoria, vor Verzweiflung heulend, im Büro anrief, als unser Ältester noch klein war. Heute wünschte ich, ich hätte in seinen ersten zwei Lebensjahren sehr viel mehr Zeit zu Hause verbracht.

Zusätzlich zur Langeweile leidet die Vollzeitmutter auch noch unter Schuldgefühlen: Sie fühlt sich schuldig, weil das Zusammensein mit ihrem eigenen Baby, ihren eigenen Kindern, sie nicht erfüllt. Sie fühlt sich als Versagerin, weil sie das Muttersein nicht genießt. Weil sie meilenweit entfernt ist vom Idealbild der Mutterschaft, wie es in Zeitschriften und Fernsehwerbungen propagiert

wird. Warum ist sie nicht so glücklich wie die Prominen-
ten, die auf allen Titelseiten von den Freuden des Eltern-
seins künden? Weil – ich sage es noch einmal – Mutterschaft ein Mythos ist und die Frau nicht dazu geschaffen,
einzukaufen, zu putzen und den ganzen Tag allein auf ein
Baby einzuplappern. Sie braucht neben der Mutterschaft
auch noch andere kreative Tätigkeiten, und sie braucht
Gesellschaft. Die nicht arbeitende Mutter ist noch so ein
Mythos – oder zumindest eine Erfindung der viktorianischen Fantasie: Damals war es eine Art Statussymbol,
eine zur Ohnmacht neigende, in Korsetts geschnürte
untätige Ehefrau zu haben. Doch das ist eine Anorma-
lität. Überall sonst auf der Welt und in der Geschichte
haben Frauen gearbeitet. Sie haben neben ihren Ehemän-
nern auf dem Feld geschuftet: In dieser Hinsicht war die
mittelalterliche Frau dem Mann gleichgestellt. Frauen
waren Bierbrauerinnen, Brotbäckerinnen, Gärtnerinnen,
Geschäftsfrauen.

Sie denkt nach einem Acker und kauft ihn
und pflanzt einen Weinberg von den Früchten ihrer
Hände.

Sie gürtet ihre Lenden mit Kraft und stärkt ihre
Arme.

Sie macht sich selbst Decken;
feine Leinwand und Purpur ist ihr Kleid.

Sie macht einen Rock und verkauft ihn;
einen Gürtel gibt sie dem Krämer.

So heißt es in »Die perfekte Hausfrau«, jenem charmanten Gedicht, das im Alten Testament die Sprüche Salomons beschließt.

Die müßige Mutter geht der Arbeit also nicht grundsätzlich aus dem Weg. Im Gegenteil, genau wie der müßige Vater freut sie sich an ihrer Arbeit. Einer Arbeit, die sie selbst gewählt hat, also einer selbständigen Arbeit, einer autonomen, einer kreativen Arbeit. Was sie meidet, ist jene grauenhafte, schreckerfüllte, geistzehrende Erfindung des industriellen Zeitalters: den Vollzeitjob. Was sie meidet, ist die furchtbare Sklaverei der Konzernarbeit. Für die müßige Mutter geht es nicht um die Wahl zwischen »wieder arbeiten gehen« oder »zu Hause bleiben«. Sie erkundet das riesige und reichhaltige Territorium, das zwischen diesen beiden unfruchtbaren Polen liegt. Sie schafft sich ihren eigenen Job, einen, den sie an ihre Kinder anpassen oder gar für ein paar Jahre aufgeben kann. Und wenn sie die bewusste Entscheidung getroffen hat, zu arbeiten *und* sich um ihre Kinder zu kümmern, dann tut sie beides mit Freude. Unsere Angewohnheit, das Leben als eine Reihe von Belastungen zu empfinden, die uns von äußeren Mächten aufgezwungen werden, bringt nur Leid. Sobald wir begreifen, dass wir freie und selbstverantwortliche Wesen sind, sind wir die Bürde los. Es gilt, künstliche Dualismen zu zerschlagen.

V. zum Beispiel hat die existenzielle Entscheidung getroffen, am Spielen mit ihren Kindern Spaß zu haben. Dazu sucht sie nicht jene lebenskraftraubenden, geistzehrenden Schreckensorte namens Spielplatz auf, sie spielt zu Hause auf dem Fußboden. Wenn wir jemanden anstellen, um auf unsere Kinder aufzupassen, führt das schnell dazu, dass wir »Kinderbetreuung« als Belastung wahrnehmen. Ich weiß das aus eigener Erfahrung. Wir haben drei Jahre lang eine Vollzeit-Tagesmutter beschäftigt. (Wie wir uns das leisten konnten? Wir haben eine zweite Hypothek aufgenommen. Wir haben Schulden gemacht – nur damit Sie eine Ahnung bekommen, wie verzweifelt wir damals Hilfe brauchten.) Und in gewisser Weise hat es auch funktioniert: So isoliert, wie wir damals lebten, war die Tagesmutter ein kleiner Schritt zur Großfamilie. (Übrigens, ist Ihnen aufgefallen, dass die weltreisenden Großeltern von heute keine Zeit mehr haben zum Babysitten? Ich war schwer enttäuscht über den dezidierten Unwillen meiner Eltern, uns im Haushalt auszuhelfen.) V. hatte eine kleine bezahlte Anstellung, aber die meiste Zeit war sie mit Kindern und Kindermädchen zu Hause. Doch nach drei Jahren fiel uns auf, dass wir von Claire abhängig geworden waren. Sie war großartig, sehr besonders, ein wunderbarer Mensch. Und sie kam mit den Kindern anscheinend sehr viel besser zurecht als wir. Im Vergleich zu ihr kamen wir uns regelrecht unfähig vor. »Eure Kinder sind zu euch frech und zu ihr nett«, bemerkte einmal ein Freund. »Für euch als Familie ist das nicht gut.« Wir mussten uns eingestehen, dass er recht hatte: Es war so weit gekommen, dass wir die Wochenenden fürchteten, an denen Claire freihatte, und uns nach dem Montagmorgen sehnten, wenn sie wieder da war. Und so kam das Arrangement zu seinem Ende, und ein Jahr lang machten wir alles allein. Im Haus war es deutlich unordentlicher, aber in diesem einen Jahr haben wir Verantwortungsbewusstsein, Selbstvertrauen und sogar Freude an uns selbst als Eltern entwickelt.

Viele Mütter im Westen legen ein merkwürdiges Verhalten an den Tag. Sie lassen sich über Frauen aus, die »wieder arbeiten gehen«, und beschweren sich zugleich, dass sie auf ihre Kinder aufpassen »müssen«, die sie doch ständig in Kindergärten, bei Tagesmüttern oder Kindermädchen abgeben. Dabei mache ich mir weniger Sorgen um die Auswirkungen, die das auf die Kinder hat, die schließlich überaus anpassungsfähig und erfindungsreich sind, bis wir sie in die dunkle Kunst der Abhängigkeit einführen. Meine Sorge gilt vielmehr den Müttern, die mit einer solchen Einstellung durchs Leben gehen. Denn diese Auffassung von Mutterschaft ist ein gesellschaftlich konstruiertes Konzept, ein Mythos. Und die Erkenntnis, dass Mutterschaft ein Mythos ist, ist eine befreiende, weil das bedeutet, dass wir alle frei sind, es so zu machen, wie es uns gefällt. Alle Wege sind gangbar. Deshalb liegt es in der Verantwortung jeder Mutter, ihre eigene, einzigartige Version von Mutterschaft zu gestalten. Und wenn das bedeutet, dass sie viel arbeitet: schön. Wenn es bedeutet, dass sie den ganzen Tag im Bett liegt und Schokolade isst: auch schön. Nancy Mitford mag nicht die engagierteste aller Mütter gewesen sein, aber mir persönlich wäre sie sehr viel lieber als Tabitha Twitchet (auch wenn ich es nur gutheißen kann, wie Tabitha Twitchet die Kleinen raus in den Garten schickt, um die Vorbereitungen für ihre Teegesellschaft zu treffen). Schaffen Sie Ihren eigenen Mythos und vertreten Sie ihn selbstbewusst. Finden Sie das richtige Maß an Achtsamkeit. Den Kindern wird es gut gehen.

Das Gleiche gilt natürlich fürs Vatersein. Manche Väter spielen gern, andere nicht. Es gibt da keine Regeln. Das Streben nach Perfektion gehört aufgegeben. Es gibt viele

Wege. Sie müssen Ihre eigenen Entscheidungen treffen und ein Vater ohne Groll sein.

In *Emile* greift Rousseau jene wohlhabenden Mütter des 18. Jahrhunderts an, die ihre Kinder an eine Amme abgeben. Aber in manchen Fällen hatten sie vielleicht keine andere Wahl, zum Beispiel, weil sie keine Milch hatten. Oder die Mutter ist bei der Geburt gestorben, oder sie hat sich entschieden, ihr gesellschaftliches Leben fortzuführen. Na und? Übermäßige Bemutterung macht viel zu viel Arbeit und kann zu einfältiger Abhängigkeit auf Seiten des Kindes führen. Die beste Eigenschaft, die eine Mutter ihren Kindern bieten kann, ist ihr eigenes Glück, ihre Zufriedenheit, ihr Wohlbefinden, ihre Unabhängigkeit. Das kommt zuerst; das hat oberste Priorität. Und damit meine ich nicht, dass sie eitel und selbstsüchtig nur auf ihr eigenes Vergnügen ausgerichtet sein soll. Ich meine das, was Rousseau *amour-propre* nennt, Eigenliebe von der würdevollen Art, und nicht *amour de soi-même*, also Eigensucht.

Erfinden Sie Ihre eigenen Versionen von Mutter- und Vaterschaft. Es gibt kein Richtig oder Falsch. Es hängt an Ihnen. Dennoch würde ich persönlich dringend von jenem süßlichen, kränklichen, sentimentalen, ängstlichen Bemuttern abraten, das im Westen so häufig mit Vernachlässigung einhergeht. Kinder kommen auch allein klar. D. H. Lawrence findet harte Worte zum Credo der sentimentalen Bemutterung:

Gebt ihm all die materielle Fürsorge, die er braucht; gebt ihm alle Zuwendung und Zärtlichkeit und Zorn, welcher aus der spontanen Seele kommt: doch im

Wesentlichen lasst ihn immer, immer, in Ruhe. Lasst ihn in Ruhe. Er ist nicht ihr, und ihr seid nicht er. Niemals soll er mit euch verschmelzen oder ihr mit ihm … Nieder mit den überspannten Müttern, nieder mit der Überhöhung der Mutterschaft, denn sie stellt eine Bedrohung für die geistige Gesundheit unserer Rasse dar. Die Beziehung zwischen Mutter und Kind ist, solange sie natürlich bleibt, nicht persönlich, nicht ideell und nicht spirituell … Man sollte den modernen Müttern ihre Babys ausnahmslos wegnehmen und nicht etwa unerfüllten, mütterlichen alten Mägden, sondern dummen, fetten Weibern übergeben, die keine Lust haben, sich um sie zu kümmern. Es sollte eine Liga gegen die Mutterliebe geben, wie es auch eine Gesellschaft gegen Tierquälerei gibt … Lasst die Kinder in Ruhe. Schickt sie hinaus auf die Straße oder auf den Spielplatz und beachtet sie nicht weiter.

Lassen Sie sie spielen. Lassen Sie sie in Scharen laufen. Pflanzen Sie die Sämlinge in guten Kompost und überlassen Sie der Natur den Rest!

Und Mütter und Väter müssen Mittel und Wege finden, um nicht zu vereinsamen. Führen Sie ein offenes Haus. Setzen Sie die Kinder ins Wohnzimmer und lassen Sie sie allein, damit sie miteinander spielen können, während die Eltern in der Küche Wein trinken und plaudern. Ein seltsam vager Idealismus hat in unsere Vorstellungen von der Kindheit Einzug gehalten. Wir haben diese Idee von den perfekten Eltern im Kopf, dabei ist Perfektion unerreichbar, nicht zuletzt deshalb, weil wir gar nicht wissen, wie Perfektion aussieht. Lassen Sie sich

nicht erzählen, was Sie zu tun haben. Seien Sie selbstver-
antwortlich. Und dabei ist es Ihre eigene Einstellung, die
zuerst kommen muss. Rousseau sagt:

> Ich kann nicht oft genug wiederholen: um Herr über
> ein Kind zu sein, muss man zunächst Herr über sich
> selbst sein. ... Wenn es euch gelänge, nichts zu tun
> und nichts geschehen zu lassen, ... indem ihr zu
> Anfang gar nichts getan hättet, hättet ihr ein Wunder
> an Erziehung vollbracht.

Führen Sie das Ruder mit leichter Hand. Halten Sie sich
im Hintergrund, wie der ideale Herrscher im Tao Te
King, dessen Volk kaum bemerkt, dass es regiert wird.
Sobald die Kinder älter als ein Jahr sind, können sich
Väter genauso gut um sie kümmern wie Mütter. Und weil
Männer von Natur aus scheinbar mehr zur Faulheit neigen als Frauen, geben sie, folgt man unserer Philosophie,
gute Mütter ab. Männern fällt es leichter, ihre Kinder in
Ruhe zu lassen, als der ängstlich bemühten Mutter, die
mit den kommerziell produzierten Idealbildern in Zeitschriften und Werbung zu kämpfen hat.

Der Sache der müßigen Mutter wird auch von quengelnden Zeitungskolumnistinnen wenig geholfen, jenen
Expertinnen der karrieristischen Selbstvermarktung, die
entdeckt haben, das man mit Jammerei Geld verdienen
kann. Und so jammern sie und sorgen für Gejammer bei
jenen, die ihrem Beispiel folgen. Nur dass jene, die ihrem
Beispiel folgen, fürs Jammern nicht bezahlt werden. Sie
tun das umsonst. Wir brauchen also Kolumnistinnen, die
darüber schreiben, wie sehr sie ihr Leben, ihre Familie

und all das genießen, und das nicht auf heilige, selbstauf-opferungsvolle, memmenhafte Art und Weise, sondern in einem Faul-und-stolz-darauf-Stil. Verbannen Sie Zeitungen und Zeitschriften aus Ihrem Haus: Mit ihren überteuerten und betrügerischen Fantasien sind sie Feinde der müßigen Mutter.

Schlechte Eltern sind gute Eltern. Je schlimmer, desto besser. Trinken Sie mehr Alkohol. Arbeiten Sie weniger. Tun Sie weniger. Geben Sie auf. Ich wurde einmal von einer amerikanischen Frauenzeitschrift interviewt, und die waren besonders fasziniert von meinem Satz: »Kinder lieben beschwipste Mütter.« Genehmigen Sie sich ein Glas Wein, während Sie die Kleinen baden.

Und das soll nicht heißen, dass Sie aufhören sollen, Ihre Kinder zu lieben, sie zu knuddeln, zu küssen und zu loben und ihnen zu sagen, wie wunderschön und großartig sie sind. Weil das natürlicherweise ganz von selbst kommt, wenn Sie Ihr Leben genießen und aufhören, den Kindern insgeheim übelzunehmen, dass sie in dieses Leben eingebrochen sind. Wickeln Sie das Kleine in ein Tragetuch und fahren Sie raus in den Schrebergarten. Halten Sie fest an dem, was Ihnen Freude bereitet.

Und verhätscheln Sie das Baby nicht. Sowohl John Locke als auch Rousseau empfehlen kalte Bäder. Und ja, Locke hält noch weitere Inspirationen für faule Eltern parat. Er entstammt einer resoluten puritanischen Familie und hat Westminster School besucht, wo er mit Dryden befreundet war. Trotz seiner gelegentlichen Ausfälle gegen den Müßiggang bietet er wunderbaren Lesestoff: tröstlich und inspirierend. Offensichtlich hatten wir schon damals im Jahre 1693 die gleichen Probleme wie heutzutage. Beispielsweise berichtet Locke von dem »großen Sittenverfall, über den man klagt«. Seine *Gedanken* gehören zu den Inspirationsquellen für Rousseaus *Emile*, auch wenn Rousseau Locke in mehreren Punkten widerspricht, und genau wie *Emile* liefern sie uns bei unserer Suche nach einer Definition der faulen – beziehungsweise voll verantwortlichen – Elternschaft reichlich gutes Gedankenfutter.

Das Mittelalter hat zahlreiche Handbücher mit Ratschlägen zur Pflege von Babys und kleinen Kindern hervorgebracht, aber ich wüsste nicht, dass sich irgendwer, wie Locke und Rousseau, die Mühe gemacht hätte, die Grundsätze der idealen Erziehung zu umreißen. Genau genommen ist der Idealismus selbst ein Nebenprodukt der protestantischen Reformation, denn dem Protestantismus immanent ist die Vorstellung, dass man sein eigenes Schicksal und insbesondere das der eigenen Kinder formen könne. Mit der neuen Idee von der Fähigkeit des Menschen, sich selbst zu definieren, geht die Überzeugung einher, dass Kinder formbar seien wie Ton. In anderen Worten: Erziehung wird wichtiger als Natur. Locke schreibt, »dass die Unterschiede, die man in den Sitten und Fähigkeiten der Menschen findet, mehr der Erziehung als allem Übrigen zuzuschreiben sind«. Zweifelsohne waren die Puritaner sehr daran interessiert, Kinder ihrem Willen zu unterwerfen.

In vielen praktischen Dingen sind Locke und Rousseau einer Meinung. Beide empfehlen eine ordentliche Portion Freiheit. Beide sind gegen ein Übermaß an Umgangsformen. Die Kleidung sollte locker sein, sagt Locke. Die Kinder auf keinen Fall in eine »Zwangsjacke« stecken. Rousseau findet die Methode des Puckens unerträglich. Die Ernährung sollte einfach sein: Locke favorisiert für die ersten drei bis vier Lebensjahre des Kindes vegetarische Kost. »Enthaltsamkeit von Fleischgenuss«, wie er es ausdrückt. Und genau wie Rousseau empfiehlt er, Kinder bereits in jungen Jahren an extreme Temperaturen zu gewöhnen. Ja, faule Eltern sind nicht nachsichtig. Locke schlägt sogar vor, den Kindern spezielle undichte Schuhe anzuziehen:

> Ich rate ferner, ... ihm so dünne Schuhe machen zu lassen, dass sie durchlässig sind und Wasser einlassen, wenn er damit in Berührung kommt. ... Wer bedenkt, wie schädlich und gefährlich es für verzärtelte Menschen ist, nasse Füße zu bekommen, wird wünschen, er wäre barfuß gelaufen wie die Kinder armer Leute, die eben dadurch sich so an nasse Füße gewöhnt haben, dass sie sich nicht mehr erkälten oder sonst darunter leiden, als wenn sie nasse Hände hätten.

Vernünftige Sache: Denken Sie nur, wie viel Quengelzeit, Schuhputzzeit und allgemeines Theater wegen nasser Füße man sich mit diesem simplen Ratschlag Lockes sparen könnte. Darüber hinaus ist die scheinbare Härte beim Thema nasser Füße Ausdruck einer weiteren großartigen Maxime. Faule Eltern verfolgen nicht das Ziel, einen geschniegelten, zivilisierten, verhätschelten, quengelnden kleinen Klotz am Bein hervorzubringen. Wir wollen flinke Füße, lodernde Flammen in den Augen, das natürliche Kind, abgehärtete, selbständige Jungs und Mädchen. Erstens, weil so ein kleiner Streuner den Eltern weniger Arbeit macht, aber auch, weil Kinder frei sein sollen. Die Schuhsohle trennt uns von der Natur und der Erde. Schuhe zu tragen ist ein Schritt Richtung Einsamkeit und Isolation. Also lassen Sie die Kleinen die Schuhe ausziehen, wo immer es geht, und die Gummistiefel sollen Löcher haben.

Auch Locke war dafür, Kinder nach draußen zu schicken:

> Weiter ist es für die Gesundheit eines jeden Menschen, insbesondere aber der Kinder von großem Wert, sich viel in frischer Luft und so wenig wie möglich am Feuer aufzuhalten, selbst im Winter. ... So kann man seinem Körper fast alles zumuten.

Weitere Weisheitsperlen Lockes beschäftigen sich mit der Notwendigkeit von reichlich Schlaf und damit, wie wichtig es sei, dass Kinder nicht zu viel Alkohol zu sich nehmen, was vermuten lässt, dass im England des 17. Jahrhunderts jede Menge beschwipster Kinder unterwegs waren: »Niemals sollten sie Spirituosen zu sich nehmen, es sei denn, sie brauchen sie als Stärkungsmittel und der Arzt verordnet sie.« Drogen für die Erwachsenen, Drogen für die Kinder. Ich muss sagen, es war ein harter Schlag für Eltern, als die Hersteller von Calpol-Sirup auf den schläfrig machenden Bestandteil verzichteten. Wenn die moderne Medizin eines für uns tun kann, dann wäre das, ein mildes Schlafmittel für Babys zu erfinden. Vielleicht versuche ich es mal mit Bier.

Locke rät davon ab, den Nachwuchs zu verzärteln: »[Eltern] lieben ihre Kleinen, und das ist ihre Pflicht; aber oft verhätscheln sie mit ihnen auch ihre Fehler. Wahrlich, man darf ihnen doch nicht entgegentreten; in allem sollen sie ihren Willen haben.« Genau wie Rousseau warnt er davor, dass solche Nachgiebigkeit schlecht ist für das Kind. Und sie ist auch schlecht für die Eltern: Es ist teuer und zeitraubend, allen ihren Launen zu Diensten zu sein. Locke erklärt, dass wir Gefahr laufen, eitle kleine Tyrannen heranzuziehen: »Wenn das kleine Mädchen aufgeputzt ist in seinem neuen Kleid und Kopfputz, was kann seine Mutter weniger tun als es lehren, sich selbst zu bewundern, indem sie es ›meine kleine Königin‹ und ›mein Prinzesschen‹ nennt?« Und so, argumentiert er, vermitteln wir selbst ihnen die Laster, die uns später das Leben schwer machen werden. Wie oft schaut meine sechsjährige Tochter mit ihrem kleinen affektierten Lächeln zu mir hoch und sagt mit übertrieben mädchenhafter Stimme: »Bin ich hübsch?« Aber wie könnte ich mich beschweren, wo wir Eltern selbst ihr diese Haltung beigebracht haben?

Zugleich beeilt sich Locke zu betonen, dass er nicht für Strenge plädiert. »Ich sehe sie als Kinder an, die man zärtlich behandeln muss und die spielen und Spielzeug haben müssen.« Seid streng, wenn die Kinder klein sind, sagt er, und gebt ihnen mehr Nachsicht und Freiheit, wenn sie älter werden. Allzu oft, sagt er, läuft es umgekehrt, aber:

Herrschsucht und Strenge [sind] ein schlechtes Verhalten gegenüber Menschen, die über Vernunft zur eigenen Lebensführung verfügen; es sei denn, du wolltest erreichen, dass deine Kinder, wenn sie erwachsen sind, deiner überdrüssig werden und sich insgeheim fragen: »Wann wirst du endlich sterben, Vater?«

Verhätschelte Kinder und unterdrückte Jugendliche: ein Problem, das überall zu beobachten ist. Und da sie unterdrückt werden, zerren Jugendliche nur umso heftiger an ihren Fesseln und bauen jede Menge Dampf auf, der sich früher oder später irgendwo ein Ventil suchen wird, oft in unsozialen Formen wie Raubüberfällen oder Autodiebstahl. Seien Sie streng zu Ihren Kindern, solange sie klein sind, und geben Sie ihnen nach und nach mehr Freiheit, wenn sie aufwachsen, und am Ende werden Ihre Kinder Ihre Freunde sein.

Meine Mutter zum Beispiel war streng, was Schlafenszeiten und Ähnliches anging, weil sie mehr an ihrer Karriere als an meinem Bruder und mir interessiert war. Und tatsächlich war sie damals, um das Jahr 1972 herum, in unserer Gegend bekannt als »die Frau, die Babys hasst«. Als wir älter wurden, waren wir mehr oder weniger auf uns selbst gestellt. Doch das gab uns Raum zum Spielen, und wir mussten für uns selbst sorgen. Meine Erinnerungen an meine Kindheit sind daher überwiegend glücklich, und ich habe es meiner Mutter nie übelgenommen, dass sie eine Karrierefrau war. Allerdings bin ich vor Scham fast in den Boden versunken, wenn sie mir in ihrem Biba-Rock und mit den überdimensionierten Ohrringen quer über den Spielplatz »Schätzchen!« zurief.

Locke vertritt die Meinung, »sklavische Zucht erzeugt eine sklavische Wesensart«. Zugleich warnt er davor, die Kleinen mit »Äpfeln und Zuckerplätzchen« zu bestechen, da man sie so in den Wertvorstellungen der Verbrauchergesellschaft schult und kleine Materialisten aus ihnen macht:

Wenn man ihn aber durch Geldangebote zum rechten Tun bringt oder die Mühe des Buchlesens durch den Genuss eines Leckerbissens belohnt; wenn man ihm für die Erfüllung irgendwelcher kleinen Pflichten eine Spitzenkrawatte oder einen schönen neuen Anzug verspricht: wenn man diese Dinge als Belohnungen in Aussicht stellt, was tut man dann anderes, als dass man zugibt, dies seien die guten Dinge, nach denen er streben sollte, und dass man sein Verlangen danach unterstützt und ihn daran gewöhnt, seine Glückseligkeit in ihnen zu sehen.

Wir als faule Eltern wollen antimaterialistische Kinder, und das nicht zuletzt deshalb, weil wir für das ganze Zeug, das sie ständig haben wollen, hart arbeiten müssen. Ich höre immer wieder von Müttern, die unerfreuliche Fabrikjobs annehmen, damit sie ihren Söhnen die teuren Jogginganzüge kaufen können, die denen von Werbefachleuten aufgeschwatzt wurden. Fangen Sie früh an: Messen Sie Geld keinen Wert bei. Je weniger die Kleinen wollen, desto weniger werden Sie arbeiten müssen.

Und noch ein schöner Erziehungstipp: Locke empfiehlt, die Kinder zu Hause zu tadeln und in der Öffentlichkeit zu loben. Er stellt fest, dass viele Eltern ihre Kinder in der Öffentlichkeit die Leviten lesen, damit sie vor anderen als unnachgiebig und streng dastehen. Ich mache es selbst genauso: Ich schimpfe sie vor anderen aus, damit ich für einen »guten Vater« gehalten werde. Aber das ist eine Demütigung für das Kind. Besser lobt man sie vor anderen.

Und Locke will sie auch spielen lassen:

Denn all ihre unschuldige Ausgelassenheit, ihr Spiel und kindliches Treiben muss völlig frei und uneingeschränkt bleiben, soweit es sich mit dem schuldigen Respekt vor anwesenden Personen verträgt ... diese Spielfreudigkeit, welche ihrem Alter und ihrer Konstitution von der Natur weislich angepasst worden ist, sollte man eher ermutigen, um sie lebendig zu erhalten und ihre Kraft und Gesundheit zu festigen, als zügeln und beschränken; ja, die größte Kunst besteht darin, alles, was sie zu tun haben, zu vergnüglichem Spiel und Kurzweil zu machen.

Genau wie die Taoisten empfiehlt auch Locke, Regeln auf ein absolutes Minimum zu beschränken: »Lass daher der Gebote für deinen Sohn so wenige wie möglich sein«.

Kürzlich ließ V. unsere beiden Jüngsten bei mir und dem Au-pair-Mädchen und ist mit dem Ältesten zehn Tage in Urlaub gefahren. Ihre Reisebegleiterin hatte ihre einjährigen Zwillinge zu Hause bei einer Tagesmutter, ihrer Mutter und ihrem Ehemann gelassen. Weit davon entfernt, ein Trauma davonzutragen, sind ihre Kinder, während die Mutter fern war, nicht mehr des Nachts aufgewacht und neigten weniger zu Wutanfällen und Nörgelei. »Ich habe keine Ahnung, was ich getan habe, aber ich weiß, es war mein Fehler«, sagte ihre Mutter später. Bei meinen Kindern war es ganz ähnlich. Okay, es stimmt, dass der Kleinste »Komm zurück, Mami! Komm zurück, Mami!« brüllte, als ich ihn am ersten Abend zu Bett brachte, doch danach hatte er sich mit der Lage abgefunden, und beide Kinder waren weniger quengelig als gewöhnlich.

Also, Mütter, wenn eure Kinder nicht schlafen wollen, kämpft gegen unsere sentimentale Konditionierung an und nehmt euch eine Auszeit. Fahrt für eine Woche weg. Trefft euch mit Freundinnen. Trinkt. Schlaft. Die Kleinen werden es verkraften. Es wird ihnen sogar guttun. Es wird ihnen helfen, sich von der Schürze loszureißen. Ihr seid nicht so wichtig, wie ihr glaubt: Die Mutterrolle kann auch von Menschen ausgefüllt werden, die nicht die Mutter sind. Denken wir an Adoptionen und Pflegeeltern und an all die Kinder, deren Mütter bei der Geburt gestorben sind. Meine eigene Mutter zum Beispiel ist bei ihrer Großmutter aufgewachsen, weil ihre Mutter damit beschäftigt war, einen Blumenladen zu führen. Heutzutage geben ukrainische Frauen ihre Zweijährigen in die Obhut ihrer Mütter, um ihr Glück in Westeuropa zu versuchen. Chinesische Kinder wachsen oft bei ihren Großmüttern auf. Wollen wir die Freiheit der Mütter beschneiden, indem wir sie nötigen, zu Hause zu bleiben, und anderen unsere eigenen ungesunden, sentimentalen Moralvorstellungen aufzwingen?

Gönnen Sie den Kleinen eine Pause. Gönnen Sie sich selbst eine Pause. Ersticken Sie sie nicht, und lassen Sie nicht zu, dass Sie selbst ersticken. Ohnehin kann es gut sein, dass Ihr Baby nicht endlose und unsterbliche Hingabe und mütterliche Glückseligkeit in Ihnen auslöst. Viele Frauen, die den Lügen der Hochglanzmagazine aufsitzen, in denen sich hochbezahlte Schauspielerinnen über die Mirakel der Mutterschaft ausbreiten, erwarten, dass sie sich in ihre Babys verlieben müssen, und werden depressiv, wenn das nicht passiert.

Kinder können sich allen möglichen Stilen der Mutterschaft anpassen: Den besten Weg gibt es nicht, und ohnehin wird die jeweils geltende Vorstellung vom »besten Weg« gemeinhin von den Vertretern der Oligarchie geprägt. In Großbritannien zum Beispiel werden Frauen derzeit dazu angehalten, Vollzeit zu arbeiten und ihre Kleinkinder in die Krippe zu geben. Vor nicht allzu langer Zeit wurden sie noch dazu ermuntert, zu Hause zu bleiben, während die Männer das Geld verdienten. Beide Versionen gründen nicht auf einer absoluten Moral, sondern lediglich auf wirtschaftlicher Zweckmäßigkeit, die sich als ethische Norm verkleidet. Dabei stehen solche Entscheidungen allein den Eltern selbst zu, und solange das Kind reichlich Liebe erfährt, kann es sich an praktisch alles anpassen. Wir sollten alle aufhören, uns selbst fertigzumachen: Die ideale Mutter gibt es nicht, und schon die Idee von der perfekten Mutter ist ein tyrannisches Konzept, ein von den Machthabern eingesetzter Kontrollmechanismus. Ich bin Anti-Idealist: Allein die Vorstellung von einem Ideal führt unweigerlich zum Versagen, weil wir dem Ideal per definitionem nicht gerecht werden können.

Man muss sich nicht einmal die Mühe machen, die Kleinen wegen Belanglosigkeiten wie beispielsweise Tischmanieren zu tadeln. Locke sagt:

> Kümmere dich nie um solche Fehler, die, wie man weiß, das Alter abstellen wird … Manieren … sollten meiner Meinung nach lieber durch Beispiele als durch Regeln gelernt werden; denn wenn man Kinder von schlechtem Umgang fernhält, werden sie auch ihren Stolz dareinsetzen, sich nach der Art anderer anständig zu benehmen …

Geben Sie den Kindern die Möglichkeit, selbst darauf zu kommen, sich anständig zu verhalten, statt das aus Angst vor einer Autorität zu tun.»... sei unbesorgt: der Schmuck feinen geselligen Umgangs und das Äußere vornehmer Manieren werden zur rechten Zeit kommen«. Locke warnt vor dem gewohnheitsmäßigen Gemecker, mit dem Eltern ihre Kinder zu tyrannisieren neigen. Er sagt: »Sie so bei jeder Gelegenheit schikanieren und schelten heißt nicht sie belehren, sondern sie sinnlos quälen und peinigen.« Ich denke an die Fehler, die ich bei meinem Ältesten gemacht habe. Ich habe das Gefühl, den armen Jungen oft sinnlos gequält und gepeinigt zu haben; ich habe ihn angeschrien, er solle Messer und Gabel vernünftig halten und nicht auf dem Stuhl herumrutschen und beim Essen gerade sitzen. Vielleicht sollte ich so unbedeutendes Fehlverhalten einfach ignorieren. Was richte ich damit an, ihn so zu tyrannisieren? Locke hat recht. Wir verschwenden unangemessen viel Zeit und Energie darauf, Fehler zu korrigieren, die mit der Zeit von selbst verschwinden. Und faule Eltern sind zuerst und vor allem Energiesparer. Wir mühen uns nicht ab, wenn es sinnlos oder gar schädlich ist, das zu tun.

4. Ein Hoch auf die Natur

Die Natur soll euer erster Lehrer sein.

St. Bernhard von Clairvaux (1090–1153)

Wir hören, dass Kinder in Norwegen erst mit sieben Jahren in die Schule kommen. Bis dahin gehen die Lehrer einfach mit ihnen in den Wald, damit sie dort spielen können. In Großbritannien verschwenden kleine Kinder viel Zeit darauf, im Klassenraum zu sitzen und Fakten über den Regenwald zu lernen, ohne jemals die Natur direkt vor ihrer Haustür zu Gesicht zu bekommen. Wenn wir als »Natur« nur noch das bezeichnen, was weit weg ist, vergessen wir die Wildnis vor unserer eigenen Nase.

Natur ist gratis, sie ist eine großartige Lehrerin, und sie macht Spaß. Zu Rousseaus Zielen in *Emile* gehört es denn auch, das »natürliche Kind« hervorzubringen, unzivilisiert, frei von urbanen Konzepten, mit strahlenden Augen und kühnem Ausdruck. Kinder, die »*à la Jean-Jacques*« erzogen werden, streunen frei durch die Wälder. Rousseaus Emile wächst auf dem Land auf, fern von den verkommenen Wertvorstellungen der Stadt. Kinder sollten draußen sein, sie sollten frei spielen und nicht ans Pult gefesselt werden. Heutzutage sperren wir unsere Kinder nicht nur den ganzen Tag lang in der Schule ein, auf dem Heimweg von der Schule sperren wir sie ins Auto und fesseln sie danach, sobald sie zu Hause sind, an den Computer oder den Fernseher. Fesseln und Ketten überall. Kinderbetreuung ist für uns eher ein Verwahrungsproblem geworden. In den guten alten Zeiten haben sich Kinder noch beschwert, wenn draußen die Sonne schien und sie im Klassenzimmer hocken mussten, und sobald die Schulglocke ertönte, sind alle raus auf die Felder gelaufen. Als ich acht war, bin ich jeden Tag ohne elterliche Aufsicht eine Meile zur Schule und zurück gegangen, zu Fuß. Wenn heutzutage die Schulglocke ertönt, wartet draußen am Tor schon ein ängstlich bemühtes Elternteil, um das umsorgte Kind entweder zu einem schwer durchorganisierten »Kurs« oder auf direktem Wege nach Hause zu kutschieren, wo es in die digitale Zwangsjacke des Internets schlüpfen wird. Womöglich »redet« es online sogar mit seinen Freunden. Toll. Heutzutage muss man einen Computer kaufen und für eine Breitbandverbindung blechen, um mit seinen Freunden zu reden. Früher war das umsonst.

Die menschengemachte Welt kostet viel Geld, Natur dagegen ist gratis, körperlich, geistig, spirituell und finanziell gesehen. Die menschengemachte Welt ist endlos frustrierend, Natur dagegen zutiefst befriedigend. Natur ist das großartige, großzügige Gegenteil zur knauserigen und habgierigen Kommerzkultur. Sie kostet nichts. Sie sorgt für sich selbst, oder zumindest benötigt sie nur wenig Pflege. Und die Beziehung zwischen Mensch und Natur kann wundervoll sein, wenn wir mit ihr zusammenarbeiten, statt sie beherrschen und ihre Wildheit zähmen zu wollen. Das wäre die puritanische Herangehensweise: Unkraut zupfen, schnurgerade Reihen ziehen, Schädlinge mit Chemikalien bekämpfen, pflügen, arbeiten, schuften und die Pflanzen schön voneinander trennen. Die Natur erobern, sich die Erde untertan machen, wie es in jener, um mit Aldous Huxley zu sprechen, »unglücklichen Bemerkung in der Genesis« heißt. Doch das Kind fauler Eltern ist ein wildes Kind.

Der Nutzen der Natur als Hilfsmittel für faule Eltern ist gar nicht hoch genug zu bewerten. Diese Erkenntnis kam mir, als ich mit meinem Freund Ged an einem steinigen Strand in North Devon saß, während unsere Kinder gemeinsam auf den Felsen spielten. Uns fiel auf, dass sie uns schon seit Stunden nicht mehr genervt hatten. Sie spielten, ohne zu quengeln und zu klagen – und ohne Spielzeug. »Natur enttäuscht nicht«, bemerkte Ged. Sie bietet genug Kieselsteine für alle. Kein Streit um Kieselsteine. Dies steht in diametralem Gegensatz zur Warenwelt, die an allen Ecken und Enden enttäuscht. Die Enttäuschung ist ihr regelrecht eingewoben. Das Eis fällt dir aus der Hand, oder jemand anderes kriegt ein größeres; du wolltest aber das rosafarbene Fischernetz; Eltern müssen andauernd »Nein« sagen. Als ich das letzte Mal mit den Kindern zum Einkaufen in der Stadt war, kam mir der Gedanke, dass ich mir viel Mühe sparen könnte, würde ich mir einen Lautsprecher auf den Kopf schnallen, aus dem alle fünf Sekunden das Wort »nein« erschallt. Neulich war ich mit meiner Mutter am Strand von Worthing an der Südküste Englands, und uns beiden fiel auf, dass schönste Harmonie herrschte, solange die Kinder am Strand spielten: Sie spielten mit den Steinen und den Muscheln und dem Wasser. Sie legten einen Kreis aus Kieselsteinen. Aber sobald wir auf der Promenade waren, wo es Geschäfte gibt und Münzautomaten und

Versuchungen, fing das Quengeln und das Betteln an. Enttäuschung, Tränen, Streit.

Faule Eltern sollten also darauf bedacht sein, mit ihren Kindern die wildesten und geschäftslosesten Orte aufzusuchen, die sie finden können. Es ist dies eine billige Option: Kein Geld muss auf den Tisch gelegt werden, und faule Eltern sind sparsame Eltern, denn je weniger Geld man braucht, umso weniger muss man arbeiten. Also meiden Sie Geschäfte. Die produzieren noch dazu Abfall, der wiederum Arbeit macht, und faule Eltern vermeiden nicht nur Arbeit für sich selbst, sondern auch unnötige Extraarbeit für andere. Kurz nachdem Sie das Plastikzeug gekauft haben, wandert es in den Müll. Irgendwer muss Ihren Müllsack auf den Wagen hieven, ihn zur Müllkippe fahren und ins giftige Loch werfen. Außerdem befolgen Sie damit auch die Ratschläge von Locke und Rousseau, die ein gesundes Quantum Natur empfehlen. Nicht wegen der Eisdielen und der Fahrgeschäfte oder dem Kasperletheater zieht es uns ans Meer. Sondern wegen des Meeres, des Sandes und der Felsen: den Elementen der Natur, die sich den Eingriffen des Menschen widersetzen. Ja, wir bauen unsere Hütten und verkaufen Cola in Dosen und machen uns allgemein die Tatsache zunutze, dass es hier zahllose Menschen gibt, die sich amüsieren wollen, aber die Hauptattraktion ist immer noch das Meer, das Wasser, das geheimnisvolle Dunkle. Wir wollen ans Meer, genau wie wir im Urlaub reiten wollen, weil wir in unserem täglichen Leben den Kontakt zur Natur verloren haben. Stattdessen begnügen wir uns mit Repräsentationen von Natur, bloßen Darstellungen, sei es in Büchern, im Fernsehen oder auf Webseiten. Arthur zum Beispiel verbringt seine

Zeit offensichtlich lieber auf der Webseite des Britischen Vogelschutzbundes, als aus dem Fenster zu schauen oder – Gott bewahre – mit dem Fernglas nach draußen zu gehen und die Vögel in den Hecken und Feldern in unserer Nachbarschaft zu beobachten. Warum? Es muss ein Fehler seiner Eltern sein, diese Neigung, sich vor den Computer zu verkrümeln und auf keinen Fall nach draußen zu gehen. Gestern mussten wir ihn aus dem Haus zerren – regelrecht zerren –, weil wir die eineinhalb Kilometer den Berg hinunter und durch den Wald zum nächsten Strand laufen wollten. Doch als er erst einmal am Strand war, wollte er nicht wieder weg.

Fesselt sie nicht, sagen Locke und Rousseau. Lasst sie frei laufen. Hilfe: Ich würde sie gern frei laufen lassen, aber sie fesseln sich freiwillig an den Computer. Gerade jetzt, während ich diese Zeilen schreibe, starrt Arthur auf den Bildschirm.

Also: Es liegt auf der Hand, dass wir uns nach Natur sehnen, weil es uns im Urlaub in die Natur zieht, an den Strand, zum Skilaufen oder in die autofreie Utopie der Centerparcs. Nur haben wir zugelassen, dass unser wilder Geist und unsere Sehnsucht nach Freiheit von der Tourismusindustrie kommerzialisiert und ausgebeutet wird. Wäre es nicht besser, die Natur in das Gewebe unseres Alltags einzuflechten, statt sie auf zwei kostspielige Wochen Freiheit pro Jahr zu beschränken? Natur lebt in Ihrem Garten in der Stadt. Nehmen Sie einen Plastikbecher mit Wodka, graben Sie ihn ins Blumenbeet ein und schauen Sie sich nach ein paar Tagen an, was Sie gefangen haben. Sie werden fasziniert sein, wie viele Käfer, Spinnen und Rüsselkäfer in Ihrem Garten unterwegs sind. Natur sollte nicht auf einen »Naturpark« begrenzt werden. Selbst in der tiefsten Innenstadt ist Natur auf der Türschwelle zu finden. Schauen Sie sich nur die Vögel in der Stadt an! Die haben keinerlei Vorbehalte gegen Beton. Sie nisten an gut gelegenen Stellen und fressen Raupen und besuchen Vogelhäuschen.

Verpulvern Sie Ihr Geld nicht mit teuren Urlaubsreisen. »Es war schrecklich«, berichtete mir gestern eine Freundin von ihrem 6000 Pfund teuren Familienurlaub auf Tobago. »Es hat jeden Tag geregnet, und die An- und Abreise hat vier Tage gedauert.« Alle waren durch und durch unzufrieden. Wie gern hätte sie sich das Geld gespart. Es sind letzten Endes die billigen, spontanen Ausflüge in die Umgebung, die den größten Spaß machen. Spaß lässt sich nicht planen. Man muss ihn ergreifen, wenn er sich bietet, »die Freude küssen in ihrem Flug«, wie William Blake es ausdrückte. Machen Sie Ausflüge. Und natürlich besuchen Sie Freunde. Trennen Sie sich. Die Kernfamilie im Urlaub, alle vier, alle mit komplett unterschiedlichen und womöglich brutal entgegengesetzten Vorstellungen davon, was »Spaß« sei, das ist eine absurde Fantasie, ein Traum, eine eitle Hoffnung, die Ihnen von den Dealern der Pauschalprodukte als Realität verkauft wird. Für jene 6000 Pfund hätten Sie eine Jurte für den Garten kaufen oder einen Teil Ihrer Hypothek abzahlen können. Noch dazu sind Urlaube so schrecklich geregelt: Ich weiß noch, dass mich schon als Kind das Überorganisierte an, zum Beispiel, Skiurlauben gestört hat – wenn ich je eine erschütternde Geldverschwendung gesehen habe, dann da –, wenn wir armen Konsumenten wie die Schafe vom Flugzeug zum Bus zum Hotel getrieben wurden und einzig der joviale Animateur zwischen uns und der wirklichen Welt vermittelte. Dann eine ganze Woche lang Essenszeiten, Unterrichtszeiten und Pausenzeiten. Wie in der Schule. Wo ich nach einer Woche wieder hinmusste, und geändert hatte sich nur, dass die Familie nun deutlich ärmer war und deprimiert ob der Rückkehr in die graue, grausame Realität. Ja, es gab ein paar Augenblicke intensiver Freude, Skifahren durch den Wald; ja, es war ein gewisser Bruch in der alltäglichen Routine, aber war das das Geld wert? Ich glaube nicht.

Es gibt sehr viel leichtere und billigere Methoden, mit der Natur in Kontakt zu treten. Man muss sich nur von der Matrix abkoppeln, um sie zu entdecken. Ich habe schon erwähnt, dass man durchaus mal da nachschauen könnte, wo die meisten von uns niemals hinsehen – direkt vor unserer Nase –, aber es gibt noch einen Trick, und der heißt Camping. Und damit meine ich nicht, mit der ganzen Familie in einem 20 000 Pfund teuren Wohnmobil aus Plastik über die Autobahn zu brettern, um dann auf einem charakterlosen städtischen Grünstreifen direkt neben der Fernstraße und ohne Aussicht, mit Toilettenhäusern aus Beton und Sky-TV-Anschluss zu parken. Einmal habe ich mit Arthur einen dieser Campingplätze bei uns in der Nähe aufgesucht, und ich war erschüttert: Ich sah einsame Familien, die in einer Plastikbehausung vor dem Fernseher saßen. Es war ein wunderbarer sonniger Nachmittag, aber kein Mensch war draußen. Alle hockten drinnen, eingeschaltet und angeschlossen. Anscheinend ist »mal alles hinter sich lassen« zu »alles mitnehmen« geworden. Ich erinnere mich noch an einen Urlaub auf der Isle of Eigg, als mein Freund DJ in unsere Hütte kam und mich mitleidig ansah. Ich hatte meinen Laptop schon angeschlossen. »Was machst du da?«, fragte er streng. »Sind wir nicht hier, um mal alles hinter uns zu lassen?« Wie recht er hatte.

Nein, nicht diese Art von Camping. Das ist Camping für Menschen, denen das Freiheitsgen fehlt. Noch einmal: Wir müssen unseren eigenen Erfindungsgeist bemühen, statt automatisch zur Maus zu greifen, wenn es eine Entscheidung zu treffen gilt. Wir als faule Eltern wollen am Lagerfeuer sitzen und Bier trinken und Lieder singen, während unsere Kinder spielen. Denken Sie an den großen Wanderkünstler Augustus John, der mit Frau und Kindern und Wohnwagen übers Land zog. Entkommerzialisiertes Camping, das ist es, was wir wollen. Suchen Sie sich einen Freund, der ein Feld besitzt, trommeln Sie ein paar Kumpel oder vier Familien zusammen und gehen Sie übers Wochenende zelten. Warum nicht mit ein paar Freunden zusammen ein eigenes Feld kaufen, dann hätten Sie Ihren eigenen wilden Campingplatz? Und statt eines zweiwöchigen Familienurlaubs unternehmen Sie den ganzen Sommer über kleine Ausflüge dorthin.

Im letzten Jahr haben wir mit diesem Ansatz große Erfolge erzielt, und wir hatten noch dazu das Glück, von Freunden eingeladen zu werden, denen für zwei oder drei solcher Wochenenden ein Stück Land zur Verfügung stand. Wir waren zehn Erwachsene und um die zwanzig Kinder – keine Fernseher, keine Computer –, und die Kinder spielten zusammen und ließen uns in Ruhe. Jeden Morgen, wenn ich im Zelt aufwachte, waren um mich herum nur leere Schlafsäcke. Die Kinder waren schon allein aufgestanden und im Wald unterwegs, wo sie sich Spiele ausdachten. Wir mussten uns nicht bemühen, sie zu »beschäftigen«. Sie beschäftigten sich selbst, während

76

wir Erwachsenen uns um die wichtigen Dinge des Lebens kümmerten: Tee kochen, reden und Rausch ausschlafen. Wenn Sie kein Feld auftreiben können, lassen sich auch wildere Campingplätze finden, wo man direkt am Flussufer zeltet und Feuer machen darf. Das ist einfach und billig, eine Rückkehr zur Freigiebigkeit der Natur, die niemals enttäuscht, wo Äste und Steine Spielzeug sind. Oder zelten Sie einfach bei irgendwem im Garten, oder sogar in Ihrem eigenen.

Und zusätzlich zu regelmäßigen Campingausflügen können Sie den Stoff der Natur auch in Ihren Alltag einweben. Wenn Sie keinen Garten haben, können Sie Blumen und Gemüse in Töpfen und Schalen anpflanzen. Oder pachten Sie einen Schrebergarten und verwandeln Sie ihn in Ihr ganz persönliches Obst- und Gemüseparadies mit Höhlen und kleinen Hütten. Kinder lieben es, Samen zu säen und zu beobachten, wie sie aufgehen und wachsen, und es gibt nichts Köstlicheres als Erbsen frisch aus der Schote. Überlassen Sie die Arbeit der Natur.

Brombeeren pflücken macht einen Riesenspaß. Brombeeren wachsen überall, und die Familienausflüge, die wir, als ich noch klein war, zu einem nahe gelegenen Stück Brachland unternommen haben, um dort Brombeeren zu sammeln, habe ich sehr viel intensiver in Erinnerung als die lahmen Vormittage, die ich mit Kinderfernsehen verbrachte. Noch dazu hat Brombeeren pflücken praktischen Nutzen: Brombeer-Crumble und Brombeermarmelade. Suchen Sie in den Hecken nach Lebensmitteln, besorgen Sie sich *Bei der Natur zu Gast* von Richard Mabey und gehen Sie auf Futtersuche.

Bäche, Flüsse, Kieselsteine, Felsen … das war die Botschaft von Wordsworth: Die Natur vereint, was der Mensch getrennt hat. Sie schafft Harmonie, wohingegen Eisdielen Streitigkeiten und Feindseligkeit schaffen. Einer der größten Naturphilosophen unserer Zeit ist für mich Masanobu Fukuoka, Autor von *Der große Weg hat kein Tor*, erschienen 1978. Er hat dieses bemerkenswerte Buch geschrieben, nachdem er zwanzig Jahre auf seinem kleinen Hof damit verbracht hatte, die von ihm so benannte »Nichts-Tun-Landwirtschaft« zu perfektionieren. Das östliche Konzept des »Nichtstuns« ist meinem Begriff des Müßiggangs eng verwandt. Es bedeutet nicht Rumgammeln oder Kapitulation, sondern vielmehr loslassen, mit dem Fluss schwimmen: eine weise und glückliche Distanziertheit. Oder, um mit Aldous Huxley zu sprechen, »aktive Resignation«. Wenn also Fukuoka über die »Nichts-Tun-Landwirtschaft« spricht, meint er damit nicht, dass er herumsitzt und nichts tut, während alles um ihn herum zur Wildnis wird. Er meint, dass er Situationen schafft, in denen die Natur, mit minimaler Einmischung von Seiten des Menschen, die Arbeit übernimmt. Das bedeutet, dass er nicht pflügt und keine chemischen Düngemittel einsetzt. Vielmehr verteilt er den Reisstroh nach der Ernte wieder auf der Erde und bestreut ihn mit Hühnermist. Oder er sät Klee, der als natürlicher Dünger wirkt. Das ist ungefähr alles, aber er behauptet, mit dieser Technik ähnliche Erträge zu erzielen wie Höfe, die mit modernen Methoden bewirtschaftet werden:

Ich habe auf meinen Feldern demonstriert, dass natürlicher Anbau Ernten erzielt, die mit denen der modernen wissenschaftlichen Landwirtschaft vergleichbar

sind. Wenn die Ergebnisse einer nichtaktiven Landwirtschaft mit denen der Wissenschaft vergleichbar
sind – mit einem Bruchteil an investierter Arbeit und
Rohstoffen – wo ist dann der Nutzen wissenschaftli-
cher Technologie?

In gleicher Weise, sagt Fukuoka, sollten wir Kinder allein
aufwachsen lassen, statt uns ständig mit viel Aufwand, viel
Arbeit und viel Druck einzumischen. Wir brauchen keine
hochintensiven Kinderaufzuchttechniken, die uns ständig Anstrengung und Geld abverlangen. Wir brauchen
eine schonende Elternschaft, nichtstuende Elternschaft,
arbeitsfreie Elternschaft. Machen Sie sich natürliche Pro-
zesse zunutze, und die Natur wird für Sie die Arbeit
übernehmen. Im Fall des Gärtnerns mag das bedeuten,
dass wir schlicht und einfach durch unseren Garten wan-
dern. Durch simples Herumsitzen oder beim Schlendern
durch die Rabatten werden Ihnen zahllose Einfälle kommen, wie Sie mit wenig Aufwand Dinge verbessern und
verschönern können. Genauso ist es mit Kindern. Setzen
Sie sich einfach mit einem Buch in ihre Nähe und beobachten Sie sie, wie sie spielen und schwatzen. Hier noch
eine Weisheitsperle von Fukuoka mit der Empfehlung,
die Dinge laufen zu lassen:

> Vom Zeitpunkt an, wo man in den Kindergarten geht,
> beginnen die Qualen. Der Mensch war eine glückliche
> Kreatur, aber er schuf eine harte Welt und jetzt kämpft
> er, um daraus auszubrechen.
>
> In der Natur gibt es Leben und Tod, und die Natur
> ist voller Freude.

In der menschlichen Gesellschaft gibt es Leben und Tod, und die Menschen leben in Trauer.

Die Wissenschaftler, die jubelten, als jemand Steine vom Mond mitbrachte, haben ein geringeres Verständnis vom Mond als die Kinder, die singen: »Wie alt bist du, Herr Mond?« Bashō konnte das Wunder der Natur erfassen, indem er die Spiegelung des Vollmonds auf einem reglosen Teich beobachtete. Als die Wissenschaftler ins All flogen und mit ihren Raumfahrtstiefeln auf dem Mond herumtrampelten, haben sie nicht mehr erreicht, als dem Mond für Millionen von Liebenden und Kindern auf der Erde ein klein wenig von seinem Glanz zu nehmen.

In ganz ähnlichem Geiste müssen wir aufhören, uns in das Leben unserer Kinder einzumischen. Das bedeutet nicht, dass wir sie im Stich lassen, genauso wenig wie natürliche Landwirtschaft bedeutet, dass man den Brombeersträuchern das Feld überlasst. Ebenso wenig bedeutet es, dass wir nicht nachdenken über das, was wir tun, und nicht die Verantwortung dafür übernehmen. Auch für Ihre Kinder, Ihre kleinen Sämlinge, müssen Sie guten Boden bereiten, auf dem sie wachsen können. Die Flut von Konsumgütern und die Werbung, die unsere Kinder ununterbrochen beschallt, ist eine kommerzielle Form der Einmischung. Konsumgüter sind wie chemischer Dünger: Am Anfang erscheinen sie sinnvoll, aber Jahr für Jahr braucht man mehr davon. Und Kinder werden davon abhängig. Sie lenken ab vom natürlichen Leben des Geistes, das sich selbst an steinigen Küsten, am Meer, im Moor, im Wald, in der Wildnis oder sogar in den Spalten zwischen Pflastersteinen wiederentdecken kann.

Rousseau spricht von »natürlicher« Kindheit und Fukuoka von »natürlicher« Landwirtschaft. Die Botschaft ist dieselbe: Lassen Sie sie in Ruhe. Vertrauen Sie ihnen. Schaffen Sie fruchtbare Bedingungen, und sie werden gedeihen. Erzeugen Sie robuste, kräftige Sämlinge. Faule Eltern wollen ihre Kinder in Gruppen wachsen und gedeihen sehen, sie sollen zwischen Unkraut robust und kräftig heranwachsen und nicht intensiv kultiviert im Gewächshaus.

Natürliche Elternschaft ist leicht und sanft. Sie erfordert wenig Arbeit und bringt starke, gesunde, einzigartige, selbstbewusste Kinder hervor. Wir wollen den Kindern keine Ideologie aufzwingen oder den »idealen« Erwachsenen erschaffen. Wir wollen sie in ihrer einzigartigen Individualität aufwachsen lassen, wir wollen, dass sie zu dem werden, was sie sind. Wie Zucchinisamen: Wir setzen sie in einen Topf mit hochwertigem Nährboden und pflanzen den Setzling erst dann in die Erde, wenn er gewachsen ist und wir ihn nach und nach an das Leben draußen gewöhnt haben.

Und noch wichtiger, als unseren Kindern Natur zu geben, ist es, von ihnen zu lernen, was Natur ist. Wie Fukuoka sagt: »Das, was man sich unter Natur vorstellt, ist nur die Idee von Natur, die im Kopf eines jeden entsteht. Nur Kinder sehen die wahre Natur. Sie sehen, ohne zu denken, echt und klar.«

Doch allzu früh gewöhnen wir Kindern ihre nicht unterscheidende, natürliche Wahrnehmung der Welt ab und ersetzen sie durch eine durch Bücher, Lehrer und

Webseiten vermittelte: Wie bereits bemerkt, zieht Arthur es vor, Vögel auf dem Bildschirm zu bewundern, statt aus dem Fenster zu schauen und das Vogelhaus mit den vielen geschäftigen Blaumeisen zu beobachten. Warum? Weil wir ihm das so beigebracht haben. Andererseits, soeben ist Arthur hereingekommen und hat nach einer Streichholzschachtel gefragt. Er hatte einen Käfer in der Hand, den er irgendwo unterbringen wollte. Womöglich müssen wir uns also keine allzu großen Sorgen machen.

Dennoch, ja, wir können von kleinen Kindern lernen, die Welt urteilsfrei wahrzunehmen. Ein kleines Kind sitzt auf der Wiese und spielt mit dem Gras. Es denkt nicht: »Wie schön das alles ist! Was für ein wunderbarer Tag! Keine Wolke am Himmel!« Das sind alles menschengemachte Konzepte. Das kleine Kind ist einfach nur da. Der Kopf frei von Gedanken, keine gelehrten Ideen, keine Vorurteile, keine Moral, keine Vorsätze, keine selbstreflexiven Quälereien, keine Fluchtgedanken, keine Zweifel, keine Ängste. Es schaut nicht einmal und untersucht nicht. Es beobachtet den Sonnenuntergang nicht – etwas zu beobachten bedeutet, sich davon zu entfernen. Es *ist* der Sonnenuntergang. Doch allzu schnell verlassen wir diesen Garten Eden. Unsicherheit, Schmerz und Feigenblätter schieben sich zwischen uns und die natürliche Welt, und wir verbringen den Rest unseres Lebens damit, zu ihr zurückzukehren.

5. Je mehr, desto besser

Utere convivis, non tristibus utere amicis,
Quos nugae et risus, et joca salsa juvant.
(Feiert, macht euch glückliche Freunde zunutze, die euch
mit ihren Scherzen und ihrem Frohsinn erfreuen.)
Robert Burton, *Anatomie der Melancholie*, 1621

Sie stecken randvoll mit Weisheit – dennoch gibt es etwas, das an Rousseaus *Emile* und Lockes *Gedanken über Erziehung* stört, und zwar Folgendes: Ihre Schützlinge haben offensichtlich keine Freunde. Das Kind ist allein. Obwohl beide betonen, wie wichtig Spiel und Spaß im Leben des Kindes seien, und obwohl sie jede Menge großzügige Ideen über Erziehung und Natur vorlegen, lebt das Kind doch in einer Welt, die mit der mittelalterlichen Szenerie des gemeinschaftlichen Lebens nichts gemein hat. Man muss sich nur einmal Brueghels Gemälde »Kinderspiele« ansehen, auf dem 250 Kinder zusammen spielen, und weit und breit keine Eltern in Sicht. Doch Rousseaus Emile und Lockes fiktiver Zögling werden von den rauen Jungs ferngehalten. Natürlich spiegelt dieser Übergang von der chaotischen, fröhlichen Geselligkeit zur treibhausartigen Isolation den großen historischen Umbruch wider, der irgendwann zwischen 1400 und 1600 stattfand, nämlich die Isolation des Individuums. Vergleichen wir nur die gewaltigen Kinderscharen bei Brueghel mit den formellen Porträts von Velázquez und Caravaggio, oder später von Joshua Reynolds, die uns geschniegelte, melancholische, einsame Kinder zeigen. Während beispielsweise mittelalterliche Kathedralen an allen Ecken und Enden vor Leben bersten, zeigt die Kunst der Renaissance den Menschen als allein.

Das Problem an Locke und Rousseau ist, dass es ihnen um Formung geht. Eine sehr puritanische Vorstellung von Erziehung: dass das Kind geformt werden könne und solle, um in einer bestimmten Gesellschaft reibungslos zu funktionieren. Und obwohl dieses Formen bei Locke und Rousseau von der liebevollsten und liberalsten Sorte ist, ist es dennoch Formung, und um geformt zu werden, muss das Kind von anderen isoliert sein. Für faule Eltern klingt das entschieden zu sehr nach Arbeit, und ohnehin fragen wir uns, ob es gut wäre fürs Kind.

Diesem Thema widmet sich auch die US-amerikanische Journalistin Barbara Ehrenreich in ihrem Buch *Dancing in the Streets: A History of Collective Joy*. Sie erzählt von der »Epidemie der Melancholie«, die um das Jahr 1600 ausgebrochen sei, ungefähr zu der Zeit, als Robert Burton die Arbeit an seiner *Anatomie der Melancholie* begann. Burton schrieb, Melancholie produziere »eine vergiftete Seele, aufgeweicht von Sorgen und Unzufriedenheit, ein Wesen, das des Lebens müde ist …, [das] Gesellschaft, Licht und das Leben selbst nicht ertragen kann.« Ehrenreich zitiert den Historiker Lionel Trilling, der schrieb: »Ende des 16. und Anfang des 17. Jahrhunderts kam es zu einer Art Mutation in der Natur des Menschen.« Der Historiker Yi-Fu Tuan, sagt sie, berichtet von einer neuen »Isolation, Einsamkeit, einem Gefühl des Abgekoppeltseins, einem Verlust an natürlicher Vitalität und der unschuldigen Freude am Gegebensein der Welt«. Ehrenreich argumentiert, diese neue Spezies des isolierten Individuums finde nicht etwa Freiheit, sondern leide im Gegenteil an einer Art Abhängigkeit, nämlich der Abhängigkeit davon, wie es von der Welt wahrgenommen wird: »Wie geht es mir?« lautet die Frage, die das neue isolierte Ich sich stellt. Mit dem Verlust des mittelalterlichen Gemeinschaftsgefühls entsteht eine neue Ernsthaftigkeit.

Vor kurzem habe ich Barbara Ehrenreich interviewt und sie auf das Thema der Einsamkeit der modernen Familie angesprochen. Ich erzählte ihr von Alia Hartman, einer mexikanischen Journalistin, die mit ihrem deutschen Ehemann in Deutschland lebt. »Das Leben hier ist viel härter«, hatte Hartman mir bei einer Konferenz zum Thema Faulheit erzählt. »In Mexiko hat man immer Menschen um sich, die helfen, Onkel, Tanten, Freunde. In Deutschland ist man auf sich allein gestellt.« Ehrenreich, die inzwischen Großmutter ist, verglich das Leben ihrer Enkel mit dem ihrer eigenen Kinder:

Die Kinder rennen nicht mehr einfach von Haus zu Haus, wie meine Tochter das gemacht hat, als sie noch klein war. Unsere Gärten waren damals nicht abgezäunt, und alle Kinder haben gemeinsam draußen gespielt. Heute ist alles viel geregelter. Dabei lieben Kinder nichts mehr, als in Scharen durch die Gegend zu rennen. Sie lieben diesen Fluss, das Auf und Ab.

Das also ist ein Mangel bei Locke und Rousseau: die Isolation. Wir haben unser erwachsenes Ich isoliert, und jetzt isolieren wir unsere Kinder. Ich habe gehört, dass es in New York praktisch nicht vorkommt, dass Kinder bei Freunden übernachten, so groß ist die Angst vor Kinderschändern. Dabei fand ich schon immer, dass das für faule Eltern eine großartige Sache ist: Wenn das eigene Kind bei einem Freund übernachtet, ist das eine willkommene Pause für unsereinen. Und wenn es einen Freund zu Besuch hat, dann beschäftigen die sich miteinander, was wiederum bedeutet, dass wir uns den wichtigen Dingen widmen können: Unkraut jäten, Bier trinken, Ukulele spielen oder aus dem Fenster schauen.

Der ganze Sinn und Zweck dieses Buches ist es, Sie zu ermutigen, sich der puritanischen Kultur der harten, einsamen Arbeit mitsamt ihren Erfindungen wie beispielsweise Schule und Vollzeitjob zu widersetzen und ein Stück gute, altmodische Geselligkeit und providenzielles Denken wiederaufleben zu lassen, in der Kindheit ebenso wie im Erwachsensein. Und genau deshalb sind Freunde so wichtig. Einfach ausgedrückt: Sie machen das Leben leichter.

In Aldous Huxleys utopischem Roman *Eiland* strandet der Held auf einer Insel namens Pala, deren Bewohner eine Gesellschaft geschaffen haben, die das Beste der westlichen Wissenschaft mit dem Besten östlicher Mystik harmonisch vereint. Deren Lösung für das Problem der beengten Kernfamilie besteht just darin, die Last zu verteilen, und sie tun das mit Hilfe der »Kinderpflegevereine auf Gegenseitigkeit«. Die Idee dahinter ist, dass sich jede Familie einem Netzwerk anschließt, das aus etwa zwanzig Familien besteht. Die Kinder dieser Familien können jederzeit beschließen, bei einer anderen Familie zu wohnen. Somit bietet dieses System einen Ausweg aus der Enge der Kernfamilie. Wie Susila, eine palanesische Mutter, erklärt:

Entkommen zu können … ist in das neue System eingebaut. Sobald das elterliche warme Nest allzu unerträglich wird, darf das Kind – es wird sogar mit Rat und Tat dazu ermutigt, und die ganze Wucht der öffentlichen Meinung steht hinter dieser Ermutigung – in eines seiner anderen Heime auswandern. … Haben wir alle unsere Quote an Vize-Müttern, -Vätern, -Tanten und -Onkeln, -Brüdern und -Schwestern, Babys und älteren Kindern und Halbwüchsigen.

Diese Idee könnten wir sofort übernehmen. Indem wir die Familie ausdehnen, ein Netzwerk aus Freunden und Nachbarn schaffen, die sich gegenseitig unterstützen. Kurz gesagt: Indem wir einander helfen, könnten wir das Familienleben sehr viel leichter machen.

Aber wir sind ängstlich geworden. Als ich in den 1970er Jahren aufwuchs, sind wir morgens aus dem Haus gegangen, auf die Fahrräder gestiegen und haben den ganzen Tag auf der Straße gespielt. Oder im Wald. Als ich vier war, bin ich mit meinem zweijährigen Bruder losgezogen, ganz allein, um die Eisverkäuferin zwei Straßen weiter zu suchen. Kinder sollten mit anderen Kindern durch die Gegend ziehen, aber stattdessen werden sie mit einem Großbildfernseher und Computerspielen in ihr Zimmer eingesperrt. »Da weiß ich, dass er in Sicherheit ist« – die-

sen erschütternden Satz sprach neulich bei einer Fern-
sehsendung über moderne Kindheit eine Mutter in die
Kameras. Es liegt auf der Hand, dass diese Isolation auch
der Konsumkultur zugutekommt: Das Kind, das allein
auf den Bildschirm starrt, ist der Werbung leichte Beute.
Spielt es mit Freunden auf der Wiese, nimmt es nicht die
ihm von der Wirtschaft zugedachte Rolle ein.

Arthur kommt aus der Schule und geht als Allererstes
auf eine Webseite namens Club Penguin, wo er, wie er
sagt, mit seinem Freund Sam »reden« kann. Nennen Sie
mich einen Ludditen – und, nebenbei bemerkt, ich bin
ein Fan der Ludditen –, aber wäre es nicht billiger, einfacher und gesünder, Sam höchstpersönlich um sich zu
haben?

Die einfachen Gegengifte gegen Isolation sind mehr
Freunde, mehr Spaß, mehr Feiern. Je größer die Gruppe
der Kinder, umso leichter wird das Leben der Eltern, das
ist mir schon öfters aufgefallen. Sie behelligen einen nicht
mehr. Ein Kind alleine sagt: »Mir ist langweilig.« »Geh
nach draußen.« »Und was soll ich draußen machen?«
»Spiel im Baumhaus. Oder mal doch was.« »Aaaaaach, ich
HABE KEINE LUST.« An dieser Stelle mag so manches
Elternteil die Nerven verlieren, und das völlig zu Recht.
Ein quengelndes, unselbständiges Kind ist anstrengend.
Das Einzige, was dieses gelangweilte Kind zufriedenstel-
len kann, ist eine Partie Monopoly. Aber ich habe keine
Lust, mit einem Siebenjährigen Monopoly zu spielen. Ich
will im Garten sitzen und eine Selbstgedrehte rauchen
und lesen. Wenn aber zwei Kinder miteinander spielen,
wird alles besser. Es wird noch ein wenig genervt, aber
nicht allzu viel. Und sobald sie zu dritt oder mehr sind,

lösen sie sich praktisch in Luft auf, und genau das wollen wir erreichen. Wir lassen sie in Ruhe, und, noch besser, sie lassen uns in Ruhe. Hodgkinsons Gesetz: Je mehr, desto besser. Viele Hände erleichtern die Arbeit, und viele Kinder erleichtern die Elternarbeit. Hinzu kommt die aufrichtige Freude, sie glücklich spielen zu sehen. Von weitem.

Kürzlich haben wir in unserem Dorf beim alljährlich stattfindenden mittelalterlichen Bankett eine brueghel-artige Szene zustande gebracht. Während die Erwachsenen aßen und tranken, spielte eine gewaltige Horde Kinder auf der Wiese neben dem Zelt selbsterdachte Spiele. Das ist meine Vorstellung von Kinderbetreuung: ein Bierzelt neben einer Spielwiese oder dem Wald. Hier die Eltern, dort die Kinder. Es gibt auf solchen Festen nichts Schlimmeres als »Spielzonen«. Suchen Sie eine solche Spielzone auf (die Kinder dürfen da nur unter Aufsicht hin, was, soweit ich das beurteilen kann, den ganzen Sinn und Zweck der Angelegenheit zunichtemacht), und Sie werden gelangweilte Eltern sehen, die mit gequältem Lächeln dastehen, während ihre Kleinen vergeblich mit Neonbällen zu jonglieren versuchen. Die Hölle auf Erden. Fast so schlimm wie Spielplätze. Schaukeln! Tötet mich, schnell, bevor ich an Langeweile sterbe.

Alles, was man braucht, ist eine Wiese. Nur die Wiese. Keine Schaukeln, keine Klettergerüste. An einem Ende Eltern und Bier, überall sonst spielende Kinder.

Bei einem Festival im letzten Jahr hat sich Arthur mit den Jungs angefreundet, die mit ihren Eltern neben uns zelteten. Jeden Morgen verschwand er mit ihnen und spielte den ganzen Tag lang. Von ihrer liebenswerten Mutter erfuhren wir, dass sie in einer Gemeinschaft lebten, einer Kommune. Auch Arthur hatte das herausgefunden, nur drückte er es etwas anders aus: »Billy lebt mit seinen Freunden zusammen!«, erzählte er mir, als wäre das das Tollste, was er sich vorstellen konnte – mit Freunden zusammenleben!

Wir sollten uns die Frage stellen, ob für Kinder nicht das Gleiche gilt wie für Erwachsene, deren Traurigkeit nicht selten von einem Gefühl der Isolation herrührt und nicht mit Prozac, sondern mit Geselligkeit zu heilen wäre. Wir müssen sie zum Singen bringen und zum Tanzen.

Ein entscheidender Unterschied zwischen mittelalterlichen Vorstellungen von Kindheit und modernen Ansätzen liegt in der Debatte über Natur versus Erziehung. Im 12. und 13. Jahrhundert herrschte die Überzeugung vor, dass die edle Natur eines Jungen von hoher Geburt, selbst wenn er von Kleinbauern aufgezogen würde, früher oder später zutage treten werde. Natur war alles. Ich mag diese Vorstellung. Sie entlässt die Eltern aus der Haftung. Sie spielen im Grunde keine Rolle. Man unterwirft sich dem Willen Gottes. Den Eltern wird damit eine Last von den Schultern genommen. Zu Lockes Zeiten jedoch war der Einfluss des Menschen zum entscheidenden Faktor geworden: »... und ich darf wohl sagen, dass von zehn Menschen, denen wir begegnen, neun das, was sie sind, gut oder böse, nützlich oder unnütz, durch ihre Erziehung sind.« Diese Sichtweise hat sich bis heute gehalten: Der Psychologe Oliver James zum Beispiel ist felsenfest davon überzeugt, dass die elterliche Erziehung alles sei, dass die Atmosphäre zu Hause, vor allem in den ersten Lebensjahren, das entscheidende

Element sei, das unseren Charakter bestimmt. Bei Locke sehen wir die neue Bedeutung, die der Erziehung zugeschrieben wird. Und den Eltern. Wenn Kinder zu neun Zehnteln geformt werden können, dann wäre es natürlich unverantwortlich von den Eltern, die Verantwortung für diese Formung nicht wahrzunehmen. Da es in dieser Debatte jedoch aller Wahrscheinlichkeit nach nie eine wissenschaftlich fundierte Lösung geben wird – weil wir die Antwort nie, niemals kennen werden –, schlage ich vor, dass jeder Einzelne von uns eine Theorie zu Natur und Erziehung aufstellt, die zu ihm passt, und dann loszieht und nach Beweisen für diese Theorie sucht, weil ja schließlich genau das die gängige Methode von Historikern und Wissenschaftlern ist, was auch immer sie uns über Objektivität zu erzählen versuchen.

Faule Eltern werden sich, so glaube ich, wahrscheinlich auf ein Verhältnis von einem Drittel Natur und zwei Dritteln Erziehung einigen wollen. Das würde bedeuten, dass wir im Leben unserer Kinder nicht völlig unwichtig sind, dass das meiste aber doch bei ihnen liegt. Ich denke, damit zollen wir ihnen auch den gebührenden Respekt, und gemeinhin erweisen wir unseren Kindern davon nicht genug. Wir mischen uns ständig ein, entweder indem wir eine Aktivität nach der anderen organisieren oder sie ausschimpfen oder uns – was schlimmer sein kann – zu einem »ernsten Gespräch« mit ihnen hinsetzen (Schrecken über Schrecken), in dem Versuch, ihren Schmerz nachzuempfinden und da zu sein und mitzuleiden und feuchte Augen zu kriegen. Dieses Bemühen um Empathie ist schon an sich ein Übergriff, eine Form der Einmischung, eine Anmaßung. Wie wollen wir uns jemals in den Kopf eines anderen Menschen versetzen, erst recht den eines Kindes? Ich erinnere mich noch gut an die Pein und die Qual, wenn mein Vater ein offenes Gespräch von Mann zu Mann mit mir führen wollte. Er hat sein Bestes gegeben, und er hat es gut gemacht, wirklich, aber vielleicht ist das nicht nötig. Jedenfalls sehe ich das bei Arthur, wenn ich ihm ein Gespräch aufzudrängen versuche, hart, aber gerecht und liebevoll: Er windet sich und zappelt und verspricht alles, was nötig ist, um die Angelegenheit zu einem schnellen Abschluss zu bringen.

Wenn Sie also Ihr Leben leicht und das Ihrer Kinder freudvoll gestalten wollen, sorgen Sie dafür, dass sie so viel Zeit wie möglich mit anderen Kindern verbringen. Pferchen Sie sie nicht ins Auto oder ins Heim der Kernfamilie, fesseln Sie sie nicht an den Bildschirm. Und warum sollten zu Hause alle ein eigenes Schlafzimmer haben? Wir haben festgestellt, dass unsere Kinder zusammen sein wollen, wie eine Brut Hamster. Also schlafen sie jetzt in einem Zimmer. Es fing damit an, dass Arthur fragte, ob er nicht mit Henry zusammenwohnen könne. Und dann sagte Tochter Delilah, dass sie sich einsam fühle so allein in ihrem Zimmer. Und ich glaube, dass sie jetzt, auch wenn sie sich streiten, glücklicher sind. Noch dazu haben wir ein Zimmer frei für Gäste.

Womit wir beim nächsten Punkt wären: erwachsene Freunde. Meine Vorstellung von Kinderbetreuung besteht darin, mit anderen Eltern in der Küche zu sitzen und Wein zu trinken, während die Kinder im Haus oder im Garten verrücktspielen und tun, was immer sie tun wollen.

Das war eine echte Offenbarung für uns, nachdem wir

aufs Land gezogen waren. Statt die Kinder ins Bett zu stecken und anstrengende Dinnerpartys zu veranstalten, treffen sich die Familien hier am Wochenende zu einem späten Mittagessen. Haufenweise Erwachsene und haufenweise Kinder. Und ich, der ich meine nächtlichen Trinkgelage vermisste, fand die Lösung: Früher anfangen mit dem Trinken! Um neun Uhr abends war ich reif fürs Bett. Aber es hat Spaß gemacht, den ganzen Nachmittag Bier zu trinken. Mit Erwachsenen. Während sich die Kinder mit sich selbst beschäftigten. So läuft das in Gesellschaften, die weniger industrialisiert sind als die unsere: Menschen, Menschen überall! Geselligkeit und Frohsinn, das sind die Schlüssel.

Überdies ist nicht abzustreiten, dass ein klein wenig Alkohol den autoritären Papa schwächt. Man wird weniger streng: »Klar darfst du den Berg Saure Pommes von Haribo essen! Greif zu! Was interessiert's mich?« Es ist eine unglaubliche Erleichterung, wenn man einfach aufhört, eine Autoritätsperson sein zu wollen, und den eigenen Kindern stattdessen ein Freund wird. Seien Sie unvollkommen, lassen Sie los. Meine Freundin Kate erzählte mir, was für eine Befreiung es war, als sie aufhörte, ihren jugendlichen Sohn wegen seiner Raucherei zu nerven, und ihn einfach machen ließ (ein Ansatz, den übrigens auch A. S. Neill, der Gründer der Summerhill School, empfiehlt). Respektieren Sie Ihre Kinder und lassen Sie sie tun, was sie wollen. Was, nebenbei bemerkt, noch lange kein völliger Freibrief ist. Wir erlauben ihnen nicht, das Auto zu zertrümmern, Leute anzuspucken oder zu schlagen. Nein. Doch man kann streng und großzügig zugleich sein.

Das Zusammenleben mit vielen Menschen gibt uns einen Geschmack davon, wie ein Leben ohne Autoritäten sich anfühlt, ein selbstverwaltetes, selbstbestimmtes Leben. Nicht länger der kleine Diktator im eigenen Haus, der wild umherrennt und vergeblich versucht, für Disziplin zu sorgen, der schreit und zetert und mit den Türen schlägt. Wenn wir leicht einen im Tee haben, sind wir gelöst und lustig, dem Kinde gleich. Sie laufen in Scharen durch die Gegend und tun, wonach ihnen der Sinn steht, und wir laufen in Scharen durch die Gegend und tun, wonach uns der Sinn steht. Für eine kurze Zeit, bis wir in die alltägliche Tyrannei der Kleinfamilie zurückkehren, leben wir in einem Stammesverband ohne Chefs, ohne Stundenpläne und ohne Busse, ohne Geld, das verdient sein will, oder Steuerrückzahlungen, die beantragt werden müssen.

Letztes Wochenende haben wir mit ungefähr achtzig Freunden und Nachbarn und deren Kindern ein großes Fest veranstaltet. Es war eine riesige Freude zu sehen, wie die Jungs, alle unterschiedlich groß, durch die Gegend flitzten wie die Bash Street Kids. Es wurde nicht gequengelt und nicht gebettelt, es wurde einfach den ganzen Tag lang ohne Aufsicht gespielt. Ja, es gab die eine oder andere blutige Nase und ein wenig Müll, der weggeräumt werden musste, aber alles in allem war es ein harmonischer Tag. Ja, sie haben ihre Pullis übers ganze Gelände verstreut, aber sie sind Kinder, und man kann von ihnen nicht erwarten, dass sie, wie Erwachsene, an andere denken. A. S. Neill schrieb, dass er auf dem Anwesen von Summerhill tagtäglich Berge von Pullovern einsammelt. Und egal, wie oft man ihnen sagt, sie sollen ihre Pullis selbst zusammensuchen, sie tun es nicht. Also sparen Sie sich die Mühe. Lassen Sie es ihnen durchgehen. Finden Sie sich damit ab, dass Sie Pullover aufsammeln werden. So schlimm ist es gar nicht.

Kinder gehören einer anderen Spezies an. Wir können ihr Verhalten respektieren, aber niemals können wir in ihre Köpfe schauen. Und jedes Mal, wenn wir glauben, dass wir der Wahrheit nahegekommen sind, stellen wir fest, dass sie sich verändert haben, dass sie aus der jeweiligen Phase herausgewachsen sind. Der Satz »Das ist nur eine Phase« ist der faulen Eltern Freund, und oft stimmt er sogar. Wir fangen an, uns über einen bestimmten Aspekt ihres Verhaltens Sorgen zu machen – Anhänglichkeit zum Beispiel –, nur um festzustellen, dass sie, während wir uns noch Sorgen machten, schon wieder herausgewachsen sind. Wozu also die Sorge? Wie A. S. Neill schreibt: »Er ist von Natur aus eigennützig, und er versucht ständig, seine Kräfte zu messen.« Kinder sind egoistisch, aber auch das geht vorbei.

6. Nieder mit der Schule

Wie können wir Kinder glücklich machen? Meine persönliche
Antwort lautet: Autoritäten abschaffen. Lasst das Kind
es selbst sein. Schubst es nicht herum. Belehrt es nicht.
Tadelt es nicht. Erhebt es nicht. Zwingt es zu nichts.
A. S. Neill, *Summerhill*, 1960

Bringt den Kindern Lesen, Schreiben und Rechnen
bei und überlasst es ihnen, sich ihre eigenen Ziele
zu suchen … wer Verstand und Mut hat, wird nicht
verhungern; noch schert er sich ums Verhungern …
D. H. Lawrence, »Education of the People«

Bildung ist ein Diener der Wirtschaft. Bildung ist heute
den vermeintlichen Zwängen der Globalisierung und
des internationalen Wettbewerbs untergeordnet.
Stephen J. Ball, *The Education Debate*, 2008

Beginnen wir dieses Kapitel mit einem Paradoxon: Um
seinem Kind die beste Bildung zu ermöglichen, gilt es,
ihm so wenig Bildung wie möglich angedeihen zu lassen.
Es gibt auf dieser Welt entschieden zu viel organisierte,
formalisierte Bildung – Bildung im Sinne von moralischer
Gehirnwäsche, kostenloser Kinderverwahrung, Aka-
demien der Dummheit, Schulen, die dir, in den Worten
von The Clash, »beibringen, blöd zu sein« – *»teach you*

how to be thick«. Auch John Lennon war gegen Schule, man erinnere sich nur an den Text von »Working-Class Hero«. Es lohnt sich, sich ins Gedächtnis zu rufen, dass die explosionsartige Ausbreitung der Oberschulen im 16. und 17. Jahrhundert von der protestantischen Idee herrührte, dass Kinder zu treuen Dienern der Wirtschaft und Gottes geformt werden könnten. Im Gegensatz zum Mittelalter, das einer breiten Palette von Lebensansätzen Raum gab, einschließlich Bettlertum und Müßiggang, wurde die menschliche Existenz nun zunehmend standardisiert und idealisiert. Kontemplation war *out*, harte Arbeit *in*. Ein abstrakter Begriff von Perfektion hielt Einzug in die Kultur, und damit die Vorstellung, dass der Mensch auf diese Erde gesetzt sei, um an der eigenen Vervollkommnung zu arbeiten. Die Befürworter der Idee von schulischer Bildung argumentierten zumeist, dass damit auch das allgemeine Niveau der Sittlichkeit befördert werde: dass Kinder ihre Eltern läutern könnten. Ein gewisser White Kennett schrieb in einer Veröffentlichung aus dem Jahre 1706 unter dem Titel *The Charity of Schools for Poor Children* (*Die Wohltätigkeit der Schulen für arme Kinder*):

Manche Eltern wurden vom Einfluss ihres eigen Fleisch und Blut gewandelt und neu geboren. Der Anblick der Kinder, die zwischen den Schulstunden voll Freude ihre Bücher lesen und zu Hause lernen, vermochte nach und nach die Herzen der Eltern in die gleiche Richtung zu lenken; sie haben das Lesen, das längst vergessen war, wieder aufgenommen und sind somit dem Wissen und der Praxis von Moral und Religion wieder zugeführt.

Ganz ähnlich argumentierte im Jahre 1673 der protestantische Philosoph Richard Baxter: »Unter allen Umständen bringt den Kindern das Lesen bei …, oder ihr raubt ihnen ein einzigartiges Werkzeug zu ihrer Anleitung und Erlösung.«

Unter protestantischen Pädagogen herrschte außerdem die Vorstellung, dass die Ideen, denen das Volk ausgesetzt ist, leichter zu kontrollieren seien, wenn man den Menschen das Lesen beibringt. Bücher für das Volk konnten auf eine Art und Weise ausgewählt werden, die bei Priestern nicht gegeben war. Und so wandelte sich Erlösung von einem öffentlichen Spektakel – mittelalterliche Kirchgänger strömten noch in Tränen aufgelöst aus den Kirchen – zu einer Angelegenheit privaten Studiums. Ein anderer Pädagoge vertrat die Auffassung, »Unordnung« und »Ungehorsam« bei jungen Menschen sei zuvorzukommen, indem man ihnen das Lesen beibrächte.

Hier sehen wir also die ideologischen Grundlagen des noch heute bestehenden Schulsystems: Bildung als moralische Erziehung und Wertschätzung des Lesens insofern, als es die Gehirnwäsche erleichtert und es dem Individuum ermöglicht, die ihm zugedachte Rolle in der Wirtschaft auszufüllen. Wenn Lehrer heutzutage klagen, dann zumeist über zwei Dinge: Zum einen beschweren sie sich über die Bürokratisierung und Zentralisierung von Bildung, über die eiserne Kontrolle durch die Zentralregierung, aber zum anderen auch darüber, dass sie nur noch dazu da sind, die Kinder auf den Arbeitsmarkt vorzubereiten und gehorsame kleine Arbeitsbienen hervorzubringen, die sich vom Großkonzern versklaven lassen und noch dazu glauben, das sei Freiheit.

Die Geschichte liefert uns also ein verwirrendes Bild. Einige nehmen Bildung als einen Weg in die Freiheit wahr, andere als eine Methode der Gehirnwäsche.

Ziel des faulen Pädagogen ist es, Kinder mit Verstand und Mut hervorzubringen, um mit D. H. Lawrence zu sprechen. Außerdem ist es die Aufgabe des faulen Pädagogen, dafür zu sorgen, dass Kinder Spaß haben, hier und jetzt, in der Gegenwart. In praktisch jedem modernen Buch über Kindererziehung, das ich gelesen habe, egal wie liberal und wohlmeinend es auch sein mochte, war von »Investitionen in die Zukunft« die Rede. Ich persönlich würde lieber etwas über »Kontemplation der Gegenwart« lesen. Wir beharren weiterhin auf dem Glauben, dass die Gegenwart nicht wirklich wichtig sei und wir unser Augenmerk auf die Zukunft richten müssten. Schon das Wort »Investition« erfüllt mich mit Schrecken: als wären Kinder kapitalistische Kleinunternehmen, in die wir investieren müssen, damit wir in der Zukunft irgendetwas herauskriegen. Das Wort »Investition« macht aus Kindern ein Objekt der Gier. Schon die Idee von der »Zukunft« ist ein kapitalistisches Konzept, dessen religiöses Gegenstück in der protestantischen Vorstellung von »Erlösung« zu finden ist. Nein, wir müssen mit aller Kraft dafür sorgen, dass jeder Moment eines jeden Tages intensiv und voller Freude, Spaß, Witz, Lachen und Leidenschaft ist.

Für D. H. Lawrence sollte Bildung schlichtweg darin bestehen, den Kindern Lesen und Schreiben beizubringen und jegliche Form der moralischen Erziehung zu unterlassen:

Würden wir uns damit zufriedengeben, dem Kind Lesen und Schreiben und ein Mindestmaß an Rechnen beizubringen, genau wie ihm die Mutter in einem früheren Stadium das Gehen und Sprechen beibringt, damit er selbst mit tappenden Schritten seinen Weg auf dem Angesicht der Erde zurücklegen kann, dann wäre es gut. Wie die Dinge liegen, wäre es tausendmal besser, das ganze Zeichnen und Malen und die Musik und das Modellieren und die Pseudowissenschaft und die »illustrierte« Geschichte und die »illustrierte« Geografie, die »Selbstdarstellung« und all das über Bord zu werfen. Werft es über Bord, lehrt Lesen und Schreiben und Rechnen und danach ein gewisses Maß an technischer Unterweisung in Vorbereitung auf den zukünftigen Beruf. Und was den Rest angeht, alles, was das Kind selbst betrifft, lasst es in Ruhe.

Heute wird in den Schulen schon von früh an großer Wert auf moralische Belehrungen gelegt. In vertraut staubtrockener Manier werden den Kindern Zielvorgaben für ethische Leistungen gemacht. In einem aufs Übelste überdesignten Zeugnis für Delilah, die fünf Jahre alt ist, finden sich folgende Ankreuzkästchen:

6.) Verstehen, dass es für Gruppen notwendig ist, sich auf gemeinsame Werte und Verhaltensnormen zu verständigen, damit eine harmonische Zusammenarbeit möglich ist. Dies gilt für Erwachsene genau wie für Kinder.

7.) Verstehen, dass Menschen unterschiedliche Bedürfnisse, Ansichten, Kulturen und Glaubensvorstellungen haben, denen mit Respekt zu begegnen ist.

8.) Verstehen, dass er/sie von anderen erwarten kann, dass diese ihren/seinen Bedürfnissen und Ansichten, ihrer/seiner Kultur und ihren/seinen Glaubensvorstellungen mit Respekt begegnen.

Dies sind nur drei von 120 ähnlich gearteten Zielvorgaben, die es abzuhaken gilt. (Und sind Punkt 6 und Punkt 7 nicht schlichtweg unvereinbar?)

Okay, ich will es dabei belassen, aber ehrlich: Was für ein Kokolores. »Joshua, ich respektiere deine Ansichten über dieses Spielzeug, das du mir soeben aus der Hand gerissen hast, und ich respektiere, dass du hinsichtlich der derzeitigen Eigentumsverhältnisse anderer Auffassung bist als ich. Aber ich glaube dennoch, dass auch du meine Überzeugung respektieren solltest, dass sich dieses Spielzeug in diesem Moment in meinem Besitz befinden sollte.« Mir ist aufgefallen, dass sich Kinder Erwachsenenmoral zunutze machen, wenn es ihren Zwecken dient: »Teilen! Teilen!«, kreischen sie, wenn sie einem anderen Kind ein Spielzeug wegnehmen wollen.

Das Gerede von »ihrer/seiner Kultur und ihren/seinen Glaubensvorstellungen« kommt in dem Zeugnis andauernd vor. Fünfjährige haben weder Kultur noch Glaubensvorstellungen, oder doch? Das ist absurd. Ich bin auch dagegen, dass sie Computerunterricht haben: Offensichtlich sollen Fünfjährige »technologische Anwendungen sowie die Anwendung von Informations- und Kommunikationstechnologie sowie programmierbaren Spielzeugs zur Unterstützung der eigenen Lernprozesse erkunden und identifizieren«. Und was, wenn die Kultur der Eltern sie dazu animiert hat, den Computer und programmierbares Spielzeug aus dem Fenster zu werfen? Was dann?

Wir mögen mit manchen dieser ethischen Grundsätze überstimmen oder auch nicht. Der springende Punkt aber ist, dass sich der Staat überhaupt in einem solchen Ausmaß einmischt und die ethischen Werte einer ganzen Nation zu formen versucht. Der Staat! Der selbst vollkommen frei von jeglicher Moral ist und auf dem Eigeninteresse einer Oligarchie gründet. Warum sollten ausgerechnet die unseren Kindern vorgeben, wie sie sich zu verhalten haben?

Bei Bertrand Russell lesen wir, dass staatlich betriebene Schulen ein recht neues Phänomen sind:

> Das Interesse des Staates an der Erziehung ist sehr jungen Datums. In der Antike oder im Mittelalter bestand es nicht; bis zur Renaissance legte nur die Kirche wert auf Erziehung. Mit der Renaissance setzte das Interesse an fortschrittlicher Gelehrsamkeit ein … Die Reformation hatte in England und Deutschland zur Folge, dass der Staat eine gewisse Aufsicht über die Universitäten und Lateinschulen auszuüben wünschte, um zu verhüten, dass sie Brutstätten des »Pfaffentums« blieben. Doch dieses Interesse legte sich bald.

Wir müssen uns staatlicher Kontrolle widersetzen. Andernorts finden wir das unheilvolle Wort »angemessen« in Verwendung, was nichts anderes bedeutet als »in uns genehmer Weise«. Wie Bertrand Russell bemerkte, galt dem berühmten Schuldirektor Dr. Arnold all das als »sittlich schlecht«, was er bei seinen Jungs verändern wollte. Moral ist ein relatives Konzept und sollte nicht staatlicher Kontrolle unterstehen.

Die Schultage sind zu lang. Lawrence empfiehlt drei Stunden intellektueller Anstrengung pro Tag, dazu eine Stunde »körperlicher und haushälterischer Erziehung«. Das deckt sich gut mit dem Arbeitstag fauler Eltern: drei bis vier Stunden, das muss reichen. Den Rest des Tages verbringt man damit, den Bauch in die Sonne zu halten und zu lesen (Sie) oder irgendwo weit weg zu spielen (die Kleinen, ohne Sie). Sowohl Sie als auch die Kleinen sollten sich darüber hinaus Zeit nehmen zu lernen, wie man Wasserrohre repariert, tischlert, gärtnert und malt: Diese Fähigkeiten werden aus Ihren Kindern stolze, tüchtige und unabhängige Individuen machen.

Obwohl die Schule faulen Eltern auf den ersten Blick durchaus attraktiv erscheinen mag, ein kostenloser Babysitting-Service, der einem tagsüber Ruhe und Frieden schenkt, werden faule Eltern doch einen Großteil der Verantwortung für die Ausbildung ihrer Kinder selbst übernehmen müssen.

Also: Welche Alternativen gibt es? Nun, einige von Ihnen werden Nägel mit Köpfen machen und sich für Hausunterricht entscheiden, eine großartige Wahl. Die Organisation *Education Otherwise* (*Bildung anders*) wurde gegründet, um Eltern zu beraten, die diesen Weg einschlagen wollen, und einige Erfahrungsberichte von Eltern bieten inspirierenden Lesestoff:

Dass unsere Kinder gerne lernen und immer damit beschäftigt sind, etwas zu tun, zu bauen und zu entdecken, hat uns die selbstbestimmte Erziehung leicht gemacht. An einem sonnigen Tag ergeben sich in wenigen Stunden unzählige Lernerlebnisse. Einer bastelt aus Holz, Nägeln und Farbe ein Schild, um die anderen vor einem rutschigen Pfad zu warnen. Andere rennen raus und rein, um Schmetterlinge oder Pflanzen zu bestimmen, ein anderer pflückt Obst und teilt es zum Mittagessen gerecht unter allen auf, wieder andere machen Toast mit Käse, Hütten werden gebaut, komplexe Fang- oder Rollenspiele gespielt, einige klettern auf Bäume, bauen Dämme, beobachten Vögel, machen Laubabdrücke auf Papier, Wasserspiele und so weiter. Drinnen geht es genauso zu, nur dass hier reichlich Papier, Stifte, Kleber, Legosteine, Stofftiere, Klötze und Rampen zum Einsatz kommen, und oft hält mir ein Kind eine Karte von einer Insel oder Hinweise für eine Schatzsuche (nach einem Apfel!) unter die Nase oder ein Gedicht oder eine Radiosendung, die es aufgenommen hat und den anderen vorspielen will ... Meine Rolle als »Lehrerin« besteht in erster Linie darin, mir anzuhören, was sie von allein gelernt haben, statt sie irgendetwas zu »lehren«. Abgesehen vom Lesen und ein paar anderen Grundlagen entstammt fast ihr gesamtes Wissen dem, was sie für sich selbst lesen, diskutieren und entdecken.

Das Hauptargument gegen den Hausunterricht, das stets von Dummköpfen vorgebracht wird, die die Sache nicht zu Ende gedacht haben, lautet, dass »Schule ein soziales Umfeld bietet«. Die Heimpädagogen parieren mit dem überzeugenden Argument, dass das soziale Leben an der Schule nicht notwendigerweise ein gesundes ist: »Das soziale Leben in den meisten Schulen und Klassenzimmern ist kleingeistig, statusorientiert, konkurrenzlastig und versnobt.« Außerdem weisen sie darauf hin, dass es für Eltern ein Leichtes ist, ihren Kindern ein soziales Umfeld zu schaffen: Freunde kommen zum Spielen vorbei, man bildet mit anderen Heimpädagogen aus der Umgebung Lerngruppen, und es gibt zahllose Sport-, Outdoor- und Theatervereine. Hinzu kommt, dass solche außerschulischen Beziehungen auf gemeinsamen Interessen basieren und mehr aus freier Wahl denn aus Notwendigkeit erwachsen.

Nichtsdestotrotz stellt Heimunterricht eine echte Herausforderung dar. Die Bemühungen von Victoria und mir, Arthur zu unterrichten, waren jedenfalls nicht von übermäßigem Erfolg gekrönt. Er erweckt den Eindruck, in der Schule sehr viel glücklicher zu sein. Vielleicht haben wir auch Glück mit unserer Schule, weil unsere Kinder auf eine kleine Grundschule auf dem Land gehen, die nur ungefähr vierzig Schüler zwischen sechs und elf Jahren hat. Wir lieben diese Schule, aber wir lesen und reden auch neben der Schule viel mit unseren Kindern. Ich unterrichte dort Ukulele, und Victoria hat bei der Theatergruppe mitgeholfen. Bei Grundschulen ist es leicht, sich zu beteiligen: Sie freuen sich über das zusätzliche Engagement, weil sie es eher gewohnt sind, dass die Eltern sich beschweren.

Eine weitere Alternative ist der Flexi-Unterricht – die Schule als Hilfsmittel und nicht als Verwahranstalt. Ihr Kind könnte zwei oder drei Tage die Woche zur Schule gehen und den Rest der Zeit zu Hause verbringen. Genau wie Heimunterricht ist auch das in England vollkommen legal, es muss lediglich privat mit der jeweiligen Schule abgesprochen werden. Anhänger dieser Idee berichten von großen Erfolgen und gesunden Beziehungen zu ihrer jeweiligen Schule.

Der wichtigste Faktor bei alldem ist vermutlich die geistige Haltung der Eltern. Wenn Sie Ihr Kind respektieren, wenn Sie nicht versuchen, es nach einem perfekten Ideal zu formen, dann sind alle Optionen zulässig. Ich habe nicht vor, Ihnen eine flotte Liste mit Regeln vorzulegen, die Sie nur noch anzuwenden brauchen, um Ihre Kinder glücklich zu machen. Im Grunde geht es uns nicht einmal um Glück; es geht uns darum, unsere Kinder und uns selbst stark, frei und freudvoll zu machen. Wir wollen Zufriedenheit. Schon das Wissen um die Grenzen der Schule als Ort der Bildung kann ausreichen, um Ihre Kinder frei zu machen.

Die Suche nach Perfektion und erst recht das Bedürfnis nach Autorität gehören aufgegeben. Neill schreibt: »Der Erwachsene hat in seinem Leben nach Vervollkommnung gestrebt und ist kläglich daran gescheitert, und nun versucht er, sie in seinen Kindern zu verwirklichen.«

Diese Gefahr ist für vermeintlich aufgeklärte Eltern nicht geringer als für traditionelle. Und hier liegt vielleicht das Problem mit Locke und Rousseau. Ohne Zweifel haben ihre Vorstellungen von Freiheit und Wildheit allen Applaus verdient, und natürlich ist in ihren Büchern reichlich inspirierendes Material zu finden, dennoch können sie uns leicht das Gefühl vermitteln zu versagen, weil wir als unvollkommene Menschen unweigerlich daran scheitern werden, ihre Ideale umzusetzen. Tatsächlich kann Idealismus zu einer Form der Tyrannei ausarten: Ungezählt sind die Tage, an denen ich mich in meinem eigenen Haus von Victoria als Diktator und Tyrann beschimpfen lassen musste, zum Beispiel, wenn ich mitten in einer Sendung den Fernsehstecker aus der Wand zog. Freiheit lässt sich nicht per Autorität durchsetzen. Neulich tanzten Delilah und ich in der Küche zur Musik einer CD. Arthur kam herein und zog den Stecker.

»Was soll das?«, fragte ich. »Warum verdirbst du uns den Spaß?«

»Du verdirbst uns doch auch den Spaß, wenn du den Fernseher ausschaltest.«

»Äh … das ist was anderes«, stammelte ich.

Der Idealist kann also zum Despoten werden. Ich würde denken, entweder man geht durch gutes Beispiel voran oder gar nicht. Leben Sie Ihr Leben und lassen Sie andere das ihre leben. In seinem »Garten der Liebe« warnt Blake vor einem Übermaß an »Du sollst nicht«:

Ich begab mich zum Garten der Liebe
und sah, was noch nie ich gesehn:
Eine Kirche errricht' in der Mitte,
wo ich pflegte spielen zu gehn.

Und die Pforte der Kirch' war verschlossen
und »Du Sollst Nicht« graviert überm Tor:
So ging ich zum Garten der Liebe,
wo Blumen blühten zuvor.

Und ich sah ihn gefüllt mit Gräbern
und statt Blumen Grabsteine nur,
wo schwarze Pastoren,
dem Rundgang verschworen,
mit Dornzweigen fangen
mein Lust und Verlangen.

Schicken Sie Ihre Kinder mit ein paar Witzen in die
Schule. Oder einem Zaubertrick, den sie vorführen können (zum Beispiel diese Malbücher, wo die Bilder sich
selbst wie von Zauberhand bunt einfärben und dann verschwinden; erhältlich bei *International Magic*, Clerken-
well Road, London EC1).

Welche Schulform könnte für faule Eltern attraktiv
sein? Zunächst einmal gilt es, die Idee eines Internats
nicht von vornherein auszuschließen, soweit die Mittel das erlauben. England hat die freiheitliche Summerhill School, gegründet von jenem oben erwähnten A. S.
Neill, dessen Buch ich allen Eltern nur wärmstens ans
Herz legen kann, ob sie ihre Kinder auf seine Schule schicken wollen oder nicht. Summerhill ist ein selbstregiertes
Internat, was bedeutet, dass die Schüler an den Abläu-
fen innerhalb der Schule beteiligt sind. Über Regeln wird
abgestimmt, und die Kinder suchen sich die Unterrichts-
stunden, die sie besuchen wollen, selbst aus. Das autoritäre Element fällt weg. Diese Maßnahmen, sagt Neill,
sparen viel Zeit: Wenn Kinder sich entschieden haben,
etwas zu lernen, lernen sie sehr viel schneller, als wenn es
ihnen von einer äußeren Autorität aufgezwungen wird.
In Summerhill kann es vorkommen, dass Kinder drei
Jahre lang praktisch nicht in den Unterricht gehen und

sich dann plötzlich umso öfter auf den Hosenboden setzen, wenn ihnen klar wird, dass sie, zum Beispiel, das Abschlusszertifikat für Mathe brauchen, wenn sie auf die Kunsthochschule gehen wollen.

Das Schöne an Privatschulen ist, dass sie nicht vom Staat betrieben werden. Alle, die eine solche Schule besuchen, haben sich dafür entschieden. Schon dadurch entsteht ganz von allein ein Gefühl von Selbstbestimmung und Unabhängigkeit. Interessant ist ja, dass viele Privatschulen von der anarchistischen Vorstellung von Schule gar nicht so weit entfernt sind. Kürzlich beschrieb ein ehemaliger Rektor des Eton College in einem Artikel für eine anarchistische Zeitschrift namens *Total Liberty* die Vorzüge des Systems und der Geisteshaltung in Eton:

> Wenn Schule das reglementierte, hierarchische, disziplinierte Ruhigstellen junger Menschen ist, dann ist Bildung das freie und kooperative Aufschließen junger Menschen ... Bildung bedeutet, eine Umgebung zur Verfügung zu stellen, in der Menschen ihre eigenen Interessen verfolgen können, in der sie sich zu autonomen Individuen entwickeln können und wo sie Raum und Gelegenheit haben, in Gruppen zu interagieren, die sich durch flache, offene Organisationsformen auszeichnen. Die aktive Kultur an Schulen wie Eton, die von den jungen Leuten selbst geprägt wird, kann als diesem Paradigma entsprechend angesehen werden ...

Er führt aus, dass der Elite auf diesem Wege eine Bildung vermittelt wird, die frei macht, während der Rest von uns an zielorientierte staatliche Ideologien gefesselt ist. Und er berichtet von den zahlreichen Clubs, in denen die Jungs sich engagieren, zum Beispiel der »Orwell Society«:

> Diese jungen Männer haben sich voll und ganz der Antikriegskampagne verschrieben und eine endlose Serie von Events organisiert, um die Antikriegsbewegung zu unterstützen. Sie haben an sämtlichen Demonstrationen in London teilgenommen, haben in den umliegenden Städten Flugblätter verteilt und auch in der Schule für ihre Sache geworben. Interessanterweise hat der Staat die Ansicht vertreten, dass den Schülern staatlicher Schulen, die sich in der Antikriegsbewegung engagierten, sämtliche Fehlstunden als »Schwänzen« anzurechnen und entsprechend zu ahnden seien. Die Mitglieder der Orwell Society haben sich mit dem Schulleiter zusammengesetzt und ihn davon überzeugt, dass ihr Engagement notwendig und richtig ist. Er hat ihre Argumente akzeptiert.

Jedenfalls ist mir aufgefallen, dass Jungs, die in Eton waren, über ein beneidenswertes Maß an Selbstsicherheit verfügen, egal für welchen Pfad durchs Leben sie sich entschieden haben. Und das ist gut. Faule Eltern wollen starke, robuste, strahlende und furchtlose Kinder. Wir wollen Selbstvertrauen und Mut. Nicht zu vergessen auch, dass wir Eton die beiden großen Propheten des 20. Jahrhunderts, George Orwell und Aldous Huxley, zu verdanken haben.

In dem Artikel ist außerdem von den kurzen Schultagen in Eton die Rede: »Etonianer waren schon immer entsetzt von der Vorstellung, dass ein Schultag für die meisten Schüler in Großbritannien von 8.45 bis 15.30 Uhr dauert, ohne Unterbrechung. Etonianer verbringen nur den halben Tag im Klassenzimmer.« Was wiederum als Bestätigung für das Paradoxon vom Anfang dieses Kapitels gelten mag: Weniger ist mehr. Ich selbst bin in Westminster zur Schule gegangen, wo das Schuljahr mindestens zwei Wochen kürzer war als an staatlichen Schulen, dafür aber die Ergebnisse unendlich viel besser. Und wir hatten Spaß. Wir hatten unglaublich viele Freiheiten, und ich bin überzeugt, dass das ein Resultat der Einstellung der Lehrer zu ihren Schülern war und umgekehrt. Und diese Einstellung lässt sich in zwei Worten zusammenfassen: gegenseitiger Respekt.

Noch dazu hatten wir die großartigsten Lehrer, Richard Jacobs zum Beispiel, der uns in Englisch unterrichtete. Gelegentlich hat er ganze Schulstunden lang über Rotwein geplaudert und dann in seiner Wohnung Weinproben veranstaltet. Oder er hat uns in die Tate Gallery geführt, damit wir eine halbe Stunde lang einen Rothko anstarren konnten. Einmal hat er uns eine Freistunde gegeben, weil es, wie er sagte, »zu schmerzhaft« für ihn sei, mit uns die Szene aus *Othello* zu lesen, in der dieser Desdemona mit Geld bewirft. Es war dies eine der besten Lehrstunden, die ich je hatte. Und er hat uns von seinen Nächten im Heaven, einem schwulen Nachtclub, erzählt. Er hatte nie mit Disziplinproblemen zu kämpfen, weil er nie versucht hat, Autorität auszuüben. Eines Tages kam er herein und klagte über seine nicht vorhandenen literarischen Erfolge: »Ich werde heute fünfundzwanzig. Keats ist mit fünfundzwanzig gestorben!« Er hat uns auch Roland Barthes und die Poststrukturalisten nahegebracht und uns Dichter wie Geoffrey Hill vorgestellt. Er hat uns von Piero della Francesca und der »*Verkündigung*« erzählt. Nichts von alledem hatte auch nur im Entferntesten mit dem Lehrplan zu tun, wie ich hinzufügen möchte. Doch all diese Geschichten und mehr sind mir tief ins Gedächtnis eingebrannt. Er hat uns gezeigt, dass Lernen mit Freude und Intensität einhergehen kann.

Ja, ich weiß. Ich höre schon die vorprogrammierte Klage der liberalen Stimme, dass sich nicht jeder eine Privatschule leisten kann. Ich versuche ja auch nur, Sie für Möglichkeiten zu öffnen. Und darüber hinaus waren gewiss nicht alle in Westminster unbedingt reich: Die Eltern waren Ärzte, Journalisten, Architekten, Schauspieler, Schriftsteller. Arbeitende Berufstätige, keine stinkreichen Brokertypen oder Aristokraten.

Denken Sie darüber nach, wo Ihre Prioritäten liegen. Eve Libertine von Crass wollte ihren Sohn Nemo nach Summerhill schicken. Aber sie hatte kein Geld. Also lebte sie sparsam – in einer Wohngemeinschaft – und betrieb am Wochenende einen Marktstand. Mit den Erlösen konnte sie Nemos Schulgebühren zahlen. Heutzutage geben die Leute ihr Geld für Autos, Urlaubsreisen, riesengroße Fernseher, Wucherzinsen und Mobiltelefone aus, aber für die Bildung ihrer eigenen Kinder wollen sie am liebsten keinen einzigen Penny springen lassen. Die meisten Familien könnten auf einen Schlag 10 000 Pfund pro Jahr sparen, wenn sie auf derlei Luxus verzichteten. Denken Sie über Ihre Prioritäten nach. Die meisten Reichen, die man so sieht, sind nicht wirklich reich. Sie haben nur reichlich Schulden. Sie haben sich entschieden, Schulden zu machen, um beispielsweise Schulgebühren zu bezahlen. Was ich sagen will: Jammern Sie nicht. Leben Sie.

Wirklich verwunderlich ist ja, dass die obere Mittelschicht, die sich ansonsten in ihren Geldausgebegewohnheiten in jeder Hinsicht über andere erhebt, plötzlich ihre sozialistische Ader entdeckt, wenn es um die Bildung ihrer eigenen Kinder geht. Sie gehen zweimal die Woche auswärts essen und fahren Taxi, sie wohnen in großen Häusern mit fetten Hypotheken, und sie ergehen sich des Langen und Breiten über die Ungerechtigkeit von Privatschulen. Das ist das Schöne an der Position des Anarchisten: Man ist frei zu tun, was immer man will, Privatschule, staatliche Schule oder eine beliebige Form von Heimunterricht.

Und dann gibt es noch die Möglichkeit, die örtliche Schule in ein kleines Eton zu verwandeln. Ermutigen Sie Ihre Kinder, Clubs zu gründen und die Autoritäten an ihrer Schule in Frage zu stellen. Nehmen Sie sie eine Woche vor Ferienbeginn aus dem Unterricht. Machen Sie den Freitag frei und gehen Sie zelten. Wir geben unseren Kindern oft freitags oder montags frei.

Wie gern würde ich den völligen Zusammenbruch des derzeitigen Bildungssystems erleben, und danach das regellose Durcheinander, wo Lehrer ihre Dienste individuell anbieten, wo Schulen drei oder tausend Schüler haben können, wo Eltern sich zusammentun und für ihren Nachwuchs einen Privatlehrer engagieren.

Die Grundschule bei uns am Ort ist gut, weil die Lehrer gut sind und ihre Arbeit trotz und nicht mit Hilfe des Staates tun, der ihnen eine absurde Fülle an Ankreuzkästchen und Lernzielen vorgibt, die mit dem wahren Ziel von Bildung nichts gemein haben. Staatliche Bildung bedeutet miserable Bildung für alle, und es bedeutet zentral kontrollierte und staatlich verwaltete Bildung. Und da die Gruppe von Menschen, die den Staat verwaltet, andauernd wechselt, müssen sich Lehrer alle paar Jahre mit neuen Ansätzen und neuen Ideologien herumschlagen. Das Problem dabei ist weniger, ob wir mit der jeweiligen Ideologie konform gehen oder nicht – mit manchen Elementen sind wir wahrscheinlich einverstanden, mit anderen nicht. Der Punkt ist, dass Ideologien an sich von Natur aus totalitär sind.

Eine Option, die noch nicht ausreichend erforscht wurde, wäre eine Art Gemeinschaftsschule. Mehrere Familien an einem Ort tun sich zusammen und engagieren ein oder zwei Lehrer, die ihre Kinder unterrichten. Das wäre sehr viel billiger als eine Privatschule. Ich denke da an vier Stunden harter Arbeit jeden Morgen, danach raus ins Freie. Das ideale Schuljahr würde sich in drei Abschnitte von je höchstens elf Wochen teilen. Der eigentliche Vorteil an diesen Gemeinschaftsschulen wäre jedoch, dass sie alle anders wären, jede einzelne geprägt von ihrer jeweiligen Gegend und den jeweiligen Schülern und Eltern. Einer meiner Hauptkritikpunkte an staatlicher Beschulung ist die steife Uniformität, die sie unterschiedlichen Menschen aufzwingt. In den USA hat dieses Unterdrücken von Individualität zu einer Häufung von Schulmassakern wie beispielsweise in Columbine geführt. Lasst uns das eine Lehre sein.

Unsere Gemeinschaftsschule könnte eine wunderbare Schule sein. Stellen Sie einen aufgeweckten jungen Mann ein, frisch von der Universität, der Ihre Kinder vormittags

unterrichten soll. Stellen Sie sich vor, Sie wären Wordsworth und Dorothy und Southey und der junge Mr. De
Quincey, der in Ihrer selbstverwalteten kleinen Schule im
Lake District Englisch unterrichtet. In den Tagen Lockes
(der selbst in Westminster zur Schule ging) und Rousseaus war es eine Selbstverständlichkeit, dass die Mit-
telschichtfamilie einen Hauslehrer hatte. Locke rät, auf
sinnlosen Luxus zu verzichten und das Geld lieber für
Bildung auszugeben:

> Man spare an Tand und Spielsachen, an Seide und
> Bändern, Spitzen und anderen nutzlosen Ausgaben,
> so viel man will; man spare aber nicht in einer so not-
> wendigen Sache wie dieser. Es ist keine gute Öko-
> nomie, sein Kind an Vermögen reich und an Geist und
> Gemüt arm zu machen.

Locke widmet der Frage, wie ein guter Hauslehrer aus-
zuwählen sei, mehrere Seiten. Gehen wir davon aus, dass
wir einen gefunden haben. Und dass auch Sie selbst in
Ihrer kleinen Schule mithelfen. Genau wie die anderen
Eltern. Das Schuljahr besteht aus Trimestern von je elf
Wochen, dazwischen je eine Woche Ferien. Das macht
150 Schultage pro Jahr. Wenn der Hauslehrer beziehungsweise die Hauslehrerin vier Stunden pro Tag unterrichtet, ergibt das 600 Stunden pro Jahr. Wir wollen sie
gut bezahlen und geben ihnen 20 Pfund die Stunde. Das
wären dann 12 000 Pfund pro Jahr. Aufgeteilt auf, sagen
wir, vier Familien mit je zwei Kindern, ergäbe das 3000
Pfund pro Jahr, schlappe 1500 pro Kind. Führt man sich
vor Augen, dass manche Familien pro Jahr 10 000 Pfund

und mehr für Kindergärten und Kinderbetreuung ausgeben, und bedenkt man außerdem die enormen Gebühren der Privatschulen, die sich heutzutage nur noch die gierigsten aller Hedgefonds-Manager leisten können, dann scheint mir das doch eine relativ geringe Ausgabe für eine eigene Gemeinschaftsschule mit eigenen, selbst ausgewählten Lehrern.

Stellen Sie sich nur vor, wie schnell Ihre Kinder lernen würden und wie viel Zeit sie fürs Blödeln hätten. Der Unterricht selbst wäre intensiver, so dass mehr Zeit bliebe für Unsinn, mehr Spaß. Mehr Ausflüge, mehr Gärtnern, mehr körperliche Arbeit. Mehr Zeit, um verschiedene Handwerke und nützliche Dinge wie Kochen zu lernen. Tatsächlich haben Eltern, die diesen Schritt gewagt haben, genau diese Erfahrung gemacht: Wenn Kinder freiwillig und in kleinen Gruppen lernen, machen sie schnelle Fortschritte. Somit bleibt mehr Zeit zum Müßiggang und mehr Zeit zum Rennen, ohne Aufsicht. Noch dazu können Kinder so die Qualitäten der Furchtlosigkeit und Eigenständigkeit, Mut und Selbstvertrauen entwickeln – Merkmale des im Müßiggang geschulten Kindes.

Der Leitgedanke bei all dem ist es, Ihren Geist zu befreien. Alternativen zur staatlichen Ganztagsschule gibt es reichlich. Und der Freiheitssuchende muss sich als Allererstes eine große Frage stellen: Vermittelt die Mehrzahl der weiterführenden Schulen Bildung, oder langweilt sie die Kinder bis zur Unterwürfigkeit und bereitet sie auf ein machtloses Leben der Erwerbsarbeit und der Geldsorgen vor? Wir Müßiggänger wollen uns von alldem befreien. Liberale werden viele Argumente für die

Vorzüge staatlicher Bildung finden, und natürlich gibt es Menschen aus der Arbeiterschicht, die dankbar sind für die Bildung, die sie genossen haben. Aber womöglich hätten diese Menschen sich auch von selbst gebildet, sowieso? Die Intelligenten, wie Dr. Johnson. Und aller Wahrscheinlichkeit nach gibt es deutlich mehr Beispiele von Menschen, die staatliche Schulen besucht haben und in einem Zustand der Sklaverei gelandet sind.

Alle Kinder sollten ermutigt werden, ihren eigenen Weg durchs Leben zu gehen. Und wenn wir uns unsere größten Denker anschauen, fällt auf, wie viele von denen keine Schule besucht haben, sondern Autodidakten waren oder einen Hauslehrer hatten: Bertrand Russell, Aldous Huxley (der Eton mit sechzehn verließ, als seine Augen schlechter wurden), William Blake, William Cobbett und John Stuart Mill gehören in diese Kategorie. Zu Zeiten der Tudors entstanden Schulen, weil ein bestimmter Lehrer in die Gegend gezogen war, und sie existierten vielleicht nur für ein paar Jahre. Das damalige System war überaus flexibel. Und darauf freue ich mich, auf ein System der völligen Flexibilität und Freiheit. Wir müssen eigene, neue Schulen schaffen. Wir müssen Bildung selbst in die Hand nehmen, und das mag bedeuten, dass wir bereits bestehende Schulen verändern oder neue gründen. Und wir brauchen nicht darauf zu warten, dass irgendjemand uns dafür die Erlaubnis erteilt. Wir können tun, was wir wollen.

7. Der Mythos vom Spielzeug

Silberne, goldene Rasseln, Glöckchen, Korallen, facettierte
Kristalle, Spielzeug jeden Werts und aller Sorten.
Welch unnützes und gefährliches Zeug! Weg damit.
Rousseau, *Emile*

Ich hasse Spielzeug. Spielzeug ist eine Plage! In der Utopie
fauler Eltern wäre sämtliches Spielzeug verboten. Keine
Polly-Pocket-Puppen, kein Hippo Flipp, kein Buckaroo,
keine Legosteine, keine Megablocks, kein Fuzzy Felt,
keine Bob-der-Baumeister-Puzzles, keine Tweenies oder
Fimbles, kein Mousetrap. (Besonders nicht das neue, sehr
viel schlechtere Mousetrap. Was gab es an dem alten auszusetzen?) Mit anderen Worten: keine winzigen Plastikteile, die sich in allen vier Ecken des Wohnzimmers
wiederfinden. Keine Miniteilchen, die man abends zusammensuchen muss, weil sich Kinder in ihrer Freude (und
das zu Recht) an Unordnung nicht stören. Winzig kleine
Plastikteile, die sich unsereinem in die Fußsohle bohren,
wenn wir verkatert durchs Haus taumeln, über die wir auf
der Treppe stolpern, auf die wir uns setzen. Einmal habe
ich gewartet, bis sämtliche Kinder in der Schule waren
und auch die Mutter das Haus verlassen hatte, und dann
mit dem allergrößten Vergnügen drei schwarze Müllsäcke
mit altem Spielzeug gefüllt und neben den Mülltonnen
deponiert. Und das Unglaublichste war: Es ist nieman-

dem aufgefallen. Kein einziges Spielzeug aus dem ganzen Berg wurde jemals vermisst. Das lässt vermuten, dass wir materialistischer sind als unsere Kinder. Sie verkünden, dass sie dieses oder jenes Spielzeug haben wollen, aber ihr Verlangen ist von kurzer Dauer. Möglicherweise geht es ihnen mehr um die Erfüllung eines Wunsches als um den Besitz eines Objekts. Eltern sind sich des Schweißes und der Arbeit, die es braucht, um ein bestimmtes Spielzeug erwerben zu können, sehr viel bewusster. Spielzeug ist Geld, Spielzeug ist Arbeit, Spielzeug ist Unordnung, Spielzeug ist ein schwacher Trost für die grausame Tragödie des Kindes, in eine Welt hineingeboren zu sein, die sich selbst mit harter Arbeit geißelt, nur um die Langeweile mit kostspieligen Freizeitvergnügungen zu lindern.

Wie mir das Herz aufgegangen ist, als mir meine Freundin Murphy erzählte, wie sie auf der Suche nach einem Weihnachtsgeschenk für ihre Tochter die Supermarktregale durchforstete. Sie hatte mit dem Gedanken gespielt, einen Legokasten zu kaufen, und sich dann dagegen entschieden, weil sie einen Blick in die Zukunft geworfen und sich auf Knien auf dem Fußboden herumkriechen gesehen hatte, um Hunderte von Legosteinen aufzusammeln. Weise, sehr weise.

Und ist es nicht furchtbar, wie Plastik altert? Woran liegt es, dass gebrauchtes Plastikspielzeug auf dem Flohmarkt einen so jämmerlichen Anblick bietet? Vielleicht daran, dass in jedes einzelne zerkratzte und staubige Erdölabfallprodukt das Scheitern des gesamten Plastiktraums eingeschrieben ist, die Preisgabe von Genuss und Schönheit zugunsten von Masse und Billigkeit und vielleicht ein paar Augenblicken der Ruhe. Dieses Spielzeug ist Ausdruck krimineller Verschwendung.

Also: Werfen Sie es weg. Besser noch, kaufen Sie es erst gar nicht. KEIN PLASTIK: Dieser Ruf muss lauter werden. Die Sache ist nur, es ist unglaublich schwierig. Alles ist aus Plastik. Und im Supermarktregal sieht dieses Spielzeug so verführerisch, so billig, so fröhlich aus. »Stundenlangen Spaß« verspricht es, und es behauptet, so gut durchdacht, so erfinderisch, so aufwendig in Forschung und Entwicklung, so durch und durch faszinierend und selig machend zu sein, dass es die Kinderbetreuung praktisch allein übernimmt. Fakt jedoch ist, dass das allermeiste Spielzeug den Eltern einen enormen Einsatz abverlangt. Wie so viele Produkte des militärisch-industriellen Komplexes verspricht es, uns Arbeit abzunehmen – in diesem Fall die vermeintliche Arbeit, Zeit mit den Kindern zu verbringen –, in Wahrheit jedoch schafft es nur mehr Arbeit, weil man Geld braucht, um das Zeug zu kaufen, und Zeit, um es wieder wegzuräumen.

Und brauchen Kinder überhaupt Spielzeug? Im *Dschungelbuch* sehen wir Mogli glücklich mit Kieselsteinen spielen. Die besten Spiele sind die, die Kinder zusammen mit anderen Kindern ohne Spielzeug spielen: Dann hört man sie lachen. Und alle Welt weiß, dass kleine Kinder, die noch nicht von Werbung und der ganzen Konsumkultur verdorben sind, mit einem Holzlöffel und einer Pfanne glücklich werden. Kinder haben mehr Spaß an einem Pappkarton als an einem Berg toxischen Spielzeugs, das seine maschinenartigen Interpretationen von Kinderliedern herausblökt (womöglich, weil die Kinderbetreuer zu beschäftigt sind, um selbst zu singen). Ein

Pappkarton setzt die kindliche Fantasie frei. Gestern haben meine Kinder aus einem Pappkarton eine Weltraumrakete für ihre Teddybären gebaut. Und Pappkartons eignen sich wunderbar als kleine Laufställe: Als Arthur noch nicht laufen konnte, haben wir ihn regelmäßig in einen Pappkarton gesetzt und ihm einen Holzlöffel in die Hand gedrückt. So hatten wir Zeit, die Küchenarbeit zu erledigen. (Übrigens, hier noch ein Tipp: Kaufen Sie keinerlei Apparaturen fürs Baby. Keine. Wir haben Hunderte von Pfund an absurde Gerätschaften verschwendet, zum Beispiel dieses Teil, in dem die Kleinen sitzen und durchs Zimmer laufen können wie Davros, Schöpfer der Daleks. Nein: Sie lernen das Laufen auch von allein.)

Lässt man Kinder in Ruhe, finden und basteln sie ihr Spielzeug selbst und entwickeln dabei ihre Kreativität, statt darauf angewiesen zu sein, von den kostspieligen Sperenzien einer geldgierigen Spielzeugindustrie unterhalten zu werden. Sie, die Eltern, auch Sie können Spielzeug herstellen. Ja, Sie können das. Es ist dies eine der vornehmsten Berufungen des Familienvaters. Kaufen Sie sich Säge und Meißel (wir werden später noch einmal darauf zurückkommen, wie viel Freude die Arbeit mit Holz macht). Nehmen Sie sich jenes großartige Modellbaumaterial, den Pappkarton, und schneiden Sie Flugzeuge aus. Kaufen Sie sich Industrieklebeband. (Arthur hat sich erst kürzlich aus Pappe, Klebeband und Gummi eine Schleuder gebastelt. Er nennt sie Slinger 3000.) Basteln Sie Puppen aus Socken und Knöpfen. Monstermasken aus Papiertüten. Es ist unglaublich, was man in diesem Bereich mit wenig bis gar keinem Talent erreichen kann. Führen Sie Ihre Kinder schon früh ans Basteln und

Bauen heran. Unser plastikfreies selbstgebasteltes Spielzeug kann – im Gegensatz zu gekauftem Plastikzeug – repariert, verbessert, angemalt, auseinandergenommen und wieder zusammengesetzt werden. Und zur Not auch verbrannt.

Auch Rousseau war gegen Spielzeug, obschon das zu seiner Zeit noch nicht aus Plastik bestand:

> Keine Rasseln, Glöckchen, kein Spielzeug. Kleine Zweige mit ihren Früchten und Blättern, eine Mohnkapsel, in der man die Körner rasseln hört, eine Stange Süßholz zum Lutschen und Kauen werden ihm genauso viel Spaß machen wie jener Firlefanz und haben nicht den Nachteil, es von Geburt an an Luxus zu gewöhnen.

Die Botschaft ist deutlich: Verschwenden Sie nicht Zeit und Geld für Spielzeug, wenn Sie genauso gut einen Zweig von einem Baum brechen und ihn dem Kind in die Hand drücken können. Die Kleinen werden ihre Fantasie in Gang setzen und damit spielen, Monster damit zur Strecke bringen, den Zweig essen oder in ein Schwein verwandeln. Noch dazu ist das eindeutig die umweltfreundlichere Variante: kein umweltbelastendes Plastik, sondern ein Stück Natur, gratis, einfach und sehr grün. Ja, wir faulen Eltern werden den Planeten retten.

Spielzeug bedeutet die Umwandlung von Spiel in Ware. Spielzeug ist Bestandteil der Konsumgesellschaft, und der vernunftbegabte Mensch lehnt die Konsumgesellschaft ab, weil, ganz einfach, sie uns viel zu viel Anstrengung abverlangt. Die Mühe mögen faule Eltern sich nicht machen.

Nicht kaufen und nicht arbeiten – in anderen Worten: selber machen und leben – ist tatsächlich einfacher und billiger. Ja, basteln Sie Ihr Spielzeug selbst. Ein Steckenpferd ist nichts anderes als ein Stück Stoff an einem Stock, und es kann wirklich stundenlang Spaß bringen.

Dabei habe ich natürlich nichts gegen das Spielen an sich. Im Leben eines Kindes dreht sich alles ums Spielen, oder sollte sich ums Spielen drehen; sie können uns Erwachsenen sogar beibringen, wie das geht. Und es ist die reinste Freude, ihnen beim Spielen zuzusehen. Der elisabethanische Philosoph John Dee schrieb folgenden charmanten Eintrag in sein Tagebuch: »Arthur Dee und May Herbert, der ältere gerade einmal drei Jahre alt, haben getan, als wären sie verheiratet, und einander kindlich Gatte und Gattin gerufen.«

Zum Spielen braucht man kein Spielzeug. Geld ist nicht gleich Spaß, wie A. S. Neill mit einer Anekdote über seine Tochter Zoë illustriert:

Einmal bekam Zoë von einem älteren Schüler eine wunderbare Puppe geschenkt, die gehen und sprechen konnte. Offensichtlich ein teures Spielzeug. Ungefähr zur gleichen Zeit schenkte ein neuer Schüler ihr einen kleinen, billigen Hasen. Mit der großen, teuren Puppe spielte sie ungefähr eine halbe Stunde lang, mit dem kleinen, billigen Hasen aber über Wochen.

Auch Neill ist der Ansicht, dass wir viel zu viel Geld für Spielzeug ausgeben. Wir lassen uns von der Spielzeugindustrie für dumm verkaufen, die uns weismachen will, Zeug anzuschaffen sei ein Ausdruck unserer Liebe.

Jedes Kinderzimmer ist voll von kaputtem und vergessenem Spielzeug. Jedes Mittelschichtkind bekommt viel zu viele Spielsachen. Dabei sind fast alle Spielsachen, die mehr als ein paar Pence kosten, reine Verschwendung ... Alle Eltern neigen dazu, zu viel Spielzeug zu kaufen. Das Kleinkind streckt nach irgendetwas die Hand aus – einem Traktor, einer Giraffe, die nicken kann –, und die Eltern kaufen es auf der Stelle. Und so sind die meisten Kinderzimmer voll von Spielzeug, an dem das Kind nie ein wirkliches Interesse erkennen lässt.

Einen Teil der Schuld tragen Fernseher und Computer. Als Arthur noch Fernsehen schaute, kam er danach regelmäßig in die Küche und wollte irgendeinen Plunder haben, zu dem er sich von einer Werbung hatte verführen lassen. »Kostet nur 19,99!« lautete sein Argument. Soweit ich weiß, gibt es Menschen, die dafür streiten, dass das Kinderfernsehen werbefrei wird, weil Kinder den heimlichen Verführern besonders hilflos ausgeliefert sind. Viel Glück. Während sie diese Schlacht schlagen, ziehen wir einfach den Stecker.

Einkaufstouren in die Stadt sind die Hölle. Verzweifelte Väter und Mütter verschwenden mit ihrem konstanten »Nein« Lebenskraft und kommen sich noch dazu geizig und gemein vor. Die Lösung liegt darin, die Kleinen so wenig wie möglich der Werbung auszusetzen und, soweit machbar, Fahrten in die Stadt zu vermeiden. Ich finde Süßigkeiten als Geschenk sehr viel besser als Spielzeug. Die Kinder freuen sich über Süßigkeiten genauso wie über Spielzeug – wenn nicht noch mehr –, und Süßigkeiten haben den unschätzbaren Vorteil, dass sie sich praktisch von selbst vernichten. Sie hinterlassen keinerlei Spuren, vor allem, wenn man das Glück hat, einen Laden in der Nähe zu wissen, wo Süßwaren einzeln verkauft werden, damit sich die Kleinen eine kleine Papiertüte voll selbst zusammenstellen können.

Seien Sie knauserig. Auch Locke hatte die Sorge, ein Übermaß an Zeug werde nur dazu führen, die Kinder zu verderben und ihnen den Wunsch nach mehr einzuimpfen:

Ich habe einen kleinen Jungen gekannt, der durch die Anzahl und das Vielerlei seiner Spielsachen so in Anspruch genommen war, dass sein Kindermädchen von der täglichen Musterung ganz müde wurde. Er war so an den Überfluss gewöhnt, dass er nie glaubte, er habe genug, sondern fragte immer: »Was noch? Was noch? Was bekomme ich Neues?«

Wir sehen also, dass die Samen der Konsumgesellschaft schon damals im Jahre 1693 gesät wurden. Locke empfiehlt, »man sollte ihnen keine kaufen. ... Sie sollen sie sich selbst machen«. Offensichtlich war Locke nicht weniger Antikonsument als die besten Umweltaktivisten moderner Zeiten:

Ein glatter Kieselstein, ein Stück Papier, Mutters Schlüsselbund oder sonst etwas, womit sie sich nicht verletzen können, ist kleinen Kindern zur Unterhaltung genauso willkommen wie jene kostspieligeren und raffinierteren Spielsachen aus den Läden, die nach kurzer Zeit nicht mehr funktionieren und zerbrochen sind.

Welch weiser Mann. Wozu um alles in der Welt Geld für teures Spielzeug ausgeben, das einem nur Kummer bereitet und das sowieso kaputtgeht? Und warum beharren Verwandte darauf, teure Spielsachen zu schenken? »Das ist etwas ganz Besonderes, Arthur. Du passt gut darauf auf, ja?« Arthur nickt artig, doch für all die moralischen Belehrungen, die er daraus zieht, hätte man ihm ebenso gut die Nationalhymne vorsingen können. Er wird mit diesem Ding genauso sorglos umgehen wie mit allen anderen Sachen auch – und das ist gut so. Zeigt es nicht eine gesunde Respektlosigkeit gegenüber industriell produzierten Gütern und der gesammelten Pracht der Spielwarenwarenwelt?

Locke und Rousseau hatten das Glück, sich nicht mit dem Elend des Plastiks herumschlagen zu müssen, doch an den wesentlichen Themen hat sich wenig geändert. Deshalb wiederhole ich: Werfen Sie das Zeug weg. Kaufen Sie es nicht. Halten Sie sich an die einfachen Dinge des Lebens. Machen Sie Ihr Spielzeug selbst. Gewöhnen Sie die Kleinen nicht an Überfluss. Vor allem, solange sie noch klein sind und noch nicht von der Warenwelt verführt wurden. Sie können viel Geld sparen, solange sie noch klein sind. Mein Freund Dan eröffnete mir, er komme sich schäbig und gemein vor, weil er für die Weihnachtsgeschenke seines Zweijährigen nur hundert Pfund ausgegeben hatte. Hundert Pfund? Davon könnte ich fast einen Monat lang echtes Ale trinken. Ist der Mann verrückt geworden? Als ob dem Kind das auffallen würde.

Behalten Sie Ihr Geld, solange sie noch klein sind. Später wird das schwieriger. Erfüllen Sie Ihre revolutionäre Pflicht mit Freude. Hören Sie auf zu konsumieren, und eine neue Welt der Freude und Kreativität erwartet Sie.

Ein Spielzeug jedoch, das ich für gut befinde, ist die Modelleisenbahn aus Holz. Aus diesem Material Schienen zu bauen kann tatsächlich Erwachsenen und Kindern großen Spaß machen. Und Holz verletzt den elterlichen Sinn für Ästhetik nicht in so grausamer Weise wie Plastikmüll. Und man kann immer mehr Züge und Schienen dazukaufen. Auch Freunde und Verwandte können dazu beitragen. Wir haben mit einem kleinen Set für Arthur angefangen, und nun hat Henry eine wunderbar vielseitige Anlage, mit der er spielen kann. (Ein Tipp: Finger weg von batteriebetriebenen Motoren. Die Batterien sind ständig leer. Ständig. Und dann muss man neue Batterien suchen oder welche kaufen gehen. Und man muss sie einbauen, wozu man einen winzigen Schraubenzieher benötigt, der nicht immer leicht zu finden ist. Ich hasse Batterien.) Und weil unser Eisenbahnset aus Holz ist, ist das Aufräumen aus irgendwelchen Gründen nicht so nervig wie bei Plastikspielzeug.

Natürlich gibt es da draußen auch wunderschöne Dinge, die mit Liebe und Geschick hergestellt wurden. Sparen Sie also Geld, indem Sie auf massenproduzierten Müll verzichten, und kaufen Sie stattdessen ab und zu etwas Hochwertiges.

Halten Sie sich an die einfachen Dinge. Hier eine Liste mittelalterlicher Spielsachen, die nach Aussage des Kindheitshistorikers Colin Heywood von Archäologen gefunden wurden. Wir täten gut daran, uns an diese Liste zu halten: »Rasseln, Holzkreisel, die mit der Peitsche oder dem Finger angetrieben wurden, Puppen, Kochutensilien und Geschirr in Miniaturausführung, aus Keramik oder unedlem Metall, Modellboote, Bleisoldaten, kleine Tierchen aus Ton.«

Je weniger Spielzeug, desto besser. So wird Ihr Kind unverdorben und reich an Fantasie sein.

8. Weg mit dem Fernseher, auf in die Freiheit

Die optische Projektion beherrscht die Welt, aber
sie ist nur eine Art und Weise des Sehens – noch
dazu eine, die uns von der Welt ausschließt.
David Hockney, *Geheimes Wissen*, 2001

Kann man Fernsehen verbieten, ohne Fernsehen zu verbieten? In diesem Kapitel möchte ich darauf eingehen, wie man die Kleinen dem schädlichen Einfluss bösen Fernsehens entziehen kann, ohne gleich jede Form bildschirmbasierter Unterhaltung zu verbieten. Denn wer wollte leugnen, dass *Die Simpsons* genial sind? Und wer hat Lust, irgendetwas zu verbieten? Verbieten ist was für Puritaner und Regierungen. Und der faule Vater muss gestehen, dass Fernsehen überaus praktisch sein kann, wenn man mal Ruhe und Frieden braucht, um eine Tasse Tee zu trinken, ein Nickerchen zu halten oder im Garten herumzuwerkeln.

Aber ehrlich, Fernsehen ist schlecht. Es ist sinnlos. Es macht inkompetent. Und dann die absurden Kosten. Mir ist zu Ohren gekommen, dass es Leute gibt, die über 2 000 Pfund für einen überdimensionierten Plasmafernseher hinblättern. Dazu die monatlichen Gebühren für diverse Digitalsender, die pro Jahr zwischen 200 und 2 500 Pfund betragen können, plus die Rundfunkgebühren – wenn wir von einem Durchschnittseinkommen von 2000 Pfund pro Monat ausgehen, reden wir hier von zwei Monaten Arbeit. Zwei Monate! Die man einfach freinehmen und nichts tun könnte! Kein Wunder, dass im Fernsehen ununterbrochen für private Schuldnerberatungsstellen geworben wird. Das Fernsehen selbst hat eine schwer verschuldete Nation hervorgebracht, und jetzt versucht es, das Problem zu lösen, das es selbst geschaffen hat. Oder wie Homer Simpson sagt: »Die Lösung für die Probleme des Lebens findest du nicht auf dem Boden einer Flasche. Sondern im Fernsehen!«

Fernsehen animiert zum Geldausgeben, eine natürliche Folge der Werbung, die ununterbrochen über die Mattscheibe flimmert. Das Fernsehen arbeitet aktiv und überaus geschickt daran, eine ganze Reihe von Wünschen zu kreieren. Libertäre Verfechter des freien Marktes erklären gern, dass die großen Supermarktketten die Menschen ja schließlich nicht mit vorgehaltener Waffe in ihre Läden zwingen. Nein. Aber sie tun etwas, das sehr viel schädlicher ist: Sie unterziehen Millionen von Menschen einer Gehirnwäsche, indem sie sie in der Unterbrechung mitten in der Seifenoper mit Werbung beschießen. All diese Millionen Menschen werden mit den raffiniertesten Marketingtechniken bombardiert, die die Menschheit kennt. In den Marketingabteilungen der Supermarktketten arbeiten die hellsten Köpfe des Landes, um uns zu manipulieren. Kein Wunder, dass wir Supermärkte toll finden. Der Metzger, der Bäcker und der Kerzengießer haben dagegen nicht die geringste Chance, weil sie kein Budget für Fernsehwerbung haben.

Ein Fernsehverbot würde uns also über Nacht reicher

machen, und wir hätten einige Versuchungen weniger. Wir und unsere Kinder würden nicht länger beworben. Gar nicht auszudenken, wie viel Geld wir damit sparen könnten. Rechnet man das in Arbeitszeit um, fängt man an zu verstehen, warum Elternsein so schwer gemacht wird: Wir arbeiten viel zu viel. Die Werbeleute spannen uns Eltern in einen »emotionalen Schraubstock«, wie Victoria es nennt. Man möchte, dass die eigenen Kinder mit den anderen mithalten können, und deshalb kauft man ihnen Plunder. (Meine Eltern hatten Glück: Als ich Teenager war, waren Flohmarktklamotten in Mode.) Doch dieser Plunder kostet Geld, und um an Geld zu kommen, muss man arbeiten. Und dann bricht man jeden Abend todmüde vor Überarbeitung vor dem Fernseher zusammen, entkräftet und für jegliche Suggestion empfänglich. Man hängt drei Stunden am Tag vor der Glotze und beschwert sich, dass der Tag zu wenig Stunden hat. Der Tag hätte mehr Stunden, würde man nicht fernsehen. Noch dazu macht es schlechte Laune.

Ich mache keine Ausnahme bei Bildungssendungen. Viele Mittelschichteltern sind des Glaubens, das sogenannte Bildungsfernsehen sei irgendwie höher zu bewerten als *South Park*. Ein Irrtum. Fernsehen ist ein Medium, Menschen sind Künstler, und einige dieser Künstler haben Kunst in Fernsehform geschaffen. *South Park, Die Simpsons, Doctor Who* und *Die Sopranos* mögen hier als Beispiele dienen. *Blue Peter* dagegen ist keine Kunst. Es ist, in den weisen Worten von Auberon Waugh, »blasierter Schund«. Lieber geschmackloses, dafür hochqualitatives Fernsehen als den Grenzen des guten Geschmacks verpflichteter Müll.

Schlimmer noch: So manche Kindersendung befördert das kapitalistische Arbeitsethos. Man denke nur an die geschäftige Welt bei Richard Scarry, wo alle erwerbstätig sein sollen und es keine Faulenzer gibt. Bob der Baumeister ist das beste Beispiel für das Komplott zur Gehirnwäsche unserer Kinder. »Kriegen wir das wieder hin? Yo, wir schaffen das!« lautet der perfide Slogan (seltsam übrigens, weil es beim Bauen doch eher darum geht, etwas zu erschaffen, als Kaputtes zu reparieren). In Arthurs ersten Lebensjahren haben wir viel ferngesehen. Ich weiß noch, wie ich um halb sechs Uhr morgens in der Unterhose dasaß und mir stundenlang Schund reingezogen und gedacht habe: »Was zum Teufel mache ich hier eigentlich?« Ich erinnere mich an eine besonders erschütternde Folge von *Bob der Baumeister*, in der Bob seinen Maschinen einen Tag freigibt und sie trotzdem zur Arbeit erscheinen! Weil sie Lust dazu hatten! Sie sind so dermaßen untertänig, dass sie mit ihrer Freizeit nichts anzufangen wussten und sich freiwillig wieder unter die Herrschaft ihres Herrn stellten. Was für eine Botschaft sendet das an unsere Kinder?

Noch dazu ist Fernsehen zweifelsohne passiv: Statt eigene Spiele zu spielen, werden Kinder widerstandslos der Kreativität anderer unterworfen. Wie David Hockney in *Geheimes Wissen*, einer brillanten Studie über den Einsatz von Linsen in der Kunst der Renaissance, schreibt, ist Fernsehen im Vergleich zu einem Gemälde ein Tyrann: »Film und Video drängen uns ihre Zeit auf, einem Gemälde bringen wir unsere eigene Zeit entgegen.« Fernsehen kann man nicht kontemplieren. Es drängt sich uns auf.

In seinem Buch *Das Verschwinden der Kindheit* weist der US-amerikanische Gesellschaftskritiker Neil Postman darauf hin, dass Fernsehen keine Fertigkeit ist. Man wird nicht besser, je öfter man es tut. Und er zeigt auf, dass es ein negatives Medium ist: Seifenopern zum Beispiel zeigen die Welt der Erwachsenen als eine der Streitigkeiten, des Schmerzes, des Kummers und der Wut (Platon hatte die gleichen Einwände gegen die Dichtkunst seiner Zeit). Man könnte argumentieren, dass Fernsehen ein mechanisierter Apparat zum Geschichtenerzählen ist, eine Art Laterna magica, und was gäbe es dagegen einzuwenden? Nur dass die Geschichten, die über den Äther gehen, entweder ziemlich schrecklich oder so inhaltsleer sind, dass sie praktisch nicht existieren. Und nachdem man all das Schlechte in der Seifenoper und den Nachrichten gesehen hat, liefert die Werbung, wie Marshall McLuhan sagt, die guten Nachrichten. Das Leben ist Leid? Kauft das, und es wird besser!

Darüber hinaus fördert das Fernsehen den blinden Glauben an den technologischen Fortschritt. Ohne Unterlass verkündet es die herrschende Ideologie des Westens, die da lautet: Technologie wird uns retten (eine irrige Vorstellung, die zuerst von verwirrten Schriftstellern wie H. G. Wells in die Welt gesetzt wurde). Postman sagt: »Bei den Reklamegleichnissen des Fernsehens liegt die Hauptwurzel allen Übels in der naiven, unwissenden Einstellung zur Technik, in der Ahnungslosigkeit gegenüber den wohltätigen Errungenschaften des industriellen Fortschritts.« Technologie ist zu einem Gott geworden, und Fernsehen und Internet sind die modernen Medien zur Verbreitung des Evangeliums (wie bei den Puritanern das gedruckte Wort). Wer nicht daran glaubt, schaltet besser ab. Das Medium ist die Botschaft, und die Botschaft lautet: Findet euch mit eurem langweiligen Job ab und verprasst euer Gehalt und eure Kredite für nutzlosen Schund. Je weniger Kinder und Erwachsene dieser Propaganda ausgesetzt sind, umso besser.

Doch wir wollen auch nicht zu fanatisch werden: Wir haben unseren Fernseher behalten, damit wir DVDs und Videos gucken können. Wir lieben *Die Simpsons*, klar, aber auch großartige alte Filme wie *Große Erwartungen* und den für mich besten Film aller Zeiten: *Meuterei auf der Bounty* mit Marlon Brando als Fletcher Christian. Und Videos sind billig zu erwerben: In den Secondhandläden der Wohltätigkeitsorganisationen kosten sie so gut wie gar nichts. Wie ich schon andernorts sagte: Man kann auch mit wenig Geld ein Luxusleben führen – man muss nur zehn Jahre zurückgehen.

Ein weiteres Problem besteht darin, dass Erwachsene die Herrschaft über den Spielplatz an sich gerissen haben. Genau wie Kinderfernsehen von hochbezahlten Fernsehexperten gemacht wird, die mehr oder weniger direkt von den Unternehmen bezahlt werden, für die in ihren Sendungen geworben wird, genauso haben Erwachsene die Herrschaft über Kinderspiele übernommen. Ein Prozess, der in den USA besonders weit fortgeschritten ist. Kinderspiele verschwinden, berichtet Postman, und werden durch hochorganisierte, teure und von Erwachsenen betriebene Sportvereine wie Little League Baseball und Pee Wee Football ersetzt. Der Amerikaner »besteht ... darauf, dass Kinder schon mit sechs Jahren ohne Spontaneität spielen, unter sorgfältiger Anleitung durch

Erwachsene und starkem Konkurrenzdruck. ... Das Kinderspiel ist zu einer Hauptbeschäftigung der Erwachsenen geworden, es ist professionalisiert worden und bildet nicht mehr eine von der Sphäre der Erwachsenen getrennte Welt für sich.«

Geben Sie den Kindern die Kindheit zurück. Widersetzen Sie sich dem amerikanischen Weg. Rebellieren Sie! Machen Sie aus Ihrem Familienleben einen revolutionären Akt. Dies ist die Botschaft von Postmans exzellentem Buch:

> ... dieser Widerstand bringt es mit sich, dass man das Elterndasein selbst als einen Akt der Rebellion gegen die amerikanische Kultur auffassen muss. ... Nichts aber ist aufrührerischer als der Versuch, die Einwirkung der Medien auf die eigenen Kinder zu kontrollieren. Es gibt zwei Möglichkeiten, dies zu tun. Die erste besteht darin, das Ausmaß, in dem Kinder Medien ausgesetzt sind, zu begrenzen. Die zweite besteht darin, sorgfältig zu verfolgen, welchen Inhalten sie ausgesetzt sind, und dies durch eine fortlaufende kritische Auseinandersetzung mit den dabei zum Ausdruck kommenden Themen und Werten zu begleiten.

Und der einfachste Weg, dies zu tun, besteht darin, den Fernseher aus dem Fenster zu werfen. Wir haben endlich den Stecker gezogen, und es ist eine echte Befreiung. Die Kinder fragen nur selten danach; stattdessen lesen und spielen sie. Und natürlich können wir immer noch Fernsehsendungen und Filme auf DVD und Video anschauen. Das bedeutet, wir sehen uns gute Sachen an, wenn wir das wollen, und zwar mit wenig bis gar keiner Werbung.

Und dann wäre da natürlich noch das Internet. Anscheinend kann man sich im Netz alle möglichen Sachen ansehen. Arthur zum Beispiel hat bei YouTube ein paar großartige alte Beatles-Aufnahmen gefunden, und wir hatten großen Spaß daran, uns die gemeinsam anzusehen. Mit einer Breitbandverbindung gibt es schlichtweg keinen Grund mehr zum Fernsehen. Fernsehen ist tot.

Letzte Woche hatten die Kinder weder Fernseher noch Computer, weil beides kaputt war. Nach wenigen Tagen hatten sie sich daran gewöhnt, und statt sich nach der Schule schnurstracks vor den nächsten Bildschirm zu setzen, fand man sie nun malend am Küchentisch, oder sie haben gebastelt oder selbsterfundene Spiele gespielt. Zweifelsohne hat die Minimierung der Bildschirmzeit zu einer Maximierung ihrer inneren Ressourcen geführt. Das ist gut für jetzt, weil sie richtig Spaß haben. Und es ist gut für ihre Zukunft: Sie werden in der Lage sein, ihrem Arbeitgeber eine lange Nase zu drehen und ihr eigenes Ding zu machen. Fernsehen macht Menschen unfähig.

Also, sparen Sie Geld, verbessern Sie Ihr Leben, verbessern Sie das Leben Ihrer Kinder. Kein Fernsehen mehr und begrenzte Bildschirmzeit. Aber noch einmal: Wir wollen nicht zu fanatisch werden. *Tom und Jerry* auf Video oder *Die Simpsons* auf DVD, für die machen wir eine Ausnahme.

9. Wir wollen schlafen!

Früher war ich der Meinung, Alkohol und Sex würden
mich glücklich machen. Heutzutage ist es ein Nickerchen.
P. J. O'Rourke

Die größte Herausforderung am Elternsein ist die ständig
gestörte Nachtruhe. Als ein Mensch, der in Vorkinderzei-
ten seine acht bis neun Stunden pro Nacht geschlafen
hat, konnte ich den Schlafmangel nur schwer verkraften.
Dabei liegt auf der Hand, dass in einer Kultur, in der es
als erstrebenswert gilt, eine hart arbeitende Familie zu
sein, Schlaf im Allgemeinen unterbewertet wird. Erfolg-
reiche Karrieremenschen brüsten sich damit, wie wenig
Schlaf sie brauchen. Wir nehmen lieber Unmengen von
Kaffee oder Aufputschpillen, pflanzlich oder nicht, zu
uns, um mit Schwung durch den Tag zu kommen, als
dem Ruf der Natur zu folgen und schlicht und ergrei-
fend ein kurzes Nickerchen zu machen. In jeder Kultur
oder Situation, in der wir selbst die Kontrolle über unsere
Zeit in der Hand haben, neigen wir dazu, Nickerchen
zu machen und allgemein viel zu schlafen. Man denke
nur an jene ausgiebigen, genussvollen Siestas, die wir uns
im Urlaub gönnen. Ah, das Nickerchen! Wir gieren nach
einem Nickerchen. Nickerchen sind ein Paradies.

Und das völlig zu Recht, denn Schlafmangel ist ein
schrecklich Ding. Ich weiß noch, wie oft ich nachts auf-

gewacht bin, weil unser Ältester, damals noch klein, mir die Füße in den Rücken rammte. Wir hatten den Versuch unternommen, ihn »ans Alleineschlafen zu gewöhnen«, wie die derzeitige Lehrmeinung zur Kindererziehung dies vorschlägt, und waren gescheitert. Er lag wieder bei uns im Bett. Ich wünschte, wir hätten ihn von Anfang an zu uns genommen. Babys sollten so viel wie möglich gehalten werden, von Mama, Papa oder wer auch immer gerade da ist. Sex können die Eltern auch im Bad haben. Feste Abläufe, getrennte Schlafzimmer und strenge Regeln sind die Feinde fauler Eltern. Ich weiß das, weil wir es ausprobiert haben. Unser Exemplar eines gewissen Handbuchs zur Kleinkindererziehung ist das zerlesenste und eselsohrigste Buch, das ich je gesehen habe, so oft wurde es von der nervösen Mutter konsultiert. Strenge Vorgaben sollen den Eltern Ruhe und dem Baby einen gesunden Schlaf bescheren, unsere Erfahrung aber war eine andere. Durch den Versuch, feste Schlafenszeiten durchzusetzen, steht das Kind irgendwann als Feind da, der beherrscht, allein gelassen, isoliert, eingesperrt und ignoriert werden muss. Und es ist extrem anstrengend und dermaßen komplex, dass Victoria ein Jahr lang über nichts anderes mehr sprach. Es war zum Verzweifeln. Es gibt nur ein Buch über Kleinkinder, das man lesen sollte, wenn man denn überhaupt eines lesen will, und das ist *Auf der Suche nach dem verlorenen Glück* (wir kommen später darauf zurück).

Nächte, in denen wir Tritte in die Nieren einstecken müssen und dem Partner »Du bist dran!« zubrüllen, verursachen ernst zu nehmenden Schlafmangel, vor allem, wenn man auch noch den zweiten Fehler begeht, den ich begangen habe, und zwar Vollzeit in einem Büro weit weg von zu Hause zu arbeiten. Es war extrem schwer für mich, den Schlafmangel wettzumachen. Keine Chance auf ein Nickerchen. Machte mich knurrig. Sehr knurrig. Wütend wäre wohl das angemessenere Wort für meine Laune. Stinkwütend. Abends tranken wir, um unserem Leben ein klein wenig Freude einzuhauchen. Und nachts wurde ich dann aus dem Schlaf gerissen, weil mir Arthurs überraschend schwere Hand ins Gesicht patschte.

Acht Jahre lang hatten wir Probleme mit dem Schlafen. Zwischenzeitlich war es so weit, dass am Morgen alle in einem anderen Bett aufwachten als dem, in dem sie sich abends schlafen gelegt hatten. Ich bin in Kinderbetten, im Gästezimmer, auf dem Sofa erwacht. Und diverse Kinder haben während der Nacht meinen Platz eingenommen. Ein Freund erzählte mir, seine vierköpfige Familie sei einmal in einer Art Rechteckformation eingeschlafen: alle vier Kanten des Ehebettes belegt.

Es kommt immer noch gelegentlich vor, dass unsere Nachtruhe gestört wird, aber es ist sehr viel besser geworden. Den beiden Ältesten haben wir – im Stile fauler Eltern, nämlich indem wir einfach liegen blieben – beigebracht, sich morgens selbst anzuziehen und Frühstück zu machen, ohne uns zu stören. Der Kleinste verbringt noch immer die eine oder andere Nacht bei uns im Bett. Aber das ist toll! Und so glaube ich, obwohl ich eigentlich kein Freund guter Ratschläge bin und es in diesem Buch im Grunde um ein einziges, sehr allgemeines Prinzip geht, das Sie auf ganz eigene Art und Weise auf Ihr Leben anwenden können, dass es von Nutzen sein könnte, ein paar Gedanken weiterzugeben, die wir in jenen langen, harten Jahren der Erfahrung mit Kindern und Schlaf sammeln konnten.

a) *Früh schlafen gehen*

Gut, faulen Eltern mag frühes Schlafengehen ein klein wenig, nun ja, spießig erscheinen. Wenn die Kleinen nach einem ausgeklügelten Ritual aus Baden, Massage, Geschichtenerzählen, Gutenachtliedern, Tellerchen mit Obstschnitzen und Schnabeltasse mit Wasser endlich eingeschlafen sind, ist dann nicht die Zeit für die schönen Dinge des Lebens gekommen? Es ist dies die Zeit, in der ich für gewöhnlich so viel Bier trinke, wie ich nur kann. Und mit jedem neuen Bier schwindet mein Wunsch, schlafen zu gehen. Warum sollte ich jetzt ins Bett gehen wollen, wo es gerade so richtig nett wird? Doch über die Jahre haben wir festgestellt, dass die Tage nahezu unerträglich wurden, wenn wir nicht spätestens um halb elf im Bett lagen, vor allem, solange noch ein Kind unter zwei Jahren im Haus war. Wir haben angefangen zu streiten. Es ist ja nur für kurze Zeit – ein, wie ich finde, tröstlicher Gedanke. Alles wird leichter, wenn das Kleinste über zweieinhalb ist. Und mit einem guten Buch kann auch frühes Schlafengehen Freude machen. Für mich persönlich ist Keats, wenn es um reines Lesevergnügen geht, unschlagbar, und das gilt für seine Gedichte genau wie für seine Briefe. Er besitzt diese fröhliche Melancholie, die etwas enorm Tröstliches hat. Und natürlich ist auch er ein großer Freund des Schlafens. Ein zweiter guter Grund, früh zu Bett zu gehen, ist wohl Sex, so selten der auch auf dem Programm stehen mag. Frühes Schlafengehen kann ein Spaß statt einer Strafe sein, und ob dieser Spaß nun aus

Lesen, Sex, Kakao, Gedichte schreiben oder der Lektüre des Saatgutkatalogs besteht, spielt keine Rolle. Wichtig ist nur, dass faule Eltern ohne Unterlass danach streben, den Tag mit Freude zu erfüllen. Es ist eine der Tragödien der bierernsten westlichen Einstellung zum Kinderkriegen, dass Spaß und Freude von der Agenda zu verschwinden scheinen und sich alles nur noch ums Geldverdienen und Gespräche über die Kinder dreht. Werden Sie nicht zum Sklaven Ihrer Kinder! Auf die Dauer werden Sie den Kleinen das übelnehmen, und die werden Sie dafür hassen.

b) Ausschlafen

Ja, ich weiß: Leichter gesagt, als getan. Aber, man höre und staune, in den letzten Sommerferien lagen wir manchmal bis zehn oder elf im Bett, und das, obwohl unsere Kinder drei, fünf und sieben Jahre alt waren. Okay, gelegentlich haben sie uns auf grausigste Art und Weise geweckt, sind auf unseren Beinen rumgesprungen, haben »randaliert«, wie wir es nennen, und sich gegenseitig geschlagen. Aber nachdem wir sie ein paarmal rausgeworfen hatten, haben sie angefangen, sich selbst Frühstück zu machen. Alle drei sind durchaus in der Lage, Cornflakes mit Milch zu begießen, und Arthur kann Tee und Porridge kochen. Tatsächlich verfügen Kinder über einen eingebauten Selbsterhaltungstrieb, den wir durch Überverhätschelung ersticken. Selbständigkeit entsteht bei Kinder weniger durch gewissenhaftes Anlernen als vielmehr durch elterliche Faulheit. Letzten Sonntag lagen Victoria und ich bis halb elf verkatert in den Federn. Was für ein Erfolg! Und je öfter man das tut, desto besser, weil die Kleinen immer einfallsreicher werden, was zu weniger Nerverei führt und weniger von diesem grauenhaften »Maaaamiiiii«-Geräusch nach sich zieht, das sie so von sich geben. Sie können spielen, und sie werden spielen. So lange wie irgend möglich im Bett liegen zu bleiben ist also mitnichten ein Akt verantwortungsloser Elternschaft. Ganz im Gegenteil: Es ist gut, auf sich achtzugeben – faule Eltern müssen ständig auf der Hut sein, keinen Groll zu entwickeln –, und es ist gut, die Kinder zu lehren, für sich selbst zu sorgen. Unsere Nachkommenschaft wird stark, mutig und furchtlos sein, und begehrt, wo immer sie auftauchen! Tüchtig, fröhlich und glücklich. Auch gehört es zu den Aufgaben fauler Eltern, so weit wie möglich dafür zu sorgen, dass jedes einzelne Familienmitglied sein Leben genießt, hier und jetzt, in diesem Moment. Jener kapitalistischen Abstraktion namens »Zukunft« wird viel zu viel Wert beigemessen. Klar haben wir das zukünftige Erwachsenenleben unserer Kleinen im Blick, doch der beste Weg, dafür zu sorgen, dass dieses Erwachsenenleben ein glückliches wird, besteht darin, ihnen eine glückliche Kindheit zu schenken. Nicht eine, die von Konkurrenz, von Preisen und Belohnungen oder den verschwenderischen Eintagsfliegen der kapitalistischen Überproduktion geprägt ist. Nein. Eine glückliche Kindheit, mit reichlich von allem: Liebe, Musik, Spiel und viel Gelächter. Wozu eine freudvolle Gegenwart dem Versprechen einer blühenden Zukunft opfern? Also bleiben Sie im Bett, solange Sie können.

c) Gönnen Sie sich ein Nickerchen

Auf der ganzen Welt hält der geistig gesunde Mensch nach dem Mittagessen ein Schläfchen. Sie, meine müßigen Leser, muss ich von den zahlreichen Freuden und der wohltuenden Wirkung einer kurzen Stunde Mittagsschlafes für Gesundheit und Wohlbefinden nicht überzeugen. Der Mittagsschlaf ist so wichtig – vor allem, wenn die Kinder noch klein sind –, dass ich so weit gehen würde zu sagen: Wenn Sie einen Job haben, der ein Mittagsschläfchen unmöglich macht, einen Vollzeitjob weit weg von zu Hause, dann kündigen Sie. Ich bedaure es oft, dass ich viel zu viel Zeit im Büro verbracht habe, als Arthur noch klein war, und Victoria und ich denken häufig darüber nach, wie viel schöner unser Leben hätte sein können, hätten wir eine kleine Wohnung in der Nähe des Büros gekauft, statt ein Haus eine Stunde entfernt. Victoria arbeitete in der gleichen Gegend Londons wie ich, also übergaben wir Arthur morgens dem Babysitter, gurkten einmal quer durch die Stadt und abends wieder zurück. Hätten wir in der Nähe unserer Arbeitsstellen gewohnt, hätten wir sehr viel leichter zwischen Arbeit und Zuhause hin und her wechseln können. Wir hätten zu Mittag nach Hause gehen, essen und ein Schläfchen halten können, und vielleicht hätten wir Arthur manchmal sogar mit ins Büro genommen. Später habe ich von zu Hause aus gearbeitet, eine gewaltige Verbesserung.

Also: Kündigen Sie. Ihre Gesundheit und Ihr Glück sowie das Ihrer Familie sind wichtiger als der Gewinn des Unternehmens, für das Sie malochen. Und man braucht nicht viel Geld. »Esst Nesseln!« lautete der Vorschlag des österreichischen Künstlers Hundertwasser. Es gibt haufenweise Bücher auf dem Markt, die zeigen, wie man mit wenig Geld gut und üppig leben kann, und auch Ihre eigene Fantasie ist eine wunderbare Ressource.

Ein Nickerchen mit kleinen Kindern ist noch dazu etwas sehr Schönes: Als hätte man eine kleine Teddybär-Wärmflasche im Arm. Und sie sind so süß, wenn sie schlafen. Vater kann vor dem Kamin die Füße hochlegen und über der »Ode an die Melancholie« einnicken, ins Traumland entfleuchen und erfrischt aufwachen. Okay – Sie arbeiten nicht von zu Haus. Und Sie können nicht einfach kündigen. Dann nehmen Sie ein Kissen mit ins Büro. Schlafen Sie in der Mittagspause auf einer Bank hinten in einer Kirche, genießen Sie die angenehme Kühle. Schlafen Sie auf einer Parkbank oder unter einem Baum. Geben Sie sich erotischen Tagträumen hin. Kürzlich hörte ich von einem New Yorker Unternehmen, das sich anschickt, mit einem Power-Nap-Service gegen den allgemeinen Schlafmangel anzukämpfen. Nach dem Mittagessen sucht man ihr Schlafreich auf und wird zu einem komfortablen Lehnstuhl in einem dunklen Raum geführt. Die Ambient-Musik im Hintergrund lullt einen in den Schlaf, und nach den erlaubten zwanzig Minuten wecken sie einen wieder auf. Das Problem ist nur, dass das Nickerchen natürlich Geld kostet. Typisch New York, Geld machen zu wollen mit einer Sache, die grundsätzlich nichts kostet: Schlaf! Noch dazu verfolgen diese Schlafzentren eine beunruhigende Zielsetzung: Das Versprechen lautet, dass man erfrischt ins Büro zurückkehren wird, damit man noch besser für den Brotherrn schuften kann. Es handelt sich um sogenannte Power Naps, die nicht um ihrer selbst willen gehalten werden, sondern um der kapitalistischen Maschinerie noch besser dienen und noch produktiver arbeiten zu können. Die Motivation fauler Eltern ist das nicht. Wir machen Nickerchen, weil wir unser Leben genießen. Und genau aus diesem Grund sollten es sich beide Partner zur Regel machen, dafür zu sorgen, dass der oder die andere so viele Nickerchen halten kann wie irgend möglich. Wir sollten unserer Ehefrau oder unserem Ehemann das Mittagsschläfchen nicht missgönnen. Nur zu leicht rutschen wir ab in jene sklavische, missgünstige Moralität, die uns glauben lässt, der andere habe es irgendwie leichter. Wenn ich eines unerträglich finde, dann die abendlichen Diskussionen, bei denen beide Eheleute den jeweils anderen zu überzeugen versuchen, dass sie es schwerer haben im Leben. Dabei sollten wir überglücklich sein, wenn unser Partner schläft: Er lässt sich nicht gehen, er ist nur vernünftig. Wir brauchen Schlaf!

Übermüdeten Menschen mangelt es an Verstand. Sie werden zu dunklen Schatten der Schwermut. Sie sind gereizt und zickig. Alle anderen scheinen ihnen Idioten, und die Welt ist gegen sie. Ein Freund berichtet, dass ihn gelegentlich eine mörderische Wut überkommt und er erst begreift, dass sein Zorn eine unmittelbare Folge seines Schlafmangels ist, wenn er endlich zur Ruhe kommt und schläft. Wenn er dann aufwacht, ist er ein neuer Mensch. Schlaf ist ein Zauberer. Tun Sie es also den Spaniern, Mexikanern und Afrikanern gleich. Überall, wo die Menschen mehr Kontrolle über ihr alltägliches Leben haben, machen sie Nickerchen. Noch bis vor kurzem war es in China völlig normal, Arbeiter am Straßenrand liegen und schlafen zu sehen. Schlaf macht stark und

schön. Sollte es da draußen irgendwelche müßig gesinn-
ten Arbeitgeber geben (was ich bezweifle), dann richten
Sie in Ihren Büros Schlafräume ein. Ständig reden wir
darüber, wie reich wir hier im Westen sind, und dabei
sind wir nicht in der Lage, unsere Zeit so zu planen, dass
für ein Nickerchen pro Tag Platz ist. Was für Narren wir
sind. Wir wollen schlafen. Sobald das erste Kind geboren
ist, sollte das Nickerchen ganz oben auf der Prioritäten-
liste stehen. Verleben wir jene ersten gemeinsamen Jahre
in einem freudvollen, schlaftrunkenen Nebel.

d) Gehen Sie in Schlafurlaub

Besteht irgendwie die Möglichkeit, jenes großartige Team
von Ehrenamtlichen – Freunde, Verwandte und Nachbarn – zu bitten, für ein paar Stunden auf die Kleinen
aufzupassen, damit Sie schlafen können? Ich verstehe gar
nicht, warum wir so viel Angst davor haben zuzugeben,
dass wir Ruhe brauchen. Kinderbetreuung organisieren
wir so, dass wir arbeiten oder abends ausgehen können.
Schlaf hingegen scheint irgendwie weniger wichtig zu
sein. Victoria und ich haben ein Kindermädchen engagiert, damit wir schlafen konnten. Au-pairs, Babysitter
und Kindermädchen sind die käufliche Version der Großfamilie. In gesünderen Gesellschaften als der unseren wird
die Kinderbetreuung auf viele Schultern verteilt, so dass
die Belastung für einzelne Eltern weniger groß ist und
ein breiter Spielraum für Abwege entsteht, in dem auch
Schlaf seinen Platz findet. Mit Bewunderung denken wir
an den Hängemattenschlaf mexikanischer Eltern, die
ohne jedes schlechte Gewissen in dem sicheren Bewusstsein ruhen, dass ihre Kinder von Freunden und Verwand-

ten umgeben sind. Die Kernfamilie ist anstrengend. Einsame Eltern sind müde. Deshalb: Umgeben Sie sich mit Menschen. Besucher, den ganzen Tag. Die Leute werden Ihnen helfen, sie werden den Abwasch machen. Und glauben Sie nicht, sie unterhalten zu müssen. Einige meiner Leser haben bemängelt, dass ich ein Au-pair engagiert habe; sie meinten, ich solle mich an meine eigenen Ratschläge halten und weniger Geld ausgeben und weniger arbeiten. Doch Kindermädchen und Au-pairs waren für uns eine Methode, die Familie zu vergrößern. Wir brauchten sie nicht unbedingt, weil wir beide die meiste Zeit zu Hause waren. Zeitweise waren wir auch allein. Von acht Jahren hatten wir vier Jahre lang eine Voll- oder Teilzeithilfe. Und vier Jahre lang haben wir alles allein gemacht. Dank Kindermädchen und Au-pairs hatten wir Zeit zum Dösen und Schlafen und Genießen. Und Gesellschaft. Und leisten konnten wir uns das, weil wir unsere Hypothek aufgestockt haben! So unvernünftig waren wir. Aber das war es wert, schon allein deshalb, weil wir nicht die ganze Zeit so schrecklich erschöpft waren. Und für die Kinder war diese Konstanz in der Betreuung (Nanny Claire war drei Jahre bei uns) sehr viel besser, als von jungen Jahren an in einer Kinderkrippe abgegeben zu werden (abgesehen davon haben wir festgestellt, dass wir für unsere Vollzeit-Kindermädchen weniger bezahlt haben als manche Freunde für die Krippe). Und wenn es um Spaß für die Kleinen geht, kann sich keine Krippe mit einem Kindermädchen messen.

Am allerbesten aber ist es, Freunde und Verwandte zu aktivieren, sich gegenseitig die Kinder abzunehmen und eigene kleine Krippen zu organisieren. Man könnte ein

Rotationssystem einführen und von Haus zu Haus wechseln. Und helfen Sie sich auch gegenseitig beim Putzen. Warum sollten alle die Hausarbeit allein machen? Das ist das Schlimmste. Organisieren Sie einen Waschtag. Setzen Sie die Kleinen auf den Fußboden und machen Sie gemeinsam Ihre Wäsche.

Wenn Sie mehr Schlaf wollen, müssen Sie auch jener anderen bösartigen Erfindung der kapitalistischen Erziehungsideologie eine Absage erteilen: dem Familienausflug. Familienausflüge machen ein Nickerchen unmöglich. Man kann sich nicht für ein Stündchen aus dem Staub machen, wenn man in einem Vergnügungspark Schlange steht. Überhaupt, sollte es in Vergnügungsparks nicht kostenfreie Schlafräume für Eltern geben? Würde sich sicherlich positiv auf die Besucherzahlen auswirken.

Ein mir befreundeter Vater hat einen wunderbaren Trick. Nach dem Mittagessen fährt er die drei Jungs ins Kino, damit seine Frau mal Zeit für sich hat. Er setzt die Jungs vor der Leinwand ab, kehrt zum Wagen zurück, dreht den Sitz runter und schläft ein, zwei Stündchen. Genial: Er spart das Geld für den Eintritt, muss sich keinen amerikanischen Animationsfilm antun, hat seiner Frau eine Pause verschafft und obendrein noch geschlafen. Das nenne ich faule Elternschaft!

Wir sollten nicht darauf warten, dass uns die Regierung oder unser Arbeitgeber oder Partner ein Nickerchen ermöglicht. Wir müssen unser Recht auf Schlaf einfach ausüben, ohne groß zu fragen. Keinen Antrag stellen, einfach machen. Schlaf ist umsonst, Schlaf ist ein Geschenk, Schlaf ist gut. Er hat keinen unmittelbaren Nutzen für die Wirtschaft, und schon daran erkennt der faule Elternteil, dass sehr viel davon für das Individuum unerlässlich ist. Schlafmangel ist die Wurzel vielen Übels: Türenschlagen, Schreien, Fluchen, Ungerechtigkeit und Kummer.

Wir müssen uns angewöhnen, die Nachbarn anzurufen und ohne Angst oder Scham zu sagen: »Könntest du für ein oder zwei Stunden auf die Kinder aufpassen? Ich brauche einen Mittagsschlaf.« Wir müssen uns gegenseitig kleine Pausen verschaffen, regelmäßige Auszeiten von der Kernfamilie.

e) Legen Sie sich eine Matratze vors Bett

Eine sehr nützliche Strategie, auf die ich während unserer Kleinkinderjahre gekommen bin. Davor hatte ich jede Nacht zunächst im ehelichen Bett begonnen. Doch allzu häufig wurde ich aus dem Schlaf gerissen, weil mir jemand ins Gesicht schlug oder in den Rücken trat. Und nachdem ich dann eine halbe Stunde dagelegen und wieder einzuschlafen versucht hatte, stürmte ich regelmäßig wutentbrannt ins Gästezimmer. Also habe ich mir eine Matratze vors Ehebett gelegt. Wenn nun ein Kind zu uns ins Bett kam, um mich zu wecken, rollte ich mich einfach aus dem großen Bett in mein kuscheliges kleines Lager. Ich habe meinem Freund Marcel davon erzählt, und auch bei ihm funktioniert es prächtig. Mit großer Freude rollt er sich in sein kleines Nest: »Klein, aber mein«, sagt er.

f) Getrennte Schlafzimmer

Als unser drittes Kind zur Welt kam, war kein Platz mehr für Sentimentalität. Ich bin schnurstracks aus dem Schlafzimmer ausgezogen und habe gut zehn Monate im Gästezimmer geschlafen. So war wenigstens einer von uns nicht übermüdet. Und wie wunderbar es sein kann, allein zu schlafen. Man kann so lange lesen, wie man will, und man wacht auf, wenn man aufwacht. An manchen Tagen hatte ich richtig Glück und Victoria brachte mir morgens um halb acht eine Tasse Tee ans Bett – o Glückseligkeit!

g) Ein Schlafzimmer für alle

Ich höre noch von einer anderen Strategie, und die besteht darin, dass alle Erwachsenen und Kinder im gleichen Zimmer schlafen. Die Idee dabei ist, dass ein Kind, wenn es denn aufwacht, sich in der Gegenwart der anderen warm und sicher fühlt und einfach wieder einschläft. Auch damit kann man experimentieren. Legen Sie Matratzen ins Elternschlafzimmer, tragen Sie sie wieder hinaus, probieren Sie unterschiedliche Kombinationen aus. Die schlimmste aller Lösungen ist wohl die, den kleinen Säugling im Kinderzimmer nebenan allein in die Wiege zu legen. Und was das Schlafen mit dem Säugling angeht, so ist dies womöglich eine Frage des Trainings: In *Auf der Suche nach dem verlorenen Glück* schreibt Jean Liedloff, dass Eltern es nicht richtig versuchen. Das mag stimmen, aber diverse Erfahrungsberichte lassen vermuten, dass es für Eltern nicht immer einfach ist, mit einem sich wälzenden Kleinkind das Bett zu teilen.

Aber wie auch immer Sie es machen, die Botschaft ist klar: Wir brauchen mehr Schlaf.

10. Die Macht von Musik und Tanz

Maxima debetur puero reverentia.
(Den Kindern gebührt der größte Respekt.)
Juvenal, *Satiren* (1.–2. Jh. v.Chr.)

Eines fällt mir immer wieder auf, wenn ich John Lockes *Gedanken über Erziehung* aufschlage, Darstellungen des Alltags im mittelalterlichen Europa lese, mir anthropologische Studien über die Bräuche zeitgenössischer Urvölker vornehme oder Berichte über das Leben in England vor gerade einmal einhundert Jahren ansehe, und das ist, wie viel da getanzt und gesungen wird. Bis ins 18. Jahrhundert hinein war es üblich, dass Kinder zu Hause Tanz- und Gesangsstunden bekamen. Und auch Erwachsene hatten Tanzlehrer, die in Stichen von Hogarth oft als spindeldürre, verweiblichte Italiener gezeigt werden. In seiner Darstellung des Lebens in Nether Stowey, Somerset, um das Jahr 1798 berichtet Coleridge, dass nach dem Abendessen regelmäßig getanzt wurde. Praktisch jeden Abend wurde zum Tanz aufgespielt. Locke empfiehlt Tanzstunden auch für die Kleinen, nicht zuletzt als Methode, ihnen Selbstvertrauen zu vermitteln:

Und da mir nichts den Kindern mehr gefällige Sicherheit und Anstand zu geben scheint und ihren geselligen Umgang mit Älteren fördert als das Tanzen, meine ich, man sollte sie tanzen lehren, sobald sie es zu lernen imstande sind. Denn obwohl es nur in äußerer Anmut der Bewegung besteht, gibt es den Kindern doch irgendwie, mehr als alles andere, Männlichkeit im Denken und Auftreten.

Dabei ist nicht zu vergessen, dass Lockes ideales Kind zu Hause unterrichtet wird. Sein Ratschlag richtet sich also nicht an Schulen, denen wir heutzutage rein gewohnheitsmäßig die Verantwortung für die Erziehung unserer Kinder übertragen, sondern an die Eltern. Und das Gleiche gilt heute: Wenn wir wollen, dass unsere Kinder tanzen, müssen wir selbst dafür sorgen – warten Sie nicht, bis die Regierung das tut.

Wenn es ums Tanzen geht, ist es keine Freude, jemand wie ich zu sein. Neidisch schaue ich den anderen beim Tanzen zu und verliere gemeinhin erst nach Aufnahme großer Mengen Alkohol genügend Hemmungen, um mich auf die Tanzfläche zu wagen. Dort vollführe ich ein paar Bewegungen, die ich noch vage aus meinen Rave-Zeiten in Erinnerung habe, als wir in irgendwelchen Lagerhäusern die Nächte durchtanzten. Doch dieser Mangel an Selbstvertrauen ist nicht, wie viele von uns glauben mögen, Ausdruck einer angeborenen Unfähigkeit. Vielmehr ist er eine unmittelbare Konsequenz des Umstands, dass ich nie tanzen gelernt habe. Und genau wie ich nervös wäre, wenn ich Auto fahren müsste, ohne es je gelernt zu haben, macht es mich nervös, ohne Anleitung die Tanzfläche zu betreten. Wenn wir aber alle tanzen gelernt und es ein Leben lang geübt hätten, dann hätten wir ausreichend Selbstvertrauen. Wir würden über ein Repertoire an Bewegungen verfügen. Genau genommen ist Tanzen nicht spontan: Es will gelernt und geübt sein. Die Breakdancer, die Tänzerinnen beim Karneval, die Rock'n'Roller, die Walzer- und Tangotänzer, die haben das geübt. Wir Briten leben noch immer in einer puritanischen Kultur, und die Puritaner (die allermeisten) missbilligten das Tanzen als ausschweifende Vergnügung ohne den geringsten Nutzen fürs Seelenheil. Für andere Kulturen dagegen ist Tanzen ein zentrales Element der religiösen Erfahrung. Ist es nicht faszinierend zu sehen, dass der ekstatische, lebensfreudige Zweig des Sufismus, die »tanzenden Derwische«, gerade ein Comeback erlebt? Dieser mystische Spross des Islam hat die Form verschiedener Orden angenommen, die zumeist im 12. und 13. Jahrhundert in der Türkei entstanden. Einer dieser Orden, der Mevlevi, wurde vom radikalen muslimischen Prediger und Poeten Mevlana Dschalal ad-Din ar-Rumi gegründet. Dieser predigte universelle Toleranz, und Ziel des Tanzens war es, das Ego zu verlieren. Ich empfehle seine gesammelten Gedichte. Für faule Eltern eine wunderbare Bettlektüre. Er schreibt Sachen wie:

Berauscht euch an der Liebe, denn nichts außer Liebe existiert.
Solange ihr die Liebe nicht zu eurer Angelegenheit macht,
Werdet ihr nicht zu denen zählen, die geliebt werden.

Der Mann war der John Lennon seiner Zeit. Er spricht sich außerdem für das Leben im Jetzt aus: »Der Sufi ist das Kind des Augenblicks, mein Freund. Das Wort ›mor-

155

gen‹ kommt in der Weltsicht jener, die diesem Pfad folgen, nicht vor.« Und Tanzen ist eine Möglichkeit, den
Moment zu leben.

Doch ekstatischen Tanz gibt es nicht nur bei den
Sufi-Derwischen. Die große Barbara Ehrenreich zitiert
in *Dancing in the Streets* folgende Darstellung der Vor-
kommnisse in einer walisischen Kirche im 12. Jahrhundert:

> Man sieht junge Männer und Mädchen, manche in
> der Kirche selbst, andere auf dem Kirchhof, wieder
> andere beim Tanz, der sich um die Gräber schlängelt.
> Sie singen traditionelle Lieder und brechen mit einem
> Male auf dem Boden zusammen, dann springen jene,
> die bis dahin friedlich und wie in Trance ihrem Anfüh-
> rer folgten, plötzlich hoch in die Luft, als wären sie
> von Raserei ergriffen.

Ehrenreich beschreibt das Mittelalter als eine einzige,
nicht enden wollende Party. Alle ein bis zwei Wochen,
sagt sie, gab es irgendein Festival mit Musik und Tanz.
Genauso sieht es der Historiker Ronald Hutton, der sich
in seinem Werk der Kultur der Freude und des Feierns im
spätmittelalterlichen England widmet. Doch dann: die
Restriktion. Vom 16. bis ins 19. Jahrhundert gewinnt die
Neigung der Kirche, Tanz und Freude und Fröhlichkeit
als irgendwie verdächtig, vermutlich teuflisch zu betrachten, an Boden, und Vergnügungen werden immer öfter
offiziell verboten statt, wie zuvor, lediglich missbilligt.

Doch es gab Anlass zur Hoffnung: Wie Aldous Huxley in einem Interview betont, »zitterten die Quäker und

schüttelten sich die Shaker«. Es war dies der Versuch, die spirituelle Freude körperlicher Selbstvergessenheit zurückzuerobern. Doch der allgemeine Trend ging weg von Tanz und Spaß: »In der Langzeithistorie vom 17. bis zum 20. Jahrhundert ... wurden buchstäblich Tausende von Gesetzen verabschiedet, um den Karneval und volkstümliche Feste aus dem europäischen Leben zu verbannen«, wie die Historiker Peter Stallybrass und Allon White über die Auswirkungen der Reformation schreiben. Im Protestantismus und der aufkommenden kapitalistischen Kultur harter Arbeit blieb keine Zeit zum Feiern. In der neuen Welt, wo Zeit Geld war, war Tanzen Verschwendung, Prasserei. Tanzen war nutzlos. Die Puritaner waren angetreten, eine neue Welt zu schaffen, und die Zeit war knapp. Kontemplation, Tanzen, Fröhlichkeit: alles nur Zeitverschwendung.

Im 20. und bis ins 21. Jahrhundert hinein ist Tanzen für viele von uns eine Aktivität, bei der wir anderen im Fernsehen zuschauen. Gelegentlich lassen wir uns dazu überreden, auf einer Hochzeit oder in der Disco ein paar Schritte aufs Parkett zu legen, was gemeinhin eher beschämend endet. Hoffnung geben die Hip-Hop-Szene und das Breakdancing: Kinder bringen sich gegenseitig die unglaublichsten Dinge bei. Aber das ist noch immer eine Minderheit, wohingegen wir früher alle getanzt haben. Heutzutage ist der Tanz ins Reich des Spektakels entschwunden. Andererseits, die eine oder andere Bastion geistiger Gesundheit gibt es noch: Auf den schottischen Inseln können die Leute noch tanzen, und auf vielen Inseln findet wöchentlich ein *Ceilidh* statt. Vor fünfzehn Jahren bin ich mit Freunden auf der griechischen Insel Ithaka in ein Dorffest geraten, bei dem ungefähr zweihundert Inselbewohner aller Altersstufen in einem großen Kreis zusammen tanzten. In jüngerer Zeit hat die Rave-Bewegung einen Ausbruch ekstatischen Tanzens hervorgebracht, doch natürlich wurde diese Explosion der Fröhlichkeit alsbald vom zweischneidigen Schwert der Autoritäten beschnitten: erst verbieten, dann kommerzialisieren. Laut Strafgesetzbuch ist es neuerdings verboten, dass Menschen ohne Genehmigung zum Zwecke des Tanzens zusammenkommen. Zugleich hat sich die Wirtschaft darangemacht, die Beliebtheit des Rave auszubeuten und in einem Nachtclub namens *The Ministry of Sound* DJs zu installieren. Touristen wurden eingeflogen, damit sie Geld in die Hauptstadt pumpten, und so wurde die gleiche Bewegung, gegen die der Staat hart vorgegangen war, nun zu einer wichtigen Einnahmequelle. Zusammen mit dem Boom britischer Kunst hat dies dazu beigetragen, London für das Großkapital attraktiv zu machen.

Aber Kinder, die zu ihrem eigenen Vergnügen tanzen? Kinder, die tanzen, ohne dass irgendwer daran Geld verdient? Menschen, die außerhalb der Kommerzkultur ihre eigenen Tanzveranstaltungen organisieren? Wo lässt sich da Geld verdienen? Jede Schule sollte einmal die Woche Tanzunterricht anbieten, ach was: zweimal die Woche.

Ganz ähnlich ist die Geschichte mit der Musik. Meist sind es nur die Fleißigen und Begabten, die noch über das Grundschulalter hinaus Musik machen. Und wenn sie nicht gerade extrem gut sind, kann es passieren, dass es ihnen auf Lebenszeit vermiest wird. Victoria zum Beispiel hat auf dem Klavier Stufe 6 erreicht und macht einen

Bogen um jedes Piano (dabei haben wir eines in der Küche stehen), weil sie sich noch immer nichts zutraut. Stufe 6 kommt ihr nicht so besonders gut vor (für mich ist es eine Meisterleistung). Schulen bringen Erwachsene mit vielen Fähigkeiten und noch mehr Angst hervor. Viele von uns sind der festen Überzeugung, dass sich etwas nicht zu tun lohnt, solange man nicht der Allerbeste ist, was dazu führt, dass die meisten von uns überhaupt nichts tun.

Unsicher werden wir ganz von allein und viel zu schnell. Mir ist aufgefallen, dass schon Arthur sich schämt, zu singen und zu tanzen, während kleinere Kinder noch spontan loshüpfen, sobald Musik ertönt, mit den Armen rudern und sich von links nach rechts wiegen. Meiner Meinung nach sollte in jedem Haushalt den ganzen Tag lang Musik laufen, und überall sollten Berge von Instrumenten stehen.

Musik und Tanz verschwinden also zusehends aus dem Leben unserer Kleinen. Erst im Teenageralter schnappen sie sich eine Gitarre, färben sich die Haare, hören Nirvana und gründen eine Band. Und das muss gesagt werden: Es gibt jede Menge junger Leute heutzutage, die in einer Band spielen. Ein wirklich ermutigendes Zeichen von Leben.

Vor der totalen Kommerzialisierung von Musik, bei der Musik gekauft und auf Vinyl oder Kassette oder digital wieder verkauft wird, haben wir selbst gesungen. Klar gab es große Komponisten und Interpreten, die von vornehmen Familien und Adelshöfen fürs Spielen und Schreiben bezahlt wurden. Aber auf der Straße haben wir alle gesungen. Wer beispielsweise im 14. Jahrhundert, viele hundert Jahre vor Erfindung des Radios, durch die Straßen von Florenz flanierte, sah sämtliche Handwerker vor ihrer Werkstatt sitzen und singen, wie die folgende kleine Anekdote über Dante bezeugt:

> Eines Tages stieß er [nach dem Essen] auf einen »Schmied, der das Eisen auf dem Amboss beschlug und dabei Dante sang, wie man ein Volkslied singt, dabei die Verse vermischte, manche kürzer und andere länger machte, so dass es Dante erschien, als erführe er von diesem Manne eine große Beleidigung«. Ohne ein Wort ging er in die Werkstatt des Mannes und warf dessen Zangen, Hämmer und Gewichte und alles andere Werkzeug auf die Straße … »Du singst aus meinem Werk, aber nicht so, wie ich es schrieb; ich habe keine andere Kunst [Handwerk, Gewerbe], und du ruinierst sie.« Der wütende Schmied wusste nichts zu erwidern, sammelte seine Gerätschaften auf und machte sich wieder an die Arbeit; und wenn er hernach noch singen wollte, dann sang er aus Tristan und Lancelot und ließ Dante in Ruhe.

Also: Wie bringen wir Musik und Tanz zurück in unser Leben und das unserer Kinder? Zum Thema Musik: Ich habe angefangen, an der Grundschule bei uns im Ort Ukulele zu unterrichten. Die Ukulele ist das ideale Anfängerinstrument für Kinder, weil sie klein und leicht zu spielen ist. Nach einer guten halben Stunde haben die meisten Kinder »Twinkle, twinkle, Litte Star« und den C-Akkord gelernt. Es stellen sich also schnell Erfolgserlebnisse ein, anders als zum Beispiel bei der Geige. Außerdem motiviert mich das Unterrichten dazu, selbst zu üben und über das Instrument nachzudenken. Weitere gewaltige Vorteile der Ukulele sind, dass beliebig viele Kinder gleichzeitig spielen können und man, anders als bei der gefürchteten Blockflöte, noch den Mund frei hat, um zu singen. Noch dazu ist sie billig: Eine gute ist schon für 20 Pfund zu haben.

Die Ukulele ist von Natur aus fröhlich. Sie erblickte das Licht der Welt, als portugiesische Einwanderer im späten 19. Jahrhundert mit einer kleinen portugiesischen Gitarre in der Hand vor Hawaii vom Boot hüpften. Die Hawaiianer haben sie adaptiert, und schon bald spielte die ganze Insel einschließlich der hawaiischen Königsfamilie Ukulele. Und somit trägt sie die ganze hawaiische Lebensfreude in sich.

Zudem befördert sie eine rhythmische Spielweise, was bedeutet, dass man die Leute auch ohne Schlagzeug zum Tanzen bringen kann. Neulich fiel bei einer Hochzeit kurzzeitig der Verstärker aus, und die Musik verstummte. Um die Pause zu überbrücken, habe ich ein paar Akkorde auf der Ukulele angeschlagen, und alle haben weitergetanzt.

Musik kann auch spontan entstehen. Gestern leitete ich ein ganztägiges »Lasst die Kinder in Ruhe«-Erziehungsexperiment, indem ich auf dem Sofa lag, döste und las, während die Kinder sich um mich herum mit sich selbst beschäftigten. Henry spielte mit Traktor und Anhänger, Delilah plapperte mit ihrer wunderbaren Singsangstimme vor sich hin. Arthur, gemeinhin der Computer- und Fernsehsüchtige der Familie, hat den ganzen Tag mit Töpfen und Pfannen gespielt. Erst hat er sich ein Sieb auf den Kopf gestülpt und sich auf einen Stapel Töpfe gesetzt und verkündet: »Ich bin der Topf- und Pfannenkönig!« Dann hat er die Töpfe neu arrangiert und mit einem Holzlöffel auf sie eingeschlagen. »Ich habe ein Instrument gebaut.« Dennoch wirkt er ungemein gehemmt, wenn es ans Tanzen geht. Keine Ahnung, warum. Womöglich ist ihm die wilde und ungehemmte Natur kleiner Kinder schon abhandengekommen.

Man könnte sogar noch weiter gehen und sie von jedweder Art formeller Musik fernhalten und ihnen mehr Kontakt mit der Musik der Natur ermöglichen. Dieser Weg wird von Masonobu Fukuoka, dem großen japanischen Naturbauern, eingeschlagen:

Bei der Kindererziehung machen viele Eltern den gleichen Fehler, den ich im Obstgarten gemacht habe. Zum Beispiel ist es genauso unnötig, Kinder Musik zu lehren, wie Bäume zu beschneiden. Das Ohr eines Kindes versteht die Musik. Das Murmeln eines Flusses, der Ton des Froschquakens am Ufer, das Rascheln der Blätter im Wald, all diese natürlichen Töne sind Musik – wahre Musik. Wenn aber eine Vielzahl von störenden Geräuschen auf das Ohr trifft und es verwirrt, verkommt die reine, direkte Wertschätzung der Musik durch das Kind. Wenn man das Kind diesen Weg weitergehen läßt, verliert es die Fähigkeit, den Ruf eines Vogels oder den Ton des Windes als Lieder zu hören. Darum wird Musikerziehung als wohltätig für die Kindesentwicklung angesehen.

Das Kind, das mit einem reinen und klaren Gehör aufgezogen wird, mag nicht in der Lage sein, populäre Lieder auf Geige oder Klavier zu spielen, aber ich

162

glaube nicht,daß das irgendetwas mit der Fähigkeit zu tun hat, die wahre Musik zu hören oder zu singen. Wenn das Herz mit Gesang erfüllt ist, kann das Kind in der Tat als musikalisch begabt gelten.

Ich finde, die Beatles eignen sich hervorragend für die musikalische Erziehung der Kinder. Die ganze Familie kann die Beatles mögen. Die Kleineren lieben »Ob-La-Di, Ob-La-Da«, »Octopus's Garden«, »Here Comes the Sun« und »Yellow Submarine«, während wir Erwachsenen auf »Something« und »Across the Universe« stehen. Und denken Sie sich mit Ihren Kindern eigene Lieder aus. Es ist überraschend einfach:

> Mandy das Kätzchen ist ein vornehmes Kätzchen,
> sie liegt gern auf der faulen Haut.
> Mandy das Kätzchen ist ein leises Kätzchen,
> sie macht nie den geringsten Laut.

Dies nur als Beispiel für ein kleines Lied, das ich mir zusammen mit den Kindern ausgedacht habe.

Also singen Sie, Eltern, singen Sie! Tanzen Sie durch die Küche! Singen Sie beim Putzen und beim Kochen und beim Waschen. Seien Sie fröhlich, seien Sie heiter, verbannen Sie den Groll aus Ihrem Herzen. Die Talentshow-Jury in unserem Kopf hat uns jegliches Vertrauen in unsere eigenen Gesangsqualitäten ausgetrieben. »Ach, ich kann nicht singen!«, sagen wir. Nun, ich kann nicht singen – ich meine, ich kann es wirklich nicht –, aber ich tue es trotzdem. Ich habe sogar schon einmal in einem Nachtclub in Antwerpen auf der Bühne gestanden und vor dreihundert jugendlichen Belgiern »Seventeen« von den Sex Pistols zur Ukulele zu Gehör gebracht.

Man kann auch eine Familien-Topfband gründen. Alle möglichen Haushaltsutensilien eignen sich als Percussion-Instrumente, und ein paar Gummibänder, über eine Kiste gespannt, ergeben ein Zupfinstrument. Vielleicht kann ja auch jemand auf einem Grashalm blasen. Mir macht es einen Heidenspaß, langsam um den Küchentisch zu tanzen, die Kinder im Gefolge, wie in jener großartigen Szene aus *Down By Law* von Jim Jarmusch, wo die drei Hauptfiguren durch die Zelle tanzen und »I scream, you scream, we all scream for ice cream!« singen.

Musik und Tanz sollten wieder neu in den Stoff unseres Alltags eingewoben werden. Man muss noch nicht einmal besonders gut sein, die musikalischen Fähigkeiten spielen überhaupt keine Rolle. Wir machen das aus Spaß an der Freude, und wen kümmert es, wenn wir nicht die Besten sind? Musik und Tanz eignen sich ideal, um das Zusammensein mit den Kindern zu genießen: Sie schaffen Harmonie, sie bringen Eltern und Kinder auf Augenhöhe. Sie sind keine Erwachsenenmaßnahme und machen dennoch auch Erwachsenen Spaß, was sich nicht von allen kindlichen Aktivitäten behaupten lässt (Schaukeln zum Beispiel).

Singen Sie den ganzen Tag, machen Sie Musik, tanzen Sie, wie die Mexikaner es tun. Wir sind viel zu zivilisiert geworden, zu gehemmt, zu verschlossen. Und gehen Sie raus und lauschen Sie der Musik der Natur. Wie das geht? Das klären wir im nächsten Kapitel.

11. Schluss mit dem Beschäftigungsdrang, seien Sie wild

Machen wir Krach!
Maurice Sendak, *Wo die wilden Kerle wohnen*, 1963

Ständige Beschäftigung ist die Geißel der modernen Kindheit. »Gebt ihnen was zu tun« – in diesem Satz finden wir unsere Einstellung zur Kindheit, ja zum Leben im Allgemeinen zusammengefasst. Gebt ihnen etwas zu tun, damit sie nicht auf dumme Gedanken kommen. Wir müssen ihnen etwas zu tun geben, weil wir ihnen die Fähigkeit genommen haben, sich selbst eine Beschäftigung zu suchen, die armen Würmchen. Also gebt ihnen »etwas«: irgendwas, ein undefiniertes Etwas, damit sie uns nicht ständig auf den Füßen stehen. Und dann das Wort »tun«. Es ist eine Krankheit unserer Kultur, dass »tun« höher bewertet wird als nicht tun, selbst wenn das »Tun« vielleicht sogar Schaden anrichtet.

Moderne Eltern sperren ihre Kinder von morgens bis abends ein. Erst hocken sie in der Schule, dann sperren wir sie ins Auto und fahren sie zu einer weiteren von Erwachsenen organisierten Beschäftigung: Ballettunterricht, Fußball, Französischunterricht, Theatergruppe. All das, um konkurrenzfähige Wesen aus ihnen zu machen. Mir ist zu Ohren gekommen, dass es in Manhattan Eltern gibt, die chinesische Kindermädchen engagieren, damit das Kind

Mandarin lernt und somit später besser auf dem globalen Markt bestehen kann! Wo auch immer Kinder auftauchen, ist schon ein Erwachsener da, der ihnen mit einem Stöckchen auf den Hintern schlägt wie Schafen, damit sie durch die vorgesehenen Gatter laufen; sie werden überwacht, überprüft, kontrolliert, bewertet, beschützt. Spiel ist eine Ware: Wir kutschieren sie zu teuren Vergnügungsparks, gefahrenfreien Spielzonen aus Plastik, obwohl es direkt vor unserer Nase Orte zum Spielen gibt, die allen frei zur Verfügung stehen. Die tollsten Spielplätze für uns damals waren verlassene Müllhalden, wo es Sprungfedern und Kühlschränke und alte Autoteile zu erforschen gab. Die besten Plätze waren die, die wir selbst entdeckt hatten. Wir haben in den Nischen gespielt. Wir brauchten keine von Erwachsenen entworfenen Spielparks. Ich weiß noch genau, dass mir schon als Kind sehr bewusst war, dass mit dem von Erwachsenen organisierten Spielspaß irgendetwas nicht in Ordnung war. Er macht unselbständig.

Zu Hause machen Kinder einen Bogen um das liebevoll dekorierte Spielzimmer, den vorgegebenen Spielplan. Sie spielen auf der Treppe, im Wohnzimmer, im Flur. Sie verrücken Möbel und bauen Höhlen. Im Wald bauen sie Hütten und fantasievolle kleine Robin-Hood-Lager, fern von den Blicken der Erwachsenen. Lassen Sie sie spielen! Lassen Sie sie in Ruhe! Sollen sie sich eine alte Decke nehmen und über zwei umgedrehte Stühle spannen und als Dach benutzen. Lassen Sie sie am Bach Staudämme bauen. Lassen Sie sie Karten zeichnen, Streichhölzer abbrennen und Schweizer Offiziersmesser tragen. Die selbstgemachten Spielplätze, die selbstentdeckten Orte: Das sind die besten.

Erinnern Sie sich an die weisen Worte des österreichischen Künstlers und Architekten Hundertwasser: »Da Kunst nicht gelehrt werden kann und es keine menschlichen Lehrer gibt, kommen nur zwei Lehrer in Frage, wenn man denn überhaupt einen will: Einer ist deine eigene Kindheit, dein eigenes Selbst, der andere die Natur.«

Wir verbiegen unser Leben, damit es sich ins moderne industrielle Uhrentempo einfügt. Alle Eltern wissen, wie hartnäckig sich Kinder gegen den Zwang zur Pünktlichkeit wehren: »Wie oft muss ich dir das noch sagen? ZIEH DIE SOCKEN AN! Wir kommen zu spät.« Von frühester Kindheit an trainieren wir ihren Geist darauf, sich dem Diktat der Zeit unterzuordnen, als wollten wir sie auf einen Vollzeitjob im Callcenter vorbereiten. Durch fortwährend Beharrlichkeit lehren wir sie den ethischen Wert der Pünktlichkeit. Doch wann immer sie können, entfliehen sie, einem natürlichen Drang folgend, der Uhrenzeit und stürzen sich in die simple Freude, im gegenwärtigen Moment zu sein.

Gebt ihnen etwas zu tun! Wie viele Eltern haben schon kostbare Nachmittage mit einer wohlmeinenden Zeichen- oder Mal- oder Kochstunde ruiniert. Dabei fängt alles gut an. Mutter und Kinder – oder Vater und Kinder – verbringen zwanzig glückliche Minuten beim gemeinsamen Werkeln. Und welch eine Freude zu sehen, wie die Kleinen ihre Hände einsetzen, wie sie die Zutaten zusammenrühren und das Zeug überall hinschmieren! Die elterliche Vision von der Selbstentfaltung der Hosenmätze sieht sich glücklich erfüllt. Doch dann fängt die Sache an, aus dem Ruder zu laufen. Die Kleinen sauen rum. Sie kleckern sich Farbe auf die Kleider, sie malen sich an. Sie werfen Sachen durch die Gegend. Die Kinder finden es wahnsinnig witzig, den Eltern einen Strich durch die sorgsam erdachten Pläne zu machen. Vater und Mutter finden das nicht, über kurz oder lang verlieren sie die Nerven und brüllen: »Raus mit euch! Alle!« Und zu guter Letzt verteilt man den Zuckerguss allein auf den Plätzchen und räumt die Farben alleine weg. Die Moral von der Geschicht: Sparen Sie sich den Ärger! Kinder können sehr gut spielen, wenn man sie in Ruhe lässt.

Sportliche Aktivitäten sind ein echtes Problem für faule Eltern. Ich weiß noch, wie entsetzt ich war, als Victoria für Arthur, damals fünf Jahre alt, Tennisstunden buchte, und zwar jeden Samstag um neun Uhr morgens. Was für ein Irrsinn! Der Samstagmorgen ist dazu da, herumzuliegen und nichts zu tun. Nach fünf Tagen frühmorgendlichen Chaos bei dem Versuch, die Kinder schulfertig zu machen, haben wir endlich Gelegenheit, im Bett eine Tasse Tee zu uns zu nehmen und so lange wie möglich dort zu bleiben, während die Kinder das Haus auseinandernehmen. Doch stattdessen laden wir uns freiwillig einen Haufen teurer Nerverei an den Hals, weil wir irgendwelchen vagen Mittelschichtträumen anhängen, einen Tennisstar hervorzubringen. Zum Glück hat Arthur nach einem halben Jahr entschieden, dass er keinen Tennisunterricht mehr haben will, und so haben wir diesen Programmpunkt gestrichen. Hier ein guter Rat: Halten Sie die Jungs unter allen Umständen vom Fußball- und Rugbyteam fern. Ansonsten werden Sie mit ansehen müssen, wie Ihre Wochenenden alsbald komplett verplant werden, weil der Kleine zu irgendwelchen

Spielen gekarrt werden muss. Organisierter Sport ist der Feind. Skateboarden, ja. Das ist umsonst, man kann es überall machen, und es sind keine Eltern beteiligt oder nur sehr wenige. Aber Sportvereine? Nein, nein, nein.

Ganz zu schweigen von der frühzeitigen Indoktrination mit dem verderblichen Credo des Wettkampfs. Mannschaftssportarten haben etwas grauenhaft Viktorianisches an sich. Irgendwie wird erwartet, dass alle im Dienste einer höheren Sache die eigene Individualität aufgeben. Gute Mannschaftsspieler sind oft unangenehme Zeitgenossen; die Amerikaner haben eigens ein Wort für diesen Typus: »Jock«. Beim Mannschaftssport geht es einzig und allein darum, die andere Mannschaft zu schlagen. So bereitet man junge Männer auf die brutale Konkurrenz am Arbeitsplatz vor. Aber Spiele müssen nicht auf Wettkampf basieren, und jeder Anthropologe kann Ihnen erzählen, dass altmodischere Gesellschaften mit egalitären Regierungssystemen über eigene Spiele und Sportarten verfügen, die ohne das mörderische westliche Element des Wettkampfes auskommen.

Wobei ich klarstellen sollte, dass ich nicht grundsätzlich dagegen bin, dass die Kleinen schwimmen lernen – natürlich nicht, denn wie schon Locke so klug schreibt:

Manches Menschenleben wird dadurch gerettet; und die Römer hielten es für so notwendig, dass sie es auf eine Stufe mit den Wissenschaften stellten; es war eine landläufige Redensart, wenn man einen ungebildeten und unbrauchbaren Menschen bezeichnen wollte, dass man von ihm sagte, er habe weder lesen noch schwimmen gelernt: *Nec literas didicit nec natare.*

Und es macht Spaß. Also: Schwimmen? Ja. Aber beschränken wir den von Erwachsenen dominierten Teil ihres Lebens auf ein Minimum.

Versuchen Sie nicht, die Tage Ihrer Kinder zu verplanen. Lassen Sie sie leben. Faule Eltern wollen zwei Dinge vereinen: das Jetzt und die Zukunft. Wir müssen unser tägliches Leben zu genießen trachten und zugleich dafür sorgen, dass unsere Kinder das ihre genießen. Wir wollen ihnen eine glückliche und freie Kindheit schenken. Und wir wollen dafür sorgen, dass sie später für sich selbst sorgen können, wir wollen ihnen helfen, sich ein eigenes Leben aufzubauen ohne den Stress, die Sorgen und die schlechte Gesundheit, die so oft aus dem Funktionieren in der konventionellen Arbeitswelt resultieren. Viele übermutterte Männer hängen im späteren Leben am Rockzipfel eines Großkonzerns (um einen Ausspruch der Anthropologin Jean Liedloff zu zitieren). Meine Kinder sollen frei sein, und am glücklichsten wäre ich, wenn sie niemals eine Anstellung annehmen, sondern einen anderen Weg finden, sich ihren Lebensunterhalt zu verdienen. Und selbst wenn sie einen konventionelleren Weg einschlagen, hoffe ich, dass sie dies mit freiem Geist und leichter Hand tun. Zu viele Aktivitäten führen dazu, dass sie von äußeren Autoritäten abhängig werden, um ihren Alltag zu strukturieren. Zeit ist frei; sie sollten so viel freie Zeit bekommen wie irgend möglich, um ihre Fantasie zu nähren und sie eigenständig zu machen.

Kinder sind von Natur aus wild, wie die besten Kinderbücher bestätigen. In *Wo die wilden Kerle wohnen* zum Beispiel segelt Max davon in eine elternfreie, wilde Welt. Kinder wollen dahin, wo es wild ist, wo sie frei sind von Autorität und wo sie sich eine eigene Welt erschaffen können. In meinen lebendigsten Kindheitserinnerungen haben wir auf Heuballen oder im Park oder auf den Bäumen gespielt. Wir brauchen den Geruch von Holz und Laub in der Nase. Wenn Eltern ihren Kindern eine Beschäftigung aufzwingen, kann das, auch wenn es noch so gut gemeint ist, im Grunde eine Form der Kontrolle sein: Wir haben uns eine Vorstellung davon gemacht, was ein Kind tun sollte, und versuchen, unsere Sicht der Dinge durchzusetzen (oft mit katastrophalen Folgen, weil Kinder einen Heidenspaß daran haben, unsere Pläne zu durchkreuzen).

Wenn wir unseren Kindern zu viele Vorschriften machen, wenn wir sie kontrollieren und einengen, laufen wir noch dazu Gefahr, dass sich ihr wilder Geist irgendwann auf fürchterliche, asoziale und zerstörerische Weise Raum bricht. Denken Sie nur an Joyriding, Klebstoff schnüffeln, Fenster einwerfen, Autos zerkratzen, Passanten überfallen. Früher oder später wird der freie Geist ausbrechen wie ein Geist aus der Flasche.

Und was ist der Hauptgrund dafür, dass wir unsere Kinder einsperren? Angst. Angst vor Entführung, Angst vor Kinderschändern: »Man kann ja gar nicht vorsichtig genug sein heutzutage«, diesen Satz bekomme ich am Schultor ständig zu hören. Doch, man kann sogar zu vorsichtig sein! Wir sind alle viel zu vorsichtig! Wir haben uns von Zeitungsberichten über sehr seltene Entführungen zu dem Glauben verleiten lassen, dass so etwas andauernd passiert. Das tut es nicht! Im Vereinigten Königreich gibt es pro Jahr ungefähr zehn Entführungen durch Fremde. Die Wahrscheinlichkeit ist eins zu mehreren Millionen.

Die Angst vorm schwarzen Mann steht in keinem Verhältnis zur Realität. Und es sind Zeitungen und Nachrichtensendungen, die diese Angst schüren. Weil genau das in der Natur des Mediums liegt. Zeitungen sind Räuberpistolen, billige Groschenhefte, Klatsch- und Tratschblätter, die einzig und allein Werbung an den Mann bringen wollen: »Das Neueste über Jack the Ripper«. Sie handeln mit schlüpfrigen Gewaltgeschichten. Wenn Berichte über eine Entführung in der Zeitung erscheinen, wie müssen die Hersteller von Kinderbeschäftigungsprodukten dann jubeln! Mehr Umsatz! Höhere Aktienkurse! Glückliche Investoren! Reiche Vorstandsmitglieder, die sich an der Angst eine goldene Nase verdienen!

Wildheit dagegen ist dem System nicht genehm. Der britische *Crime and Disorder Act* von 1998 ermächtigt die Polizei, Schulschwänzer von öffentlichen Plätzen zu entfernen. Eine Zeitung berichtete: »Einige Minister wollen es zu einer Straftat erklären, wenn Eltern ihren Kindern den unbeaufsichtigten Aufenthalt auf öffentlichen Plätzen erlauben.« Die Idee, Kinder zähmen zu wollen, wurzelt in der puritanischen Haltung zu den Kleinen, welche mehr oder weniger besagt, dass Kinder wild sind und man ihnen die Wildheit austreiben muss. Hier der protestantische Prediger Jonathan Edwards: »So unschuldig Kinder uns zu sein scheinen, … [sie] sind junge Vipern, und um vieles hassenswerter als Vipern … Sie sind von Natur aus unvernünftig und dumm«.

Diese Sichtweise diente den Puritanern als Rechtfertigung für die grausame Zähmung ihrer Kinder: »Brecht ihren Willen, so mögt ihr ihre Seelen retten«, wie John Wesley sagte. (Eine ähnliche Einstellung hatten sie übrigens zu den amerikanischen Ureinwohnern, die in ihren Augen Barbaren waren, obwohl sie viele der frühen Siedler vor dem sicheren Tod gerettet hatten.) Und so wurde die kindliche Bestie mit Disziplin und Fabrikarbeit gezähmt. Eine gehirngewaschene Arbeiterin einer Spinnerei im Massachusetts des 18. Jahrhunderts erinnert sich an ihre Kindheit:

> Die Disziplin, welche die Arbeit uns brachte, war von großem Wert. Jede Stunde mussten wir auf die Minute genau unsere vollen Spulen in der Fabrik abgeben und gegen leere austauschen. Jeden Tag gingen wir zur gleichen Stunde zu den Mahlzeiten und zurück an die Arbeit. In geregelten Abständen arbeiteten und spielten wir, und so wurden unsere Hände gewandt, die Finger flink, die Füße schnell, und wir erlernten die tägliche Gewohnheit von Regelmäßigkeit und Fleiß; tatsächlich war es eine Art Handarbeitslehre oder gewerbliche Schule.

Oder lesen Sie einfach Dickens, wenn Sie wissen wollen, wie dieser Ansatz später in britischen Schulen und Fabriken zum Ausdruck kam. Als viktorianische Philanthropen schließlich Einwände gegen die Kinderarbeit erhoben, führten sie stattdessen die Pflichtschule ein, die die gleiche Aufgabe zu erfüllen hatte, nämlich Kinder an feste Vorgaben und lange, langweilige Tage zu gewöhnen. Staatlich finanzierte Bildung wurde im Jahr 1833 eingeführt, nicht zuletzt mit dem Ziel, unsere Kinder so weit zu domestizieren, dass sie sich widerstandslos der Lohnsklaverei unterwerfen.

Und dabei versuchen auch wir, der Wildheit unserer Kinder schon von jungen Jahren an Einhalt zu gebieten. Nacktheit zum Beispiel wird allgemein missbilligt. Sarah Janes, die oft für den *Idler* schreibt, erzählt die herrliche Geschichte, wie ihr Neffe seine Großeltern schockierte. Der vier Jahre alte Junge hörte zum ersten Mal über Kopfhörer Musik:

> Sein verzücktes Gesicht, das Glitzern der Tränen in seinen Augenwinkeln, sein perfekter Körper, der vor Freude glühte – ein Anblick, den ich nie vergessen werde. In seiner Begeisterung fing der Junge an, sich die Kleider vom Leib zu reißen, und die ganze Familie versuchte ihn dazu zu bringen, sich wieder anzuziehen. Er streckte uns seinen nackten Hintern hin, und dann, weil er sich wohl nicht ausreichend nackt fühlte – vielleicht, weil er nicht genügend innigen Kontakt mit jedem einzelnen freudvoll vibrierenden Luftpartikel verspürte, zog er die Backen auseinander und zeigte uns sein Arschloch. Meine Eltern sagten: »Das reicht, Jack. Das ist nicht witzig.«

Meine Kinder haben genau das Gleiche gemacht. Bevor ich Sarahs Artikel gelesen hatte, war ich versucht, mit Joyce Grenfell zu sagen: »Henry, lass das.« Doch danach dachte ich mir, wen kümmert's? Wenn wir sie schelten, weil sie Spaß haben, werden all die kleinen Jacks lernen, nicht nur ihr freudvolles Arschloch, sondern auch ihren wilden Geist zu verstecken. Wir zähmen, unterdrücken und ersticken unsere Kinder. Noch einmal: Das ist eine postindustrielle Zwangsvorstellung. Sehen Sie sich mittelalterliche Kathedralen an, und Sie finden an allen Säulen und Pfeilern nackte Hintern und exponierte Genitalien. Ein Relief auf einem Kragstein in Notre-Dame Les Miracles in Mauriac zeigt einen nackten weiblichen Schlangenmenschen, Anus und Vagina weit geöffnet. In der Kirche St. Pierre in Campignolles gibt es ein Relief von einem Mann, der seine Arschbacken zeigt. Ein wunderbares Arschloch gibt es auch im Innenhof des Hostal de los Reyes Católicos in Santiago de Compostela zu bewundern. Ganz zu schweigen von den zahllosen Darstellungen von Männern und Frauen beim Sex, die sich in mittelalterlichen Kirchen finden. Heutzutage wären solche architektonischen Details bei jedem Gebäude, nicht nur in Kirchen, undenkbar, so prüde sind wir geworden. Und dabei halten wir uns für so wahnsinnig liberal! Offensichtlich haben hundert Jahre der viktorianischen Prüderie schwere psychische Schäden hinterlassen, da hilft auch der eine oder andere Bus voller Fußballfans wenig, die auf der Autobahn den nackten Arsch gegen die Scheibe pressen. Vielleicht ist es seit den 1950er Jahren etwas besser geworden, als in den Schulen noch allgemein das Masturbieren verboten war, wie A. S. Neill schreibt. Dennoch scheint mir, dass wir längst nicht so frei sind im Denken, wie wir gern glauben, und uns für unsere vermeintliche Freisinnigkeit gegenseitig auf die Schulter zu klopfen ist nicht nur anmaßend, sondern auch dumm.

Das große Ordnen und Zähmen der Welt, das als Deckmantel für eine neue Form der Brutalität und einen neuen Willen zur Ausbeutung diente, begann im 15. Jahrhundert und hält bis heute an. Eine Kindheit im Mittelalter war weit weniger streng überwacht, kontrolliert und reguliert als eine moderne Kindheit. Zugleich existierten verschiedene Bildungseinrichtungen, und viele unserer Universitäten wurden im Mittelalter gegründet. Mittelalterliche Ärzte übernahmen die römische Unterteilung der Kindheit in drei Phasen: *Infantia* – von der Geburt bis zum siebten Lebensjahr; *Pueritia* – sieben bis zwölf für Mädchen und sieben bis vierzehn für Jungs; und *Adolescentia* – zwölf bzw. vierzehn bis einundzwanzig. Mit Kleinkindern waren die Menschen des Mittelalters überaus umsichtig: In Erziehungshandbüchern aus dem 14. Jahrhundert werden Mütter angehalten, das Kind jeden Morgen zu baden und mit ihm zu spielen.

Kinder haben viel früher angefangen zu arbeiten, und vielleicht war das gar nicht so schlecht: Jungs und Mädchen machen sich gern nützlich, sie leisten gern ihren Beitrag. Im Grunde hindert die Schule Kinder daran, sich in der Gesellschaft nützlich zu machen. Sie trennt sie ab vom Rest. Auch gab es damals sehr viel weniger Bücher über das Formen von Kindern. Den Moralisten war noch nicht in den Sinn gekommen, dass Kinder Experimentiermaterial für die moralische Erziehung sein könnten. Locke sagt, er habe seine *Gedanken* für den Sohn eines bestimmten Gentlemans geschrieben, den er, »als er damals noch sehr klein war, nur als weißes Papier oder Wachs ansah, das man bilden und formen kann, wie man will«.

Respektieren Sie das Kind, denn jedes ist einzigartig und anders. Helfen Sie Ihren Kindern, ihren eigenen Weg zu gehen. Das soll nicht heißen, dass Sie schlechtes Betragen tolerieren sollten. Ein paar Regeln braucht man, ansonsten stellen sie einem die ganze Bude auf den

Kopf. Keine Stiefel im Haus, lautet eine von unseren. Aber wir haben diese Regel nicht als Teil der moralischen Erziehung der Kinder aufgestellt, sondern aus rein praktischen und persönlichen Gründen: Ich habe keine Lust, ihren Dreck wegzumachen. Unsere Regeln sind subjektiv, nicht objektiv. Wir führen keine übergeordneten Autoritäten an oder sagen: »Das ist schlecht.« Besser als »Das ist schlecht« ist: »Mir gefällt das nicht.« A. S. Neill sagt, er würde ein Kind anschreien, das mit schlammigen Stiefeln in sein Büro marschiert. Aber das ist etwas ganz anderes als eine kalte, harte Regel, wo jedes Zuwiderhandeln kühl bestraft wird. Ich persönlich finde, Schreien und die Nerven verlieren sind zwar unbedingt zu vermeiden, aber immer noch besser, als das Kind kühl abzukanzeln nach dem Motto: »Du hast etwas falsch gemacht, und ich werde dich jetzt dafür bestrafen.« Bei Ersterem bleibt man Mensch. Letzteres ist der Versuch, sich als eine höhere Macht zu gerieren, ein alttestamentarischer Jehova.

Fürchten Sie nicht den wilden Geist. Ich erinnere mich noch gut, wie die namhafte Heavy-Metal-Band Zodiac Mindwarp and the Love Reaction in unserer Scheune ein Konzert gab. Ein Achtjähriger und ein Zehnjähriger sind bei der Musik komplett durchgedreht: Luftsprünge, Headbanging, wilde Blicke – sie haben gerockt! Einen ähnlich urtümlichen Ausdruck habe ich auf den Gesichtern von Jungs am Lagerfeuer gesehen. »Knaben lieben ein Lagerfeuer«, wie William Cobbett in *Cottage Economy* im Kapitel übers Schweineschlachten berichtet. Am Lagerfeuer kann der urtümliche Geist sich Ausdruck verschaffen. Lagerfeuer verbinden mit der Natur. Außerdem können sie zu meditativem Ins-Feuer-Starren animieren. Wahrscheinlich werden sie in naher Zukunft aus Gesundheits- und Sicherheitsgründen verboten.

Ich sollte hinzufügen, dass ich der festen Überzeugung bin, dass Männer und Frauen ab und an einer dionysischen Orgie bedürfen. Sich ein paarmal im Jahr gehen zu lassen ist wichtig für Eltern. Liefern Sie die Kinder für drei Tage bei Ihren Eltern ab. Legen Sie den Detroit-Techno ein, berauschen Sie sich und tanzen Sie die ganze Nacht. Eltern neigen dazu, nach der Geburt ihrer Kinder übertrieben ernst zu werden. Aber wir müssen das Leben als einen Tanz betrachten, nicht als Strafe, nicht als Arbeit.

Wir sollten unsere eigene Welt und die unserer Kinder mit Freude erfüllen. Das muss gar nicht viel kosten. Hier ein paar bescheidene praktische Vorschläge meinerseits. Aber natürlich werden Sie, sobald Ihr Geist in diese Richtung zu denken beginnt, ganz eigene Ideen entwickeln.

a) Feuer

Machen Sie so oft wie möglich ein Feuer. Verbrennen Sie Zeug. Und ich rede hier nicht vom Grillen, jenem sittsam artigen vorstädtischen Feuerersatz, sondern von echtem Feuer. Bauen Sie mit einem Kreis aus Steinen eine Feuerstelle im Garten. Drinnen Altpapier und Pappe. Sammeln Sie aus Containern oder im Park Zweige und Holzreste. Ein Lagerfeuer nach der Schule macht viel mehr Spaß als Fernsehen und Computerspiele. Arthurs Vorstellung vom Himmelreich besteht darin, am Feuer Marshmallows zu rösten. Und auch Eltern haben Spaß daran, denn auch wir brauchen sehr viel öfter den Kontakt zum Ursprünglichen. Besonders Väter haben ihre Freude an einem

Feuer. Und vielleicht können Sie sich einen großen Koch-topf besorgen und ihn übers Feuer hängen und im Freien kochen und essen. Ein gutes Feuer brennt bis zum Mor-gen, was den Spaß verdoppelt: Vor der Schule (voraus-gesetzt, dass Sie, im Gegensatz zu uns, die Zeit haben) zeigen Sie den Kleinen, wie man die oberen Schichten der Asche entfernt und die glühenden Kohlen darunter freilegt, die immer noch heiß genug sind, um die übrig gebliebenen, halb verbrannten Zweige in Brand zu set-zen und das Feuer wieder zu entfachen.

b) Raus ins Freie

Einige meiner glücklichsten Kindheitserinnerungen gel-ten jenen Wochenenden, die wir im großen Garten der Freunde meiner Eltern verbracht haben, wo wir unbeauf-sichtigt spielen konnten, dabei immer noch nah genug am Haus, um jederzeit zurücklaufen und jemanden holen zu können, wenn etwas passiert war. Später, als wir älter waren, verbrachten wir viele Stunden im Richmond Park. Mein Vater war oft ganze Tage lang mit uns dort, als wir noch kleiner waren, und hat auf einem Camping-grill Würstchen gebraten – was für eine Freude. Daher kannten wir den Park irgendwann so gut, dass wir auch allein hingehen konnten. Heute ist es noch besser: Wenn die Kinder schlafen, können die Eltern im Gebüsch Sex haben. Entdecken Sie den Grünen Mann in sich.

c) Sofaspiele

Warum aufstehen? Es ist erstaunlich, wie viel Spaß man mit den Kindern haben kann, ohne sich vom Sofa zu erheben. Kitzeln oder Fangen habe ich ja schon erwähnt.

Sie können auch Angreifer abwehren. Die Kinder können durchs Zimmer rennen, und Sie versuchen, ihnen ein Bein zu stellen oder sie zu fangen. Die Kleinen können Sie auch mit Bällen bewerfen. Sie können auf Ihnen herumklettern. Ich habe schon oft gedacht, dass es doch mal lustig wäre zu sehen, wie lange man vom Sofa aus mit den Kleinen spielen kann.

d) Auf in den Wald

Wenn Sie das große Glück haben, eine *Woodcraft Folk*-Gruppe in der Nähe zu haben, werden Sie Mitglied. Meine Freundin Sam sagt, dass sie nie gern zur Schule ging, aber immer gern zu *Woodcraft Folk*, einer konkurrenzfreien Version der Pfadfinder (die wiederum ich nie gemocht habe, weil sie so stramm organisiert und so hierarchisch waren). Die gehen zelten und spielen im Wald und lernen was über die Natur und wie man Sachen baut. *Woodcraft Folk* war für Sam die Möglichkeit, vor den Blicken der Schule und der Eltern zu fliehen. Dort durfte sie wild sein.

e) Catchen

Dies, wenn ich das so sagen darf, war ein Riesenerfolg. Wir machen das jetzt jeden Abend nach dem Abendbrot. Ich bin darauf gekommen, weil ich den Eindruck hatte, dass insbesondere die Jungs einen Überschuss an aufgestauter Energie hatten, der sich auf hilflose Weise Ausdruck verlieh, durch Geschrei und Wutanfälle und allgemeinen Zerstörungsdrang zum Beispiel. Noch dazu macht es Spaß, den Kindern genau wie dem Vater, und Mama hat Zeit, ungestört irgendwelche Sachen zu erle-

digen. Die Regel lautet: Ich gegen alle. Die drei Kleinen stehen in einer Ecke des Wohnzimmerteppichs, ich
in der anderen. Ich verkünde: »Erste Runde, drei, zwei,
eins«, und Henry sagt: »Ding, ding.« Dann schleichen
wir im Ring umeinander her. Ich packe Arthur mit beiden Armen, wir geben Grunzgeräusche von uns, dann
hebe ich ihn in die Luft. Die beiden anderen springen
mir auf den Rücken wie kleine Affen, die einen Bären
zu Boden zwingen wollen. Ziel ist, dass entweder ich
alle drei zehn Sekunden lang festhalte, dann habe ich
die Runde gewonnen, oder sie halten mich zehn Sekunden lang am Boden. Der Kampf geht über drei Runden
(dann kann ich auch nicht mehr). Die Kinder lieben es.
Henry will es den ganzen Tag: »Papa, können wir catchen?«, fragt er mich, während ich arbeite. Es macht einfach Spaß, zu brüllen und zu schreien und zu sehen, wie
sie vor Aufregung ganz rote Köpfe kriegen. Es macht sie
müde, und ich hoffe, dass es ein Ventil ist für den wilden
Kerl in ihnen.

12. Ein Nein zu Familienausflügen

Wer eine Freude festzuhalten sucht,
zerstört das beflügelte Leben.
Wer die Freude küsst in ihrem Flug,
lebt im Sonnenaufgang der Ewigkeit.
William Blake, »Sonnenaufgang der Ewigkeit«

Es kann gar keine absurdere Erfindung der modernen Industriegesellschaft geben als den Familienausflug. Die ganze Woche lang hat man Stress bei der Arbeit, weil man anderer Leute Vorstellungen von dem, was man zu sein hat, zu entsprechen versucht. Man ist müde, schlecht gelaunt und von Schuldgefühlen geplagt, weil man die eigenen Kinder kaum gesehen hat. Es ist an der Zeit, denkt man sich, den Kindern eine Freude zu machen, etwas zusammen zu unternehmen. Ich hab's! Jagen wir dem Spaß hinterher! Packen wir alle Mann ins Auto und gesellen uns zu den anderen verzweifelten Familien im Vergnügungspark! Da können wir jede Menge Geld aus dem Fenster werfen, und alles wird gut.

Der Ärger fängt schon mit dem unbeschreiblichen Theater an, alle aus dem Haus zu kriegen. In Vor-Kinder-Tagen bin ich einfach locker aus dem Haus spaziert. Heutzutage lässt sich das nicht mehr bewerkstelligen, ohne vorher eine Stunde lang zu brüllen, nach verlorenen Socken und Schuhen zu suchen, zu keuchen und zu stöhnen und zu schreien und Firma Römer mitsamt ihren grausamen Erfindungen im Dienste der Sicherheit des Kindes zu verfluchen. (Diese vermaledeiten Kindersitze mögen dazu geeignet sein, das Kind in seiner Bewegungsfreiheit einzuschränken, aber zugleich verursachen sie erhebliche psychische Schäden beim Vater, ganz zu schweigen von den körperlichen Schmerzen bei dem Versuch, die Sicherheitsgurte einrasten zu lassen.) Und dann gilt es noch, diverse Spielsachen zu finden, ohne die die Kinder die Fahrt anscheinend unmöglich antreten können. Kürzlich haben wir den schrecklichen Fehler begangen, einen DVD-Spieler ins Auto einzubauen, weil wir hofften, die Kinder damit auf längeren Fahrten ruhigstellen zu können. Kann helfen, nehme ich an, aber das verfluchte Ding hat noch nicht ein Mal einwandfrei funktioniert, und somit ist die unendliche Tortur, das Haus zu verlassen, um noch eine Aufgabe erweitert worden: das Gerät zum Laufen zu bringen. (Was gab es eigentlich an Tagträumen und »Ich sehe was, was du nicht siehst« auszusetzen?)

Und dann geht die Hölle erst richtig los.

Wir fahren los Richtung Vergnügungspark. Die Kleinen streiten. »Lila hat mich geschlagen!« »Henry hat mich gebissen! Mit Absicht!« »Arthur hat mir eine Kopfnuss verpasst!« Die drei sicher auf dem Rücksitz festgeschnallten Kinder fangen an, aufeinander einzuschlagen. Jedes Kind hat seine ganz eigene, einzigartig nervige Heulstimme entwickelt. Die von Delilah ähnelt einem anhaltenden Moskitosummen mit hilflosen Schluchzern zwischendurch, die sie augenscheinlich daran hindern, ihren Kummer in Worte zu fassen. Arthur heult, als würde die Welt gleich untergehen, und alles ist so doll unfair und gemein. Henry gibt Geräusche von sich, auf die die Macher von *Der Exorzist* stolz gewesen wären, hätten sie sie in ihrem Film einsetzen können. Nun fangen Mutter und Vater an zu zetern. Mutter dreht sich nach hinten um und schreit: »Wie oft soll ich dir das noch sagen? Lass ihn in Ruhe!« Und Papa brüllt: »Genau, Arthur, noch ein Mal, und es gibt kein Eis. Ich meine es ernst.«

Papa schaut angespannt in den Rückspiegel, um zu sehen, was da hinten vor sich geht. Einen kurzen Moment lang gratuliere ich mir dazu, nicht die Nerven verloren zu haben. Dann bricht es plötzlich aus mir heraus. Es kursieren Geschichten, wie ich zum Berserker wurde, wie ich geflucht und vor Wut gegen die Windschutz-scheibe geschlagen habe. Und wenn ich die Nerven ver-liere, nimmt Victoria das als Stichwort, ihre moralische Überlegenheit unter Beweis zu stellen und Sätze raus-zuhauen wie: »Wir haben genug von dir«, was mich nur noch mehr auf die Palme bringt, nur kann ich meine Wut nicht richtig zum Ausdruck bringen, weil wir alle in die-ser wunderbaren Blechkiste eingesperrt sind. Sekunde für Sekunde verbrennen wir Öl, und die Benzinpreise stei-gen täglich. (Die durchschnittlichen Kosten für die Hal-tung eines Pkw liegen angeblich bei 5000 Pfund pro Jahr und steigen stetig – stellen Sie sich vor, wie oft Sie dafür Taxi fahren könnten. Brauchen wir das Auto wirklich? Bestimmt wäre es sinnvoll, sehr viel weniger zu fahren. Zu Hause bleiben statt Familienausflug ist noch dazu die ökologische Variante: kein Rohstoffverbrauch und keine Kosten! Schaffen Sie sich mit geringem Einkommen ein gutes Leben, und Sie sind in einer sehr starken Position:

Sie müssen nach niemandes Pfeife tanzen und können der Großindustrie und der Regierung eine lange Nase drehen.)

Früher oder später kommen wir beim Vergnügungspark an, und das überwältigende Gefühl, verarscht zu werden, überfällt uns. Wir werden über den Tisch gezogen, ausgenommen, zum Opfer gemacht, sie verdienen an unserer Schwäche. Hier verbringt der Sklave seinen freien Tag. Aber sollte man für Vergnügen bezahlen müssen? Faule Elternschaft ist kostenbewusste Elternschaft. Unbedingt und zu jeder Zeit müssen wir das Geldausgeben vermeiden.

Als Nächstes dann die grauenhafte Langeweile beim Schlangestehen vor den Fahrgeschäften, wobei man müßig Spekulationen über die anderen Familien um sich herum anstellt: Sind sie glücklich? Fahren die auch nach Hause und schlagen mit den Türen, schreien sich an und haben schlechte Laune? Der Vergnügungspark ist ein seltsam einsamer Ort. Hunderte von Familien schlurfen aneinander vorbei, ohne ein Wort zu wechseln, wie stumme Zombies. Das Mittagessen ist ein überteuerter Albtraum im Plastikpack. Die Zeit schleicht dahin: Es ist erst zwei Uhr. Wann kann ich endlich raus aus diesem Höllenloch? Die Kinder wollen immer noch eine Fahrt. Und zum Schluss geht man in den Souvenirladen, der geschickt am Ausgang platziert ist, und sagt tausendmal »Nein«. Hier sehen wir das Paradox der Fülle: Einkaufen bedeutet im Grunde nicht einkaufen, denn für jedes Teil, das man kauft, hat man zu tausend anderen »Nein« gesagt. Weit davon entfernt, eine Übung in Großzügigkeit zu sein, geht es beim Einkaufen nur um Selbstbeschränkung: Ich kann mir nur so und so viel leisten. Und wie großzügig man sich auch zu sein erlaubt, muss man dennoch seine ganze Energie darauf verwenden, die Kinder davon abzuhalten, noch mehr zu kaufen. Dem Einkaufen ist die Enttäuschung immanent. Das Kind ist zutiefst frustriert, weil es einen Blick auf verbotene Freuden erhascht hat: Man stelle sich nur vor, was die Eltern ihm alles hätten kaufen können, wenn sie nur nicht so gemein oder so arm wären.

Genau das Gleiche gilt für Museen. Kürzlich habe ich mit Arthur das Naturhistorische Museum besucht und muss sagen, es war ein, um den Lieblingsausdruck von William Morris für den minderwertigen Ausstoß industrieller Produktion zu verwenden, schäbiges Erlebnis. Schäbige Ausstellungsstücke, schäbige Gestaltung und schäbige Dekoration, alberne Gehwege, die den Räumen ihre Pracht nehmen. Und man hat das gleiche erstickende Gefühl des Eingesperrtseins wie im Vergnügungspark: Durch Tore und Drehkreuze und vorgezeichnete Routen, denen man brav zu folgen hat, werden wir in unserer Bewegungsfreiheit eingeschränkt. Ich fühle mich verloren an solchen Orten.

Und woran liegt es, dass sich anscheinend nur meine Kinder bei Familienausflügen so unmöglich aufführen? Die Kinder anderer Leute sind ein Muster an Zurückhaltung. Aber seien Sie versichert: Alle Eltern erleiden die gleichen Qualen. Wären wir doch nur mit ihnen ins Grüne gefahren! Das Leben könnte so einfach sein.

Dann die Höllenqualen der Rückfahrt. Kinder und Eltern sind gereizt und zappelig. Die Kinder wollen grundsätzlich länger bleiben als die Eltern: »Wir gehen jetzt.« »Oooooo! Warum? Warum? Warum?« Höchstwahrscheinlich kommen die Kleinen gerade von ihrem durch Junkfood induzierten Zuckerrausch herunter. Auf der Rückbank treten sie um sich, ziehen sich gegenseitig an den Haaren und reißen sich die neuen Spielsachen aus den Händen. Die Drohung, sie auf dem nächsten Parkplatz auszusetzen, scheint die Lage nicht zu verbessern. Selbst wenn ich den Motor abstelle, streiten sie weiter. Die beste Vorgehensweise, wenn auch nicht leicht durchzuführen, besteht unserer Erfahrung nach darin, ihnen keine Beachtung zu schenken. Ich erinnere mich an eine Autofahrt, bei der V. und ich schlichtweg zu müde waren, uns mit ihnen herumzuschlagen. Es war uns einfach egal. Sie haben sich auf der Rückbank gezankt und irgendwann, wie durch ein Wunder, und ohne jegliches Eingreifen von Seiten der Autoritäten aufgehört. Wahrscheinlich mischen wir uns viel zu oft ein. Ohnehin ist es für mich grundsätzlich unmöglich herauszufinden, wer angefangen hat, wer recht hat und wer nicht. Jedes Mal scheitere ich unweigerlich bei dem Versuch, den unparteiischen Richter zu spielen. Alle ihre Versionen klingen immer so überzeugend. Und zu guter Letzt, wenn wir wieder zu Hause sind, sage ich: »Okay, ich gehe jetzt raus und komme in drei Minuten wieder. Ihr macht das unter euch aus.« Erstaunlicherweise funktioniert das.

Nach dem Abendbrot, bei dem die Kleinen sich vermutlich komplett danebenbenommen haben, müssen sie gebadet und zu Bett gebracht werden. Der Abend lockt mit ein, zwei Stunden erschöpften Alkoholgenusses, bevor wir um halb elf auf dem Bett zusammenbrechen, enttäuscht und ein gutes Stück ärmer.

Die faule Variante ist das nicht.

Der wahre Müßiggänger genießt es, zu Hause zu bleiben. Zu Hause sind wir frei. Wir können tun und lassen, was uns Spaß macht, und das vollkommen gratis. Die Kinder können durch die Gegend rennen, während Sie ein Buch lesen. Unter Ihrem eigenen Dach und vor Ihrer eigenen Haustür wartet eine Welt der Abenteuer und des Lernens. Mittlerweile verbringen wir oft den ganzen Samstag und den ganzen Sonntag zu Hause. Wir spielen in der Küche. Wir kochen zusammen. Eines glücklichen Tages saß ich im Sessel und las meine Biografie von William Morris, während Henry auf dem Fußboden mit seinen Spielzeugtraktoren spielte, Delilah Papier zerschnipselte und Arthur *The Beano* las. Später bastelte ich mit Delilah eine Sonnenbrille aus einer Cornflakespackung. Kinder lieben es, zu basteln, zu spielen, beschäftigt zu sein. Sie lieben es, sich selbst eine Beschäftigung auszudenken. Viele Leute haben Angst, den ganzen Tag zu Hause zu verbringen, weil sie glauben, dass die Kinder sich langweilen. Wir jagen äußeren Reizen nach und begreifen nicht, dass wir alle einen riesigen unerschlossenen Vorrat an Kreativität in uns tragen. *Aber die Dinge passieren ganz von allein.* Sie müssen dazu nicht aus dem Haus gehen. Wir vermeinen, Spaß zu haben im Vergnügungspark, aber in Wahrheit ist es eine lähmende Art des Spaßes, weil er passiv ist. Dabei folgt er dem vertrauten Muster des Lebens im 21. Jahrhundert: endlose Perioden der Langeweile, dazwischen ab und zu ein wenig Aufregung. Und wir brauchen keine größere Anstrengung zu unternehmen, als gelegentlich das Portemonnaie zu zücken. Wir lassen uns, gegen Geld, von den Karussellen durch die Luft wirbeln: ein Abklatsch von Spaß. Zu Hause kann man Scrabble spielen, auf dem Fußboden essen, die Kinder können Höhlen bauen. Man kann lernen, mit den Kleinen zu spielen, oder man widmet sich den eigenen Aufgaben und Vergnügungen und lässt die Kinder um einen herum existieren. Man muss sich nicht einmal die Mühe machen, mit ihnen zu spielen. Mein Freund James spielt nie mit seinem Sohn. Ich habe ihn gebeten, mir das zu erklären:

> »Produktive Nichtbeachtung« lautet die Devise: den Jungen seinen eigenen Betätigungen überlassen, damit ich meinen frönen und er zugleich die Kunst des Auf-sich-Gestellt-Seins trainieren kann, welche ihm in Zukunft auf Flughäfen, in Wartezimmern und Gefängnissen zugutekommen wird. Passiert ist das ganz einfach deshalb, weil ich das SPIELEN auf seinem Niveau, das Schwenken von winzigen Figürchen und dergleichen, aus irgendwelchen Gründen als geisttötend empfand – die willkürlichen und despotischen Regungen des kindlichen Geistes und all das. Erfreulicher Nebeneffekt: Wenn man sich in Momenten der Großherzigkeit darauf einlässt, sich auf sein Spielniveau herabzubegeben, ist er unglaublich dankbar …

Zum Thema Museen sollte ich hinzufügen, dass England mit unzähligen exzentrischen kleinen Museen gesegnet ist, die sehr viel mehr Charme haben und sehr viel interessanter sind als die großen, für den Fall, dass Sie einmal den Wunsch verspüren sollten, die Keine-Familienausflüge-Regel zu brechen und statt der einschlägigen Museen ein kleines aufzusuchen. Zum Beispiel habe ich neulich durch simples zielloses Umherwandern ein wunderbares Kuriositätenmuseum mit Namen Grant Museum auf der Gower Street in London entdeckt. 55 000 Ausstellungsstücke in einem einzigen Kellerraum. Man findet dort Elefantenschädel und Frösche in Einmachgläsern. Kein Besucher weit und breit, und alles ist in einem liebenswerten, kunterbunten Durcheinander arrangiert, wie die private Sammlung eines viktorianischen Gentlemans und Entdeckers. Und kein Souvenirladen am Ausgang!

Oder man macht ein eigenes Museum. Einmal hatte ich die Idee, ein Schreckenskabinett einzurichten. Ich habe einige der furchtbarsten Weihnachtsgeschenke an die Wand gehängt, zum Beispiel die Krawatte mit den fluoreszierenden Pilzen, die mein Vater mir mal geschenkt hat, bin mit einer Kerze in der Hand von einem Stück zum nächsten gewandert und habe Entsetzensschreie ausgestoßen. Stellen Sie irgendwelche Sachen auf ein Regal. Kaufen Sie ein Schmetterlingsnetz. Naturgeschichte gibt es überall, nicht nur in einem Londoner Museum. Denken Sie an die Worte Nabokovs: »Meine sind die intensivsten Freuden, die die Menschheit kennt: Schreiben und Schmetterlingsjagd.« Statt in einen Vergnügungspark zu fahren, bauen Sie ein Baumhaus. Unseres haben wir für fünfzig Pfund zusammengehämmert, hauptsächlich aus Sachen, die herumlagen. Entdecken Sie Ihre Straße, Ihren Garten, Ihr Haus. Die bergen einen großartigen Vorrat an Freude und Spaß, den Sie nur noch zu ergreifen brauchen, und Sie müssen gar nicht weiter schauen als zwischen die eigenen zwei Ohren. Ihr eigenes Haus kann voller Abenteuer stecken. Um sicherzustellen, dass Ihre erwachsene Feinsinnigkeit nicht verkümmert, und um die ständig lauernde Gefahr abzuwehren, zu einem ressentimentgeladenen Sklaven Ihrer Kinder zu werden, sollten Sie außerdem stets ein gutes Buch zur Hand haben – Gedichte, Essays, Romane. Kurze Romane sind gut, Kurzgeschichten sehr gut.

Man kann die Zeit mit den Kindern auch dazu nutzen, selbst etwas dazuzulernen. Jetzt ist die Zeit, sich endlich selbst das Zeichnen beizubringen. Zeichnen Sie mit den Kleinen. Üben Sie, indem Sie Tiere aus Büchern abzeichnen. Bei einem Urlaub in Cornwall habe ich mir beigebracht, einfache Krabben und Hummer zu zeichnen. Und wenn Sie das Tierezeichnen auf die einfachsten Grundzüge reduzieren, können Sie es den Kindern beibringen, und die werden mächtig stolz sein auf ihre Werke. Wir geben viel zu viel Verantwortung fürs Lernen und Kreativsein an die Schule ab. Wir müssen zu Hause lernen und lehren. Das muss keine Qual sein, sondern kann Eltern und Kind großen Spaß bereiten. Sie müssen nur immer darauf achten, dass Sie sich wirklich und ehrlich amüsieren. Etwas nur für andere zu tun kann zersetzende Ressentiments in uns wecken, die sich irgendwann auf ungesunde Weise Bahn brechen, in Form von Krebs zum Beispiel. Ihre vornehmste Pflicht ist Ihr eigenes Glück. Wenn Sie unglücklich sind und rein aus Pflichtgefühl heraus handeln, statt aus echter Liebe und Großzügigkeit, werden die anderen das spüren, und das Ergebnis wird ein hässliches sein. Seien Sie fertig mit dem Abwasch und sitzen Sie am Küchentisch, wenn die Kinder von der Schule nach Hause kommen. Seien Sie ein Vorbild an Faulheit.

Noch ein wichtiger Ratschlag zum Thema Familienausflüge: *Trennen Sie sich*. Jede denkbare Kombination aus Familienmitgliedern – *jede* – ist, wie wir festgestellt haben, einfacher, als wenn wir uns zu fünft in die Blechkiste quetschen. Mehr noch: Jede andere Kombination macht für gewöhnlich mehr Spaß. Ich würde es bei weitem vorziehen, mit den drei Kindern allein irgendwo hinzufahren, als dass wir alle fünf losziehen. Wenn ich auf mich gestellt bin, ist manches einfacher: Ich tue, wozu ich Lust habe. Da ist niemand, mit dem ich diskutieren muss, und keiner, auf den ich die Verantwortung abwälzen kann: Die liegt allein bei mir. Noch dazu hat das den gewaltigen Vorteil, dass Victoria mal ihre Ruhe hat. Aus dem gleichen Grund habe ich nichts dagegen, mich drei Tage am Stück um die Kinder zu kümmern, wenn V. eine Auszeit braucht oder Freunde besuchen will. In gewisser Weise macht das vieles leichter, weil man sich ganz und gar der Aufgabe verschreibt, ohne im Stillen zu hoffen, dass der andere die Arbeit macht. Und irgendwann habe ich dann mal drei Tage für mich. Regelmäßige Pausen voneinander sind essenziell.

Oder teilen Sie sich in zwei Gruppen auf. Ich habe festgestellt, dass sich meine Kinder, sobald sie aus der gewohnten Struktur der Kernfamilie herausgelöst werden, tadellos benehmen. Alle Dinge haben ihre eigene Natur, und zur Natur der Kernfamilie gehört es, dass sie voller Konflikte steckt. Vielleicht benehmen die Kinder sich besser, wenn sie aus dieser Institution entlassen werden, weil sie dann Individuen sind, denen man Respekt entgegenbringt, und nicht mehr nur Familienmitglieder, von denen erwartet wird, dass sie ihre übliche dysfunktionale Rolle ausfüllen.

Einmal bin ich mit Arthur allein zu seiner Großmutter gefahren, und es war ein wunderschöner Ausflug. Man kann mir vorwerfen, meine eigenen Prinzipien zu verraten, aber wir haben sogar einen Abstecher zu jener jahrmarktartigen Vergnügungszone Brighton Pier gemacht.

Nachdem ich mich von der bitteren Enttäuschung erholt hatte, dass es am Brighton Pier keinen einzigen Flipper mehr gibt, nur diese Geldautomaten, in denen sich die Zwei-Pence-Münzen verführerisch vor unseren Augen stapeln, zum Greifen nah und stets kurz davor herunterzuregnen, haben wir Eis gegessen und sind zu den Karussells am Ende des Piers gegangen. Später haben wir die Penny Arcade mit den alten Spielautomaten aus den zwanziger Jahren entdeckt. Alte Technologie ist so viel liebenswerter als neue, und man spürt deutlich, dass der Eigentümer sehr viel Liebe in seine Penny Arcade gesteckt hat, ganz anders als bei dem sauber durchorganisierten Banditentum am Pier. Arthur sagte später, das sei für ihn das Schönste an dem ganzen Tag gewesen. Kein Gequengel, keine Diskussionen! Die reinste Freude, so mit ihm Zeit zu verbringen, die reinste Freude. Und bei den anderen ist es genauso: Jetzt, wo wir drei Kinder haben, ist es pure Erholung, nur mit einem oder zwei von ihnen zusammen zu sein. Deshalb flehe ich Sie an: Trennen Sie sich! Ihr Leben wird um einiges leichter sein. Teilen Sie die Mannschaft auf, bleiben Sie zu Hause, entdecken Sie Ihren Garten, schicken Sie Ihren Partner übers Wochenende weg. Chillen Sie, wie der Amerikaner sagen würde. Tun Sie nichts. Lassen Sie die Dinge geschehen. Sitzen Sie einfach zusammen am Tisch, fangen Sie an zu reden und schauen Sie, was passiert. Sie werden fasziniert sein von all den wunderbaren Ideen, die der kindliche Geist hervorbringt, und fasziniert ob der Kreativität, die Sie in sich selbst entdecken, wenn Sie einfach einmal innehalten und zuhören. Die Vorstellung von der glücklichen Familie, jene (stets jungen, schönen und wie irrsinnig lächelnden) Familien aus der Werbung der Tourismusindustrie: ein Mythos.

Aber Glück ist nicht unmöglich. Es wäre doch schön, wenn Ihre Kinder, wenn sie groß sind, zu ihren Freunden sagen: »Ich hatte eine glückliche Kindheit.« Das ist sehr viel mehr wert als teure Familienausflüge, Urlaubsreisen, Spielzeug, gute Schulnoten und sportliche Leistungen. Sorgen Sie dafür, dass Ihre Kinder ihr alltägliches Leben genießen – und der beste Weg, das zu tun, besteht darin, jene positive Nachlässigkeit zu finden, einen Ja-sagenden Respekt, die Kleinen in Ruhe zu lassen und trotzdem da zu sein, wenn Sie gebraucht werden. Machen Sie sich keine Sorgen um die Zukunft. Genießen Sie jetzt Ihr Leben mit den Kindern. Lassen Sie sie frei.

Ich sollte auch vor Perfektionismus beim Interieur warnen, besonders wenn noch kleine Kinder im Haus sind. Man kann viel Arbeit und Gedanken und Geld auf die Verschönerung des Heims verschwenden, nur um dann zusehen zu müssen, wie das Ganze von den lieben Kleinen ruiniert wird. Wir haben beschlossen, keine große Mühe in die Heimdekoration zu investieren, solange die Kinder noch klein sind (eine praktische Entscheidung für

faule Eltern, weil sie einem auch sehr viel Arbeit erspart).
Vor ungefähr drei Jahren haben wir renoviert, und zwei
Tage später hatten die Kleinen mit Kugelschreiber große
Kringel und Kreuze auf die Wände und Türen gemalt.
Ich war stinksauer, auf hundertachtzig. Aber mittlerweile sind alle Kinderzimmerwände beschrieben. Und
ich denke: Schön. Noch ein Zimmer, über das wir uns
keine Gedanken mehr machen müssen. Geben Sie auf.
Im Alter haben Sie noch genug Zeit, Ihr Heim zu verschönern. Geben Sie es auf, das ideale Heim schaffen
zu wollen, und erfreuen Sie sich stattdessen am faulen
Heim. Blättern Sie nicht mehr in der *Home of Interiors*,
nur um sich minderwertig zu fühlen (*»Home of Inferiors«*,
scherzte mein Freund Gavin Hills gern). Kein Geldausgeben und keine Sorgen mehr. Wir haben die Raufaser-
tapete lieben gelernt. Das soll nicht heißen, dass Sie jegliches Stilbewusstsein ganz aufgeben müssten, aber weiße
Wände mit ein paar Bildern und eine Geranie machen
schon was her. Beschränken Sie die Einrichtung auf ein
Minimum. Kürzlich haben wir die kaputten Küchens-
tühle entsorgt und dafür zwei Bänke aufgestellt, die ich im
Lagerraum des Gemeindezentrums gefunden hatte. Das
führt augenblicklich zu einer Entrümpelung der Küche,
außerdem haben die Bänke eine so angenehme mittelalterliche Schwingung an sich. Ich mag mittelalterliches
Wohndesign: wenige einfache Holzmöbel. Eine Truhe.
Kahle Wände, dafür überall Stoffe drapiert.

13. Freude beim Essen – und einige Gedanken über Manieren

Die Leute sollten nicht immer so viel nachdenken, was sie tun sollten, sie sollten lieber nachdenken, wie sie sein sollten!
Meister Eckhart (1260–1327)

Mahlzeiten mit der ganzen Familie können eine echte Geduldsprobe sein. Das unruhige Zappeln des Achtjährigen, der einfach nicht still sitzen kann. Er hat Hummeln im Hintern. Der wilde Dreijährige, der Essen durchs Zimmer wirft und in sein Wasserglas plumpsen lässt. Und dann das selbstmitleidige Quengeln der Fünfjährigen: »Henry hat die Schale mit den Streifen! Nie kriege ich die Schale mit den Streifen.« Wie um alles in der Welt haben wir ein solches Horrorszenario geschaffen, und warum benehmen sie sich so daneben? Und wieso macht uns das so wütend? Legen wir wirklich so viel Wert auf Tischmanieren? Jene Familien, von denen man immer wieder hört, die nie zusammen am Tisch sitzen und essen, sondern sich auf dem Sofa vor dem Fernseher Tiefkühlgerichte reinschieben: Vielleicht machen die es richtig. Warum tun wir Eltern uns das an? Nun, weil gemeinsam essen, das Brot teilen, viel Freude machen kann. Vater kann die gesammelten Perlen seines trockenen Humors vom Stapel lassen. Die Kinder können gemeinsam lachen, und Mutter oder Vater können sich an der Zubereitung der Lebensmittel erfreuen. Und wir faulen Eltern wollen der Atomisierung der Nahrungsaufnahme entgegenwirken, wo jeder etwas anderes isst, womöglich sogar in getrennten Räumen. Faule Eltern wollen Harmonie, nicht Trennung.

Schauen wir uns zunächst das Thema Manieren an. A. S. Neill war der Überzeugung, dass wir alle viel zu viel Energie auf Tischmanieren verschwenden. Seiner Erfahrung nach lernen Kinder gute Manieren ganz von selbst, wenn sie älter werden, und eher durch gutes Beispiel als durch Autorität. Und wir wissen ja alle, dass sich unsere Kinder zu Besuch bei ihren Freunden meist sehr viel besser benehmen als zu Hause.

Neill macht einen Unterschied zwischen gutem Benehmen und reiner Etikette. Gutes Benehmen sieht er als natürliches Resultat einer ruhigen und großzügigen Seele: »Benehmen kann man nicht lehren, es gehört dem Unbewussten an.« Etikette, sagt er, »ist der äußere Anschein von gutem Benehmen«. »Künstliche Manieren sind die oberste Schicht scheinheiligen Anscheins, die in Freiheit sofort fallen gelassen wird … In Summerhill verlangen wir von den Kindern keine Manieren, nicht einmal ›Danke‹ und ›Bitte‹. Und dennoch sagen Besucher immer wieder: ›Wie gut die Kinder sich benehmen!‹«

Theoretisch bin ich mit Neill einer Meinung. Der ständig lauernde Elternteil, der seinem Kind etwas zu entlocken versucht, wenn es etwas bekommt (»Wie sagt man?«), hat etwas entschieden Unangenehmes. Das Kind verzieht das Gesicht und nuschelt: »Danke schön.« In der Praxis jedoch ist das nicht so einfach: Ich habe versucht, schlechtes Benehmen zu ignorieren, und bin meist schon an der ersten Hürde gescheitert. Wenn ich sehe, wie Arthur am Tisch rumzappelt und scheinbar nicht in der Lage ist, mit Messer und Gabel umzugehen, und sich das Essen stattdessen mit den Fingern in den Mund stopft, dann, muss ich gestehen, verliert der Puritaner in mir die Nerven.

Es hat den Anschein, dass wir uns zu Hause alle schlecht benehmen. Heute zum Beispiel senke ich schamerfüllt das Haupt, weil ich ein Paar Gummistiefel nach Arthur geworfen und ihn getroffen habe. Er hatte gequengelt und wollte unbedingt vom Auto zum Haus getragen werden, um nur ja nicht seine Gummistiefel anziehen und selbst laufen zu müssen. Und so habe ich die Contenance verloren, weil sein memmenhaftes Gejammer mich wütend machte. Als V. sein schlammbeschmiertes Gesicht sah, war sie sauer auf mich, und das völlig zu Recht. Und überhaupt, wer hat denn diesen Mangel an Zähigkeit in ihm hervorgebracht? Ich kann doch nur mir selbst die Schuld geben. Wir müssen uns auf unsere eigene Freude am schlichten Sein konzentrieren, statt die Handlungen der Menschen um uns herum verändern zu wollen.

Wir alle tun schreckliche Dinge, und womöglich müssen zuerst wir Eltern unser Benehmen verbessern, unseren Kindern und unseren Partnern gegenüber, bevor wir qua autoritärem Zwang Höflichkeit einfordern. Wenn Kinder miterleben, wie die Eltern einander respektlos behandeln, dann ahmen sie das natürlicherweise nach, oder nicht? Können wir unseren Kindern Benehmen und Respekt *befehlen*? Neill glaubt nicht: »Wenn ein Mensch einem anderen ehrlich Respekt erweist, dann tut er das unbewusst. Meine Schüler können mich einen alten Trottel nennen, sooft sie wollen; sie respektieren mich, weil ich ihr junges Leben respektiere ... Meine Schüler und ich haben Respekt voreinander, weil wir uns gegenseitig akzeptieren.«

In früheren Zeiten, und heute noch in altmodischeren Kulturen, wird schon von jungen Jahren an viel Wert auf Höflichkeit gelegt. Aus dem Mittelalter gibt es wunderbare Handbücher über Tischmanieren:

> Macht nicht zu viele Worte, entsagt dem Fluchen,
> Denn all diese Manieren führen nicht zum Guten.

So lautet ein Zweizeiler aus dem spätmittelalterlichen Gedicht namens »Wie das brave Weib seine Tochter erzog«. Im *Rosenroman* finden wir eine Abhandlung über Tischmanieren, die sich an die Dame des Hauses richtet:

> Auch trinke sie Schluck für Schluck;
> und sie trinke nicht in einem Zug
> einen vollen Humpen oder vollen Kelch;
> vielmehr trinke sie wenig und öfter ...

Im 13. Jahrhundert galt Erlesenheit der Manieren als wichtiger Bestandteil der sozialen Harmonie, und obschon ich Neills Argumenten bezüglich Manieren im Allgemeinen zustimme, mache ich bei Tischmanieren eine Ausnahme und geselle mich an die Seite der mittelalterlichen Benimm-Autoren. Ich bin überzeugt, dass wir von der Wiedereinführung von Ritualen bei den Mahlzeiten profitieren würden. Heutzutage fallen wir alle über unser Essen her, sobald es vor uns steht, ohne ein

Dankgebet und ohne den leisesten Hauch eines Rituals. Rituale haben den Vorteil, dass sie die Dinge verlangsamen und Raum schaffen für Reflexion. Wir müssen uns Zeit für die Mahlzeiten nehmen. Weniger Fernsehen, länger am Tisch sitzen.

Was Victoria und mich wirklich in den Wahnsinn treibt, ist, wie pingelig unsere Kinder beim Essen sind. Nachdem Victoria eine gute Stunde damit zugebracht hat, diverse Köstlichkeiten auf den Tisch zu zaubern, ist es schrecklich enttäuschend – nein: ärgerlich –, unsere verwöhnte westliche Brut sagen zu hören: »Das ist eeeeklig.«

»Würg!« (Gefolgt von theatralischem Ausspucken und dem Griff nach dem Wasserglas.)

»Ich hasse Kohl/Brokkoli/Rosinen/Kartoffeln/Nudeln/Fisch.«

Ja, ihre lästigen Listen, was sie mögen und was nicht. »Wieso glaubst du, dass uns das interessiert?«, fragt meine Freundin Alice, wenn die Kleinen anfangen, ihre Listen herunterzuleiern. Vielleicht, weil sie so wenig Kontrolle über andere Bereiche ihres Lebens haben, weil sie so von Regeln eingeengt werden, vielleicht genießen sie es deshalb so sehr, in diesem kleinen Bereich ihre Selbstherrlichkeit auszuleben. Und vielleicht haben wir ihnen auch viel zu oft die Entscheidung überlassen. Wir fragen sie andauernd, ob sie irgendetwas *möchten*, statt es ihnen einfach zu geben. Auch hier liegt, so glaube ich, die Antwort in der Rückkehr zur mittelalterlichen Methode. Setzen Sie allen einen leeren Teller vor (oder besser noch: eine Scheibe Brot – weniger Abwasch!) und stellen Sie das Essen, in kleine Stücke geschnitten, in die Tischmitte. Dann sollen die Kleinen mit den Fingern herauspicken, was sie wollen, ähnlich wie bei Tapas. Stellen Sie Schalen mit Rosenwasser auf den Tisch, in denen man sich die Finger säubern kann. Womöglich ist es der britische Brauch, gewaltige Berge von immer gleichen Komponenten aufzuladen, den unsere Kinder ablehnen. Das muss ja abschrecken – noch dazu wurde es von einer Autorität aufgezwungen, und was wäre besser geeignet, den eigenen Willen zur Unabhängigkeit zum Ausdruck zu bringen, als abzulehnen, was einem angeboten wird?

Führen Sie sich vor Augen, wie wir um sie herumscharwenzeln, wenn sie klein sind, wie wir sie dazu ermutigen, Vorlieben und Abneigungen zu entwickeln, und dann die katastrophalen Ergebnisse: »Möchtest du Wasser? Nein, kein Wasser? Vielleicht Saft? Apfelsaft? Nein? Okay, dann eben Orange. Im blauen Becher? Na gut, im roten Becher. Bitte nicht auf den Boden werfen. Henry, wenn du das noch einmal machst, kriegst du nichts mehr. Henry, hast du gehört, was ich gesagt habe?« Und so weiter.

Victoria und ich sind ein wenig spartanisch und asketisch geworden zu Hause, nicht zuletzt deshalb, weil es das Leben leichter macht. Wir stellen einen Krug mit Wasser auf den Tisch, kein Saft, keine Limonade. Die Kleinen gewöhnen sich schnell daran. Mein Ziel ist es, unsere Küche in eine Dickens'sche Dotheboys Hall zu verwandeln: Die Familie sitzt ordentlich aufgereiht auf den Bänken, alle essen und trinken dankbar, was ihnen vorgesetzt wird. Wasser, Porridge, Brot – mehr nicht!

Wir sollten versuchen, das Essen einfach zu halten. Wenn wir nicht so viel Aufwand betreiben beim Kochen, sind wir auch nicht so enttäuscht, wenn sie quengeln:

»Ich maaag das nicht.« Wenn ich allein bin, kriegen die Kinder meist gebackene Bohnen auf Toast. Ich weiß, dass sie das mögen, und es ist leicht zu machen. Und auch wenn wir nie Fertiggerichte kaufen, finde ich doch, dass wir gelegentlich mal eine Ausnahme machen und ein paar Pizzen im Eisfach haben könnten, für den Fall, dass mal keiner Lust hat, richtig zu kochen.

Einfachheit und gutes Brot: So lautet die von Locke empfohlene Lösung. Gemeint ist richtiges, selbstgebackenes Brot, nicht das Pappzeug aus der Fabrik. Und für die Kleinen empfiehlt er eine weitgehend vegetarische Ernährung: »Fleisch [sollte ihm] vorenthalten werden, solange er noch Kleider trägt, mindestens aber, bis er zwei oder drei Jahre alt ist.«

Zum Frühstück empfiehlt Locke Porridge, »sparsam oder besser überhaupt nicht mit Zucker gesüßt«. Porridge ist nach allem, was ich so höre, das, was man Superfood nennt, und wir haben festgestellt, dass unsere Kinder es sehr gern mögen, weil sie dazu Ahornsirup kriegen. Man braucht keine Milch, und es ist sehr billig. Wir kaufen Haferflocken in Zehn-Kilo-Säcken. Keine Frühstückszerealien. Locke ist außerdem ein großer Freund von dunklem Brot: »Ich würde meinen, ein schönes Stück gut bereitetes und gut gebackenes Schwarzbrot, manchmal mit und manchmal ohne Butter oder Käse, wäre oft das beste Frühstück für meinen jungen Herrn.«

Nun, das lässt sich machen. Statt einer Auswahl an fünf Frühstückszerealien (ist das ein Hotel hier?) kriegen sie nur noch Porridge und Brot. Und wenn Sie Lust haben, machen Sie Bacon und Eier dazu. Sehen Sie, wie einfach es ist, den Kleinen das Leben zu bieten, das der größte Philosoph des 17. Jahrhunderts für seinen jungen Gentleman empfiehlt?

Und hier nun eine Überraschung von dem stets praktischen Locke: Er ist gegen regelmäßige Essenszeiten! Er sagt, wir sollten die Zeiten flexibel halten und den Kindern mehrere Zwischenmahlzeiten servieren:

> Hinsichtlich der Mahlzeiten halte ich es für am besten, dass sie, soweit es ohne Unbequemlichkeit vermieden werden kann, nicht regelmäßig zur selben Stunde eingenommen werden: denn wenn die Gewohnheit das Essen auf bestimmte Zeiten festgelegt hat, wird sein Magen zur gewohnten Stunde Nahrung verlangen und ärgerlich werden, wenn diese verstreicht; er steigert sich entweder in einen ärgerlichen Heißhunger hinein oder erschlafft zu regelrechter Essunlust. Daher möchte ich nicht, dass man sich mit seinem Frühstück, Mittag- oder Abendessen an eine bestimmte Zeit hält, sondern lieber fast jeden Tag wechselt. Und wenn er zwischen diesen Mahlzeiten, wie ich sie nenne, essen will, gebt ihm, sooft er danach verlangt, gutes trockenes Brot.

Ein Ratschlag, den ich als befreiend empfinde. Viel zu viele Bücher zur Baby- und Kindererziehung betonen, wie wichtig es sei, ganz genaue Essenszeiten einzuhalten. Dabei entstehen Probleme gerade dann, wenn man sich allzu steif an der Uhrenzeit orientiert. Die Uhrenzeit fungiert als eine abstrakte Autoritätsfigur in unseren Köpfen, die uns fertigmacht – *»ticking us off«*, wie der Autor Jay Griffith so schön sagte. Wir hinken dem Zeitplan hinterher, und schon schreien wir unsere Kinder an, weil sie trödeln, wobei sie in Wahrheit nichts anderes tun, als ihrem natürlichen Drang nachzugeben, den Moment zu genießen. Daher scheint es mir in der glücklichen Anarchie des faulen Elternhauses ein exzellenter Plan, die Uhrenzeit, soweit möglich, zu ignorieren.

Wenden wir uns nun dem überaus bedeutsamen Thema des Redens beim Essen zu. Ich habe gelesen, dass sowohl die Yequana-Indianer als auch die Familien in Lark Rise in Flora Thompsons Darstellungen des Lebens auf dem Lande in den 1880er Jahren ihre Mahlzeiten mehr oder weniger schweigend einnehmen. Gelegentlich kann das natürlich sehr verlockend sein, aber ich muss gestehen, dass wir es mögen, wenn es bei Tisch laut und lustig zugeht. Mahlzeiten sind wunderbar dazu geeignet, lustige Geschichten und Witze zu erzählen. Gestalten Sie das gemeinsame Essen so, dass es Spaß macht, und die Kinder werden sich darauf freuen. Mahlzeiten sind die ideale Gelegenheit, den Kindern das Reden und auch das Zuhören beizubringen, und das bedeutet: Man fällt den anderen nicht ins Wort. Offensichtlich hatten Kinder schon im 17. Jahrhundert ihre Schwierigkeiten mit der Vorstellung zu warten, bis der andere ausgeredet hat:

[Es gibt] eine Art von Unmanierlichkeit, die leicht mit den jungen Leuten heranwächst, wenn sie nicht früh unterbunden wird, und das ist eine hemmungslose Neigung, andere, die gerade sprechen, zu unterbrechen und ihnen das Wort mit irgendeinem Einwand abzuschneiden. ... Es kann keine größere Unhöflichkeit geben, als jemand anders mitten in seinem Redefluss zu unterbrechen … Junge Leute sollte man lehren, ihre Meinung nicht voreilig dazwischenzuwerfen, bevor man sie gefragt hat, oder erst, wenn andere es getan haben und schweigen, und dann nur auf dem Wege der Frage, nicht der Belehrung. … Und dies umso mehr, als Redseligkeit, häufiges Unterbrechen bei Auseinandersetzungen und lautes Streiten bei uns nur zu oft unter Erwachsenen zu finden sind, selbst bei Leuten von Rang.

Offensichtlich ist das für Locke auch ein ganz persönliches Ärgernis. Aber man kann ihm nur schwer widersprechen. Im weiteren Verlauf hält er, ganz in der Manier eines zeitgenössischen radikalen Anthropologen, das Beispiel der amerikanischen Ureinwohner hoch, um zu zeigen, dass es womöglich einen besseren Weg gibt: »Die Indianer, die wir Barbaren nennen, achten viel mehr auf Anstand und Höflichkeit in ihren Verhandlungen und Gesprächen; sie hören einander mit Anstand und schweigend an, bis sie ganz fertig sind, und dann antworten sie einander ruhig und ohne Lärm und Leidenschaft.«

Aus irgendwelchen Gründen hat sich die zivilisierte Welt sowohl im Gespräch als auch im Geschäftsleben eher den Konflikt als die Harmonie zum Leitprinzip erkoren. Locke wäre mit Sicherheit schockiert ob der Unhöflichkeit mancher Radiomoderatoren und ihrer Gesprächspartner. Eine weitere Benimmregel, auf der wir zu bestehen versuchen, ist es, dass das Kind dem Erwachsenen in die Augen sieht, wenn der mit ihm spricht. Ich kann dieses Gescharre mit den Füßen und das Auf-den-Boden-Starren, das Kindern so eigen ist, nicht ertragen.

Wenn Kinder einen natürlichen, angeborenen Sinn für Würde und Widerstand besitzen, dann ergibt es doch Sinn, sie in die Zubereitung der Nahrungsmittel einzubeziehen. Damit wird es gleich weniger wahrscheinlich, dass sie über die Ergebnisse die Nase rümpfen. Ich rate zu reichlich Brotbacken daheim, weil dies eine Tätigkeit ist, bei der alle mitmachen können. Brotbacken ist eine schöne und befriedigende Aufgabe, und sogar Dreijährige können beim Kneten mithelfen. Henry macht seine eigenen kleinen Brote, die er, natürlich, gerne isst. Und man kann die Kinder dazu animieren, eigene Zutaten zuzugeben: Rosinen, Nüsse, Haferflocken, Körner, Stücke von Terry's Schokoladenorange – was gerade so zur Hand ist. Damit haben sie dann ihr ganz eigenes, einzigartiges Brot gebacken. Sie können ihm einen Namen geben: Arthurs Wunderbrot. Und sie können die Brote und Brötchen dekorieren.

Es ist wichtig, dass wir vieles gemeinsam machen und die Trennung zwischen Arbeit und täglichem Leben aufbrechen. Mir wäre es am liebsten, wenn die Kinder überhaupt keinen Unterschied zwischen Arbeit und Spiel wahrnähmen: Stellen Sie sich vor, sie hätten beim Abwasch genauso viel Spaß wie im Kino! Möglich ist das. Derzeit versuche ich, die ganze Familie in den Abwasch einzubeziehen: Ich spüle, die beiden Kleinsten trocknen ab, und der Älteste räumt ein. Mit unserem Dreijährigen ist das am leichtesten, weil ihm noch niemand gesagt hat, dass es keinen Spaß macht. Für ihn ist jede Tätigkeit gleich: ein Spiel. Er hat noch nicht zu unterscheiden und zu bewerten gelernt. Mit den beiden anderen ist es nicht immer ganz so einfach. Arthur – wie der trödelt! Und wie versucht ich dann bin, ihn anzubrüllen. Was allerdings an ihm abzuprallen scheint, weil er damit beschäftigt ist, die Angelegenheit ebenfalls in ein Spiel zu verwandeln, indem er sich irgendwelche Systeme mit Seilen und Flaschenzügen ausdenkt. All das nahm seinen Anfang, als – o glücklicher Tag! – die Spülmaschine den Geist aufgab. Schon viele Jahre hatte ich gegen den hässlichen, brummenden Energieschlucker angewettert. Die Spülmaschine macht der Vorstellung von der Familie, die in trauter Eintracht den Abwasch erledigt, den Garaus. Weil nämlich die Eltern sie leer räumen müssen. Wenn wir alle alles zusammen machen, einschließlich des Wegräumens, dauert es ungefähr fünfzehn Minuten. Es ist nicht immer leicht, sie an die Arbeit zu kriegen – wirklich: Sie können es nicht leiden, wenn man ihnen sagt, was sie tun sollen –, aber wenn wir erst einmal angefangen haben, kann es richtig Spaß machen: Viele Hände erleichtern die Arbeit. Und man kann Musik hören dabei oder Lieder singen.

Ich habe lange darüber nachgedacht, warum sich Arthur so vehement dagegen wehrt, beim Abwasch zu helfen. Ich bin zu dem Schluss gekommen, dass er uns gehört oder gesehen haben muss, wie wir uns über den Abwasch beschwerten, und daraus hat er gelernt, dass es eine ungeliebte Tätigkeit mit geringem Status ist. Also habe ich beschlossen, zumindest so zu tun, als würde das Spülen mir Spaß machen, und singe jetzt bei der Arbeit, in der Hoffnung, den Kindern weismachen zu können, dass es eine Freude sci. Dieser Trick lässt sich auf alle möglichen Arbeiten anwenden: Pfeifen Sie und tun Sie, als hätten Sie Ihren Spaß, wenn Kinder in der Nähe sind. So können Sie ihnen beibringen, für Sie zu arbeiten.

Eigenes Obst und Gemüse anzubauen ist ebenfalls eine einfache Methode, Kindern Freude an gutem Essen zu vermitteln. Fangen Sie schon im Planungsstadium damit an und fragen Sie die Kleinen, was sie gern anpflanzen würden. Erbsen erweisen sich an dieser Stelle als Wundergemüse. »Erbsen kann man nie genug haben«, schrieb der große Kleinbauer John Seymour, und er hatte recht. Frisch aus der Schote gegessen, besitzen sie den ganzen Spaßwert von Tortillachips mit Käse, nur mit einer Zillion Mal mehr Nährwert. Und die Verpackung ist kompostierbar! Noch dazu haben sie für Kinder die ideale Größe. Und sie sind köstlich, nahezu unglaublich süß. Den Kindern macht es Spaß, in der Küche Erbsen zu pulen und dabei die eine oder andere oder sehr viele zu essen. Sie können so viele essen, wie sie wollen. Erbsen sind unser ältestes Gemüse. Dieses Jahr werde ich drei Mal so viele aussäen wie letztes Jahr. Und einfach ist es auch: Man braucht keinen Kompost. Man gräbt einfach einen Graben da, wo sie gesät werden sollen, und wirft frische Küchenabfälle rein. Darauf eine Schicht Erde, dann die Erbsensamen und noch eine Schicht Erde. Ich nehme Kelvedon Wonder und die hochwachsenden Alderman. Man muss sie nur vor dem Federvieh schützen. Unsere Hennen haben mit ihrem Picken und Scharren einige meiner ausgeklügeltsten Erbsenpläne zunichtegemacht. Unser zweiter Favorit ist die rankende Gartenbohne: lange lilafarbene Schoten, die beim Kochen in sehr befriedigender Willy-Wonka-Manier grün werden. Je mehr Sie zu Hause anbauen können und je mehr Sie die Kinder einbeziehen, desto besser. Die Kleinen werden Gemüse mögen, und sie werden wissen, wo es herkommt. Noch dazu ist es billiger als im Laden, und Gartenarbeit ist eine kostenlose Beschäftigung für die Kleinen: kein Vergleich mit einem teuren Ausflug zum Vergnügungspark. Noch dazu können sie bei der Gartenarbeit viel mehr lernen. Gehen Sie mit ihnen zum Gemüsebeet und lassen Sie sie gegen Bares nach Schnecken suchen oder Käferfallen bauen oder Listen von Flora und Fauna erstellen oder Samen säen, was sie mit bezaubernder Unbekümmertheit tun. Henry hat besonderen Spaß daran, mit seiner Mini-Schubkarre Erde durch die Gegend zu fahren.

Also: Machen Sie Ihr Essen selbst und versuchen Sie, es selbst anzubauen. Lassen Sie die Kinder Brot und Kuchen backen. Lernen Sie die Kunst des Lebens zusammen mit den Kindern. Und halten Sie sie zu gutem Benehmen an, idealerweise durch gutes Beispiel, und wenn das nicht funktioniert: mit *roher Gewalt*!

14. Lassen Sie Tiere für sich arbeiten

Damit man dem Manne trauen kann, ... muss der Junge
den freundlichen und rücksichtsvollen Umgang mit Tieren
gepflegt haben; und nichts vermag ihn diese vortreffliche
Gewohnheit leichter zu lehren, als wenn er von Geburt an
sieht, wie Tiere von seinen Eltern gut versorgt und mit großer
Freundlichkeit behandelt werden, und wenn er hin und
wieder ein klein Ding hat, das er sein Eigen nennen kann.
William Cobbett, *Cottage Economy*, 1823

»Ich kann Matsch nicht ertragen!«, kreischt meine Mutter bei ihren seltenen Besuchen auf unserem Bauernhof.
»Ich kann es nicht leiden. Und was wollt ihr mit den ganzen Tieren?« Der philosophische Ansatz, mit dem meine
Mutter die Welt betrachtet, ließe sich als »aufgeklärte
Naturfeindlichkeit« beschreiben. Sie glaubt fest daran,
dass harte Arbeit und Erfindungsgeist den Matsch und
die gackernden Hühner in der Küche, Kälte und Nässe
und all die unangenehmen Eigenschaften der Natur
durch Pflastersteine und Supermärkte und Zentralhei-
zung zu ersetzen vermögen. Sie mag es sauber, ordentlich und matschfrei. Sie will die Natur beherrschen. Sie
lebt in einer Welt aus glänzendem Chrom und strahlend
weißen Küchengeräten aus Plastik. Und sie hasst Tiere.
Als ich klein war, hatten wir nie einen Hund oder eine
Katze. Allerdings durfte ich einen Hamster haben, Toby.

211

Und noch einen, ein nervöses kleines Wesen mit Namen Claude. Nach Claude hatten wir eine wilde Rennmaus namens Kevin, die hinter den Küchenschränken wohnte und deren kurzes, aber aufregendes Leben ein jähes Ende fand, als mein Vater auf sie trat. »Sie ist mir unter den Fuß gerannt«, lautete seine Version der Ereignisse.

Als wir dann in unser verlottertes Bauernhaus zogen, hatte ich endlich die Chance, mein Leben mit richtigen Tieren zu teilen. Unsere ersten Mitbewohner waren Milly und Mandy, zwei Schildpattkatzen, die inzwischen fünf Jahre alt sind. Im Laufe der Zeit haben die beiden Schwestern von der Hand unserer Kinder diverse Quälereien über sich ergehen lassen müssen. Sie wurden aus dem Fenster im ersten Stock geworfen. Ihnen wurde heftig am Schwanz gezogen. Einmal haben die Kinder Milly am Schwanz in der Luft baumeln lassen. Sie wurden getreten und gejagt, man hat sich auf sie gesetzt. Aber das Großartige ist, dass sie sich fast nie gerächt haben. Tiere scheinen es zu spüren, wenn der Aggressor nur ein Kind ist und keine wirkliche Bedrohung darstellt, und dann kratzen und beißen sie nicht. Nur ein- oder zweimal haben die Katzen zur Warnung nach den Kindern geschnappt, wenn die es einfach zu weit getrieben hatten. Ehrlich gesagt habe ich mir oft gewünscht, sie würden einen etwas entschiedeneren Angriff lancieren, um der Quälerei ein Ende zu setzen und den Kleinen eine Lektion zu erteilen.

Nicht zu leugnen ist indessen, dass Katzen ganz unfassbar widerliche Gerüche produzieren. Morgens feuchten Katzenkot unter dem Schreibtisch vorzufinden ist kein angenehmer Start in den Tag. Und manchmal dauert es Ewigkeiten, die Gestanksquelle ausfindig zu machen. Ich habe mich schon in apokalyptische Wutanfälle gesteigert, wenn ich irgendwo im Haus Katzenscheiße entdeckte. »Die kommen extra *rein*, um zu scheißen!«, brüllte ich. Wir schmeißen sie bei jeder Gelegenheit raus, was dazu führt, dass sie morgens vor dem Fenster meines Arbeitszimmers stehen und herzzerreißend miauen, bis ich mich ihrer erbarme und sie reinlasse, woraufhin sie gemächlich durch die Wohnung schreiten und sich für ein zehnstündiges Nickerchen vor dem Kamin niederlassen.

Katzen haben also ihre Nachteile, kein Zweifel. Aber sie haben auch viele gute Eigenschaften. Die erste ist ihr Jagdinstinkt. Seit sie bei uns eingezogen sind, haben wir nicht eine einzige Maus oder Ratte mehr im Haus gesehen. Natürlich fangen sie auch andere Tiere. So manches Rotkehlchen wurde schon tot auf unserer Fußmatte gefunden. Und enthauptete Frösche. Sie quälen und töten auch Eidechsen. Einmal haben wir eine tote Langohrfledermaus in der Scheune gefunden, und zahllose Spitzmäuse wurden gefressen oder getötet und liegen gelassen. Einmal habe ich gesehen, wie Mandy unter unserem Auto saß und ein wildes Kaninchen verputzte. Als wir losfuhren, war von der kleinen Kreatur nur noch der flauschige weiße Schwanz übrig.

Dennoch, bei den Kindern waren die Katzen uns eine große Hilfe. Besonders Delilah liebt sie von ganzem Herzen. Sie bringt Milly ins Bett und trägt sie durch die Gegend wie eine lebende Puppe. Delilah hat eine sentimentale Seite, und sie sagt sich: »Ich mag alle Tiere. Nicht nur die netten. Auch Ratten.« Sie hat geweint, als ich ihr eine Ratte zeigte, die ich mit meinem Luftgewehr erlegt hatte. Da ist viel Liebe zwischen Delilah und den

Katzen, und es ist eine Freude, das mitzuerleben. Es versteht sich von selbst, dass es den Kindern Spaß macht, sich um Tiere zu kümmern, sie zu füttern, ihnen Wasser zu geben und sie zu streicheln. Und die Katzen bieten reichlich Unterhaltung; die Kinder haben großen Spaß daran, ihnen beim Spielen und Jagen zuzusehen. In der Abenddämmerung erwachen sie zum Leben, dann flitzen sie mit unfassbarem Tempo über den Hof und huschen lautlos und mit großer Geschicklichkeit und Eleganz die Bäume hinauf. Zum Schreien komisch ist es, wenn sie mit einer Schnur spielen: Ich muss immer an den großartigen Fat Freddys Kater-Cartoon denken, wo der Hippie Fat Freddy beseelt in die Runde tanzt und dem Kater eine Schnur hinhält, nach der er mit den Pfoten ausholt. Als das Spiel vorbei ist, wandert der Kater von hinnen und denkt für sich: »Immer wieder erstaunlich, wie viel Spaß die mit einem simplen Stück Schnur haben können.«

Abschließend möchte ich zum Thema Katzen noch erwähnen, dass es unglaublich schön ist, sie im Haus zu haben. Unsere beiden sind wie wandernde Kissen, und sie drapieren sich in den erstaunlichsten Formen auf Sofas und Sessel.

Jetzt zu den Kaninchen. Unser erstes Kaninchen wurde auf den Namen Rosie Blossom Brown Patch getauft (»Weil sie einen braunen Fleck hat«, sagte Delilah). Wir haben sie geliebt. Sie war ein Hauskaninchen. Sie wohnte in der Küche, und sie war freundlich und liebenswert. Ja, es stimmt, dass sie die Vorhänge angefressen hat, aber sie war ein sauberes Kaninchen und hat uns viel Spaß und Freude bereitet. Sogar meine Mutter mochte sie. Delilah hat sie vergöttert. Und dann die Katastrophe. Fragen Sie Delilah, was passiert ist, und sie wird sagen: »Mami hat sie umgebracht.« Und es stimmt, Mami ist Rosie über das Hinterbein gefahren, als diese auf dem Hof spielte. Der Tierarzt sagte, es würde 900 Pfund kosten, das Bein wieder zu richten, und so haben wir uns für die kostengünstigere Variante entschieden, die darin bestand, Häschen aus dem Leben zu nehmen. (Selbst das hat noch über 100 Mäuse gekostet.) Nun, das war sehr traurig. Wir haben dieses Kaninchen geliebt. Wir haben alle geweint, außer Arthur, der gelassen vorschlug, ein neues zu kaufen. Also haben wir ein neues gekauft, und das bekam den Namen Lizzie Molly Flower Fast Bunny (»Weil sie ein doll schnelles Häschen ist«, sagte Delilah). Sie war süß, aber einfach nicht in der gleichen Liga wie Rosie Blossom. Als sie irgendwann beschloss, lieber draußen zu leben, haben wir sie ziehen lassen. Das war der Beginn zweier glorreicher Jahre. Das weiße Kaninchen unserer Nachbarn, Felicity, lebte ebenfalls draußen. Die beiden Kaninchen wurden Freunde und wohnten irgendwo in den Scheunen. Ein wunderbarer Anblick, wenn man unsere Auffahrt entlangfuhr und ein weißes und ein schwarzweißes Kaninchen in alle Richtungen davonstieben sah, in diesem Zickzacksprint, den Kaninchen so an sich haben. Sie waren sehr schlau: Beide entkamen einem zu Besuch vorbeischauenden Lurcher, indem sie sich wie der Blitz in kleine geheime Löcher in den Scheunen verzogen. Jeden Abend sind die beiden zum Haus gekommen und haben sich zu den anderen Tieren auf dem Hof gesellt, womit uns der freudvolle Anblick vergönnt war, das Pony, die Hühner, die Kaninchen und die Katzen gemeinsam fressen und spielen zu sehen. Unser Bauer konnte es nicht fassen, dass die beiden Kaninchen so lange in der Semiwildnis überlebt haben. Doch nach zwei Jahren dieser wunderschönen Menagerie sind beide Kaninchen innerhalb weniger Tage von der Bildfläche verschwunden. Ob der Fuchs sie gefangen hat – der kurz vorher sämtliche Hühner erlegt hatte – oder der Bussard, den ich am Himmel seine Kreise ziehen sah, oder ob sie mit dem großen Hasen, den ich ein- oder zweimal auf dem Hof gesehen hatte, tiefer in die Wälder gezogen sind – wir werden es nie erfahren. Ich hoffe, dass sie irgendwo in der Nähe in einem gemütlichen Bau leben. Aber ob nun drinnen oder draußen, ein Kaninchen ist ein großartiges Haustier: lustig, hübsch, süß und von idealer Größe für die Kleinen. »Von allen Tieren sind Kaninchen diejenigen, die Jungen am liebsten mögen«, sagte schon Cobbett.

Jene Leser, die sich gern ganz der sparsamen Haushaltsführung verschreiben wollen, mögen außerdem mit dem Gedanken spielen, Kaninchen als Nahrungsquelle zu züchten. Im Zweiten Weltkrieg war das gang und gäbe. Alle Welt weiß, wie schnell sich Kaninchen vermehren und wie köstlich ihr Fleisch ist: »Zwei Zibben und ein Rammler«, schrieb Cobbett, »und man kann alle drei Tage im Jahr ein Kaninchen auf dem Tisch haben.« Noch dazu liefert jedes Kaninchen ein schönes Stück Fell. Warum nicht einen schönen kleinen Mantel für das Kind daraus nähen? Wenn man Tiere fachgerecht verarbeitet, können sie viel Nutzen bringen. Sie zu essen wird den Kindern außerdem zeigen, dass die Fleischstücke im Supermarkt tatsächlich von richtigen Tieren stammen. Und wenn man Fleisch essen will, sollte man dann nicht auch bereit sein, Verantwortung für das Leben und den Tod der Tiere zu übernehmen?

Wir haben Hühner und Schweine gehalten, um Eier und Fleisch zu bekommen, und damit viel Geld gespart. Aber zugleich sind beide eine echte Bereicherung des täglichen Lebens. Das Huhn ist eine kuriose und unterhaltsame Kreatur. Genau genommen ist es sogar sehr schön. Denken Sie nur an die Hühner in der Kunst, vor allem an Klimts »Gartenweg mit Hühnern«. Sie besitzen eine anziehende Mischung aus Würde und Unschuld. Sie eignen sich als Objekt näherer Betrachtung. Sie geben die unterschiedlichsten Gackergeräusche von sich. Sie verfallen in einen urkomischen, unbeholfenen Laufschritt, wenn sie zum Beispiel von Poppy, unserem schwarzen Labrador, gejagt werden. Das Hühnerjagen hat unseren Kindern endlos viel Spaß bereitet. Arthur hat sogar gelernt, sie zu fangen (erst bei den Schwanzfedern packen). Einmal hat er gewartet, bis es fast dunkel war und alle Hühner auf ihrer Stange saßen. Dann hat er eines ganz schnell von hinten gepackt und die erstaunliche Entdeckung gemacht, dass der Kopf eines Huhns immer in der gleichen Position bleibt, wenn man den Körper dreht. Probieren Sie es aus, Sie werden sehen.

Besonders würdevoll ist natürlich der galante Gockel. Wir haben uns auf den Rat von John Seymour hin entschlossen, einen zu halten. Seymour schrieb: »Hühner lieben den Beischlaf genauso sehr wie wir.« Außerdem hält er die Hühner im Zaum, und natürlich besteht die Chance auf Küken. Wenn man zum Füttern kommt, gibt er Geräusche von sich, um die Hennen wissen zu lassen, dass Essenszeit ist. Er hält sich zurück und wartet, bis alle Hennen zu picken angefangen haben, erst dann kommt er dazu und holt sich seine Portion. Ab und an bespringt er eine Henne, wodurch die Kinder etwas über sexuelle Fortpflanzung erfahren: »Guck mal, Papa«, sagte Arthur mit todernstem Gesicht zu mir: »Der Gockel besamt die Henne!«

Zwei Jahre hintereinander haben unsere Hühner ein paar Küken produziert; ein Wunder, das geschehen konnte, weil wir einfach, wieder einmal, John Seymours Rat folgten und sie in Ruhe ließen. Kein Brutkasten, kein gar nichts. Im ersten Jahr sind die Küken gestorben, was wir den Kindern anlasteten. Wir haben ihnen gesagt, dass die Küken es nicht toll finden würden, gebadet zu werden. Beide sind gestorben, und den Kindern wurde eine strenge Gardinenpredigt zuteil. Im Jahr darauf jedoch hatten wir drei, die wir fast bis zur vollen Reife heranwachsen sahen. Eines war ein Hahn. Dann kam der Fuchs zu Besuch und hat jeden Tag ein oder zwei Hühner gerissen, bis nach ein, zwei Wochen nur noch der junge Hahn übrig war. Ein paar Tage hat er allein überlebt und sich zu den Schweinen gesellt, doch als wir nach einem Wochenendausflug nach Hause zurückkehrten, war auch er nicht mehr. Es war sehr, sehr traurig, sie alle auf diese Weise zu verlieren. Ich kann noch immer jedes einzelne von ihnen vor mir sehen. Man lernt sie recht gut kennen.

Aber eines steht fest: Mit den ganzen Dramen um die Tiere haben wir absolut keinen Bedarf an Secondhand-Dramen aus einer Seifenoper. Die Tiere liefern ohne Ende Gesprächsstoff.

Und wie gesagt, es ist gut für Kinder, ein paar Grundlagen der Tierhaltung und -zucht zu erlernen, damit sie in der Zukunft besser für sich selbst sorgen können. Victoria hat kürzlich einen Bienenkorb erworben und Arthur ein paarmal zum Bienenzucht-Lehrgang mitgenommen. Wie wunderbar, etwas über Bienen zu lernen, einen so wichtigen Bestandteil unserer Zivilisation. Und klar ist auch, dass nach dem Zusammenbruch unseres Bankensystems und dem Ende billigen Öls die Tierhaltung wieder in Mode kommen wird; es ergibt also Sinn, die Kinder schon jetzt damit vertraut zu machen. Tierhaltung ist außerdem ein gutes Beispiel dafür, wie Arbeit und Spiel in Einklang gebracht werden können. Hühner eignen sich dazu ganz besonders. Es macht riesigen Spaß, die Eier einzusammeln, und es ist dies eine Tätigkeit, die locker an Kinder delegiert werden kann. Auch das Füttern kann ein Zweijähriger übernehmen. Vor kurzem hat Arthur die Verantwortung für die Eierproduktion übernommen, und er vermarktet den Überschuss, indem er unten an der Straße eine Kasse, Eier in Kartons und ein Schild aufstellt, auf dem steht: »Eier von frei laufenden Hünern [*sic*]. 6 Eier 1 Pfund.« Er ist auch durch die Nachbarschaft gezogen und hat die Eier an der Haustür feilgeboten. So hat er sich selbst die Grundprinzipien des Handels erarbeitet und etwas eigenes Geld verdient, was ihn enorm stolz gemacht hat. Und wenn ein Kind für einen Teil der Hauswirtschaft die Verantwortung übernimmt, für die Eierproduktion zum Beispiel, bedeutet das einen aktiven und hilfreichen Beitrag zum Haushaltseinkommen, was ihnen große Freude bereitet. Nicht länger eine Last oder ein Klotz am Bein. Vielmehr eine nützliche Arbeitskraft. Und, was für faule Eltern ebenfalls wichtig ist, sie lernen, dass »eine Stelle kriegen« nicht die einzige Möglichkeit ist, an Geld zu kommen. Wie ich schon andernorts sagte, ich werde die Erziehung meiner Kinder als erfolgreich betrachten, wenn sie am Ende in irgendeiner Weise freischaffend tätig sind, wie auch immer.

Für alle Kinder ist es nützlich zu wissen, wo unsere Nahrung herkommt, vor allem heutzutage, wo wir uns durch Supermärkte und staatliche Richtlinien so weit von der Natur entfernt haben. Selbst wenn sie sich in ihrem späteren Leben in die Welt der Fertiggerichte und Supermärkte stürzen, sind sie doch wenigstens mit einem ganzheitlicheren Bild von den Beziehungen zwischen Mensch, Tier und Nahrung aufgewachsen. Und wenn sie mit diesen Ideen und diesen Fertigkeiten aufgewachsen sind, wird es ihnen sehr viel leichter fallen, später in ihrem Leben dazu zurückzukehren, falls sie das wollen.

Bislang haben wir noch kein Huhn geschlachtet, um es zu essen, aber womöglich tun wir das bald. Im Moment haben wir gar keine, was dem Fuchs vom letzten Jahr zu verdanken ist. Aber wenn die nur halb so lecker sind wie die anderen Nahrungsmittel, die wir selbst produzieren, dann wartet ein Festmahl auf uns.

Auf die Jagd zu gehen scheint mir eine großartige Idee: Statt dafür zu bezahlen, in einem Spielsalon auf irgendetwas schießen zu dürfen, zieht man einfach los und schießt gratis und kommt noch dazu mit Essen nach Hause.

Zu guter Letzt ist da noch das Pony. Ich war nicht dafür. Es ist ziemlich teuer, ein Pony zu halten. Es macht viel extra Arbeit und kann einiges kaputt machen: Letzte Woche hat es mein Gemüsebeet vertilgt. All die Kohlköpfe und Brokkoli, die ich monatelang liebevoll gepflegt hatte, gibt es nicht mehr. Reichlich Flucherei war die Folge. Zwischen diversen Kraftausdrücken habe ich der Hüterin des Ponys, V., zu erklären versucht, dass das Tier nicht den geringsten praktischen Nutzen hat, dass es teuer ist und sowieso nie geritten wird. »Die Kinder mögen es«, sagte sie. »Gar nicht! Sie setzen sich höchstens einmal im Jahr drauf!«, schrie ich zurück. Noch dazu hinterlässt das Tier ganz schön viel Dreck. Der Hof ist ständig voller Pferdeäpfel, von denen es wirklich unglaubliche Mengen produziert. Aber gut, andererseits haben wir damit einen schier endlosen Nachschub an hochwertigem Dünger für den Garten.

Mit steigenden Ölpreisen werden Pony und Pferd als Alternative zum motorgetriebenen Fahrzeug zunehmend attraktiv. Eine kleine Kutsche bekommt man schon für 200 Pfund, kleine Dreisitzer, die »Trainingswagen« genannt werden. Die perfekte Verwendung für unser altes Pony, wie mir scheint. Wir könnten damit in die Kneipe oder zum Einkaufen oder zum Picknick fahren. Und wir könnten sogar Geld damit verdienen: Pony-Kutschfahrten für Touristen. Wir könnten die Urlauber von der nahe gelegenen Woody Bay Station zum Strand und zurück kutschieren. Vielleicht könnte Arthur das Unternehmen leiten und damit noch mehr zum Haushaltseinkommen beitragen. Wir könnten ein schönes Schild malen und an der Kutsche befestigen: »Arthur & Tom – Pony-Kutschfahrten« oder so ähnlich. Das Unternehmen hätte einen netten Fünf-Freunde-Touch, den sinnlichen Geruch echten Lebens, der in unseren Zeiten der Klimaanlage, der Facebooks, Bebos und all den anderen naturverachtenden virtuellen Welten so selten geworden ist.

Katzen, Kaninchen, Hühner: Kann ich nur wärmstens empfehlen. Inzwischen haben wir auch einen Hund, und obwohl ich Hunde nie gemocht habe, dieser ist ein fröhlicher Geselle. Mein Freund John rät zu einem Frettchen, das in einem Stall im Garten zu halten wäre. Frettchen sollen ja überaus nützlich sein beim Wildern. Und eines Tages werde ich Cobbetts Rat folgen und einen Taubenschlag bauen und Tauben halten: »Es sind dies sehr ansehnliche Kreaturen; überaus interessant in ihrem Verhalten; sie erfreuen jedes Kind.« Unglaublich gern hätte ich auch einen Falken. Auch Falken können für uns jagen und somit für ihren eigenen Unterhalt aufkommen. Und über Schleiereulen könnten wir uns zumindest mal schlaumachen, weil sie so wunderschöne und geheimnisvolle Wesen sind.

Wenn ein Tier schön und nützlich zugleich ist, stellt es einen willkommenen Zuwachs für den Hausstand fauler Eltern dar, weil es Geld spart und den Kindern Ablenkung und nebenbei noch ein Gefühl für den Umgang mit Tieren verschafft. Das edle Schwein erfüllt all diese Kriterien. Im Juni letzten Jahres haben wir zwei junge Schweine gekauft und sie zweimal pro Tag mit Küchenabfällen, Nesseln, Äpfeln und zugekauftem Futter versorgt. Es hat großen Spaß gemacht, sie zu kratzen und zu beobachten. Dann haben wir sie zu Hause schlachten lassen (wobei wir inzwischen herausgefunden haben, dass das – absurderweise – verboten ist, und zwar durch ein neues Gesetz, dem zufolge alle Tiere im Schlachthaus getötet werden müssen) und zwei Wochen mit der Verarbeitung verbracht. Die Kinder wissen jetzt ganz genau, wo ihre Schnitzel und ihr Frühstücksschinken herkommen. Obschon ich einräumen muss, dass Henry heute Morgen am Frühstückstisch beim Anblick seines Schinkens ein paar verstörende Fragen gestellt hat.

»Ist das unser Schwein?«

»Ja, Henry.«

»Warum haben wir die totgemacht?«

»Damit wir sie essen können.«

»Ich wollte sie nicht totmachen.«

Oje. Dabei haben unsere Schweine das beste Leben gehabt, das ein Schwein sich erhoffen kann, und den schönsten Tod: beim Fressen eine Kugel in den Kopf. Wir haben ihnen sogar die Qual der Fahrt zum Schlachthof erspart. Eine große, große Schande also, dass der Staat dieses althergebrachte, tradierte Recht nun einkassiert hat. Ich habe einen Zeitungsartikel über unsere Hausschlachtung veröffentlicht und wenige Tage später Besuch vom Gemeinderat und einen grammatisch recht zweifelhaften Brief von einem Mitarbeiter der Lebensmittelüberwachungsbehörde bekommen, der den beängstigenden Titel »Rechtsdurchsetzungsdirektor« trägt. In diesem Brief heißt es: »Einige der in Ihrem Artikel beschriebenen Praktiken sind ungesetzlich … Meine Sorge gilt insbesondere dem Umstand, dass die Menschen nicht glauben, dass sie Tiere auf die in Ihrem Artikel beschriebene Weise töten können.«

Tiere bringen Arbeit und Spiel in harmonischen Einklang, und dies ist das ultimative Ziel der faulen Familie. Ist es Arbeit oder Spiel, mit Henry die Eier einzusammeln? Den Schweinen den Rücken zu kratzen, wenn sie sich ans Gatter lehnen? An einem warmen Frühlingsmorgen Hühnerfutter auf den Hof zu streuen und zu beobachten, wie die Hennen lustig watschelnd darauf zueilen?

Es ist wichtig für Kinder, dass sie die Möglichkeit haben, ihrer wilden Natur freien Lauf zu lassen. Wir sollten uns dem urbanen Ideal einer tierlosen Existenz, einer weißen Plastikwelt klimatisierten Komforts verweigern, einer Welt ohne Hennen, die vorbeilaufen und auf den Fußboden scheißen. Schon in Huxleys *Schöne neue Welt* wird vor einer solchen Vision gewarnt. Einer Welt, in der Tiere allen Blicken entzogen in Lagerhäusern eingesperrt und stillschweigend zu Nahrung verarbeitet werden, ohne jemals Erde oder Tageslicht oder andere Tiere gesehen zu haben, und ohne Platz, um sich zu bewegen. Wo Tiere nie einen anderen Menschen sehen als Gesundheits- und Sicherheitsinspektoren in weißen Kitteln mit Klemmbrettern in der Hand und Herzen ohne Liebe; wo Tiere von Maschinen in Scheiben geschnitten, in Frischhaltefolie verpackt und mit gigantischen Lastwagen in die Megamärkte des Landes gekarrt werden, wo wir sie dann kaufen.

Mit Tieren im Haus halten wir die Schöne neue Welt von uns fern. Erwachsene und Kinder sehen die Realitäten der Natur mit allem, was dazugehört, sie sehen die Realitäten von Leben und Tod. Tiere bringen Freude und Spaß ins Familienleben, sie wecken Mitgefühl in den Kindern, und sie verbinden uns mit der Natur.

15. Basteln und bauen mit Holz und Gerümpel

Er soll wie ein Bauer arbeiten und wie ein Philosoph denken.

Rousseau, *Emile*

Kurz nachdem wir aus der Stadt weggezogen waren, habe ich angefangen, mit Holz zu arbeiten. Ich bin mit einer Säge, einer Schraubzwinge und einem Beitel in die Scheune gegangen und mit Gegenständen wieder herausgekommen, die, zumindest in meinen Augen, deutliche Ähnlichkeiten mit einem Spielzeug aufwiesen. Da war der Spielzeugelefant, den ich irgendwie zu schnitzen bewerkstelligt hatte. Und die Rakete, die aus einem Holzscheit geschaffen war. Mit Arthurs Hilfe habe ich ein Ende des Scheits mit dem Beitel zu einer langen Spitze geschärft, ans andere Ende habe ich ein halbes Dutzend Stücke von einem roten Gasschlauch genagelt, die die Flammen darstellen sollten. In den Rumpf habe ich ein A für Arthur geschnitzt, und unglaublicherweise ist das gute Stück noch heute in Gebrauch, drei Jahre nach seiner Konstruktion. Genau wie das Flugzeug aus Holz, das wir gebaut haben. Solche Spielsachen sind einzigartig, sie kosten nichts, und wir hatten viel Spaß daran, sie zusammen herzustellen. Nicht ganz so lang ist es her, dass wir einen alten Mac auseinandergenommen haben und, nachdem das Ding aufgeschraubt war, mit Freuden feststellten, dass das Plastik-

225

gehäuse einer Darth-Vader-Maske ähnelte. Dann haben wir einzelne Computerteile auf Holzbretter genagelt und einen Roboter gebaut. Als Augen hat Arthur rotes Kabel angenagelt. Das Ergebnis war beeindruckend: Es sah aus, als hätten wir den Computer gekreuzigt. Arthurs Kabelaugen erweckten den Eindruck, als würde er Blut weinen: sehr effektvoll. Unsere vorherige Kooperation hieß *Wild Wood* und bestand aus drei oder vier Holzstücken, die wir zusammengenagelt und mit Zeitungsfetzen beklebt hatten, so dass sie Fragmente der neuesten Nachrichten zeigten. Wir wollen noch sehr viel mehr derartige Kunststücke herstellen und sie vielleicht sogar unter dem Namen Arthur & Tom vermarkten, eine Vater-und-Sohn-Version von Gilbert & George.

Die Kinder lieben es, in der Werkstatt herumzustöbern. Und auch für Papa ist es spaßig und lehrreich. Nägel einhämmern und Holz zersägen ist zutiefst freudvoll, und bei der faulen Elternschaft geht es ja zuerst und vor allem um Freude und Vergnügen und nicht um Selbstaufopferung. Im staatlich finanzierten Fernsehen wird uns andauernd erzählt, wir sollten uns pro Tag eine halbe Stunde Zeit nehmen, um mit den Kleinen zu »spielen«, dabei ist es doch sehr viel besser, wenn unsere Arbeit und unser Spiel und die Kinderbetreuung zu einem glücklichen und harmonischen Ganzen verschmelzen.

In Jean Liedloffs *Auf der Suche nach dem verlorenen Glück* (dem einzigen Buch über Kinder und Babys, das sich zu lesen lohnt; verbrennen Sie alle anderen, weil die nur dem Status quo dienen) lesen wir, dass Arbeit für ihre geliebten Yequana-Indianer gar nicht existiert. Sie haben nicht einmal ein Wort dafür. Liedloff hat zweiein-

226

halb Jahre bei dem südamerikanischen Stamm verbracht und ihre Bräuche studiert.

Die Jungen, schreibt sie, ahmen den Vater nach. »Noch ehe sie sprechen können, erhalten Jungen kleine Pfeile und Bogen, die ihnen zu wertvoller Praxis verhelfen, da die Pfeile echt sind und ihnen ein genaues Gefühl ihrer jeweiligen Fähigkeiten vermitteln.« Eltern, merkt auf: Kinder tun spielend das, was ihre Eltern tun. Auf diesem Wege lernen sie. Delilah und Arthur lieben es, mir beim Abo-Versand des *Idler* zu helfen: fünfhundert Exemplare des Magazins eintüten und adressieren. Wenn Sie also nicht wollen, dass Ihre Kinder ihre Zeit vorm Computer verbringen, dann verbringen Sie Ihre Zeit nicht vor dem Computer. Lehren Sie durch gutes Beispiel und nicht durch Autorität. Wenn Sie keine Werkbank haben, um Sachen zu basteln, verwandeln Sie den Küchentisch in eine. Und seien Sie vorsichtig mit übermäßigem Lob und Tadel. Wenn die Kleinen etwas gut gemacht haben, tun Sie so, als wäre das normal und zu erwarten. Viel zu oft lassen wir wasserfallartige Lobeshymnen auf sie herab, die so übertrieben sind, dass es klingen muss, als wären wir überrascht. Wie Liedloff über westliche Familien bemerkt:

Wenn das Kind etwas Nützliches tut, wie sich selbst anziehen oder den Hund füttern, ein Sträußchen Feldblumen hereinbringen oder aus einem Tonklumpen einen Aschenbecher machen, so kann nichts entmutigender sein als ein Ausdruck der Überraschung darüber, dass es sich sozial verhalten hat: »Oh, was für ein liebes Mädchen!«, »Seht mal, was Stefanie ganz alleine gemacht hat!« und ähnliche Ausrufe deuten an, dass

227

soziales Verhalten bei einem Kind unerwartet, uncharakteristisch und ungewöhnlich ist.

Faule Eltern, im Gegensatz zu Lob und Tadel kreischenden Eltern, sollten cool bleiben und auch vom Kind erwarten, dass es cool bleibt. Dabei will ich gar nicht behaupten, dass mir das immer gelingt: Statt vorzuführen, wie klug es ist, zusammenzuarbeiten, brülle ich: »ARBEITET ZUSAMMEN!« Aber ich werde besser, hoffe ich. Außerdem behalte ich den weisen Rat im Hinterkopf, dass man öfters mal die Klappe halten sollte. Manche Menschen sind sogar der Meinung, dass man sein Kind zu gar nichts ermutigen sollte, weil es auf diese Weise Entschlossenheit lernt. Philip Pullmann sagt, er sei von seinen Eltern nie zum Schreiben ermutigt worden. Sie haben es ihm nie leicht gemacht. Aber für ihn war das ein Ansporn. Eine sanfte Entmutigung von Seiten der Autorität kann gelegentlich ein echter Ansporn für Kreativität sein.

Liedloff schlägt vor, »Kinder sollten Erwachsene überallhin begleiten«. Was bei unserem modernen Arbeitsleben natürlich nicht ganz einfach ist. Also: *Verändern Sie die Situation.* Sind Vollzeitjobs für beide Eltern und teure Kindergärten die einzige Organisationsform, die wir uns für unser Leben vorstellen können? Ich finde das irrsinnig. Als ich klein war, habe ich es geliebt, mit meinen Eltern Sachen zu tun, die sonst Erwachsenen vorbehalten sind (und organisierte Kinderaktivitäten habe ich gehasst, nicht zuletzt Kindergeburtstage). Ich weiß noch, wie spannend ich es fand, wenn meine Eltern mich ins Büro mitgenommen haben. Der Höhepunkt von Arthurs fünftem Lebensjahr war es, mich nach London zu begleiten und dort zwei Tage lang mein altes Büro auszuräumen und in den Lieferwagen zu laden. Er hat richtig gut mitgearbeitet, er war ein fleißiger kleiner Bursche und angenehme Gesellschaft. Viel besser, als wenn ich die ganze Arbeit allein gemacht hätte. Und zwei Tage lang wurde nicht gejammert. Ausschlaggebend dafür war, dass Arthur das Ganze nicht als *Arbeit* begriff. Genau wie für die Yequana existierte auch für ihn die Vorstellung von Arbeit als »grollend ausgeübter Notwendigkeit«, wie Liedloff schreibt, nicht. Die Aufgabe war einfach ein Teil unseres Lebens, und einer, der Spaß macht.

Die Yequana, erzählt Liedloff, lachen, wenn es unangenehm wird. Einmal hat sie zusammen mit mehreren Yequana ein großes Kanu durch den Wald getragen. Das Ding ist ihnen immer wieder aus der Hand gerutscht und auf die Füße gefallen. Liedloff hat geflucht, aber die Yequana, schreibt sie:

> ... befanden sich in besonders fröhlicher Geistesverfassung und genossen das kameradschaftliche Zusammenspiel ... Jede Bewegung nach vorn war für sie ein kleiner Sieg, ... gab ich freiwillig die zivilisierte Haltung auf und genoss den letzten Teil des Transportes wirklich. Sogar die Abschürfungen und blauen Flecken, die ich erlitten hatte, schrumpften mit bemerkenswerter Leichtigkeit auf das zurück, was sie tatsächlich waren: kleine Verletzungen, die bald heilen würden und weder eine unfreundliche Gefühlsreaktion wie Wut, Selbstmitleid oder Groll nötig machten noch die Sorge, wie viele es davon wohl bis zum Ende des Schleppens noch geben würde.

Und das war lediglich eine Frage der Einstellung: Die greif-
baren Fakten der Situation waren unverändert. Wenn wir
die Welt in Gut und Schlecht einteilen – Arbeit und Freizeit, richtiges Verhalten und schlechtes Verhalten, durch
und durch angenehme Tätigkeiten und durch und durch
unangenehme Tätigkeiten –, dann säen wir die Samen
unseres eigenen Unglücks und des Unglücks unserer Kinder. Das Leben wird dann zu einer nie endenden Flucht
vor dem »Schlechten« hin zum »Guten«. Vielleicht ist es
besser zu sagen: »Das freut mich!«, als »Guter Junge!«
Es ist noch nicht zu spät! Wir können unseren Kindern
immer noch zeigen, wie sie ihr Leben genießen können,
indem wir selbst anfangen, unseres zu genießen.

Die Dialektik von Arbeit = schlecht und Leben = gut ist
einer der verderblichsten und einschnürendsten Mythen
der westlichen Gesellschaften und gehört unverzüglich
zerschlagen. Beziehen Sie Ihre Kinder in Ihr Leben ein.
Tun Sie, wonach Ihnen der Sinn steht, und lassen Sie
sie mitmachen. Ich habe nie auch nur für eine Sekunde
das Gefühl gehabt, dass mich meine Kinder von etwas
abgehalten haben, was ich gern tun wollte – abgesehen
von der einen oder anderen Dinnerparty, auf die ich gern
gegangen wäre, aber wen kümmert das? Alle Erwachsenen kennen die angeborene Kreativität von Kindern; wir
sehen sie in den Geschenken, die sie aus der Vorschule
mitbringen, und dem, was sie zu Hause machen. Später, in der Schule, weicht dieser natürliche, frei fließende
Drang, Dinge herzustellen, den vermeintlich wichtigeren
Aufgaben, dem Bestehen von Prüfungen zum Beispiel.

Dinge herzustellen – schöne und nützliche Dinge,
denn fast alles Selbstgemachte ist schön – sollte zu den

zentralen Erfahrungen jedes Kindes gehören. Und man sollte das als Spiel und nicht als Arbeit betrachten. Lassen Sie sie herumprobieren. Schränken Sie sie nicht ein. »Die Angst um die Zukunft des Kindes veranlasst Eltern dazu, Kindern ihr Recht auf Spielen zu nehmen«, sagt A. S. Neill. John Locke teilt den Wunsch, das Lernen für Kinder möglichst angenehm zu gestalten:

> Wenn er sprechen kann, ist es Zeit, dass er mit dem Lesenlernen anfängt. Aber hier erlaube man mir, dass ich noch einmal betone, ... dass es ihm nie zu einer Pflicht gemacht wird und dass er es nicht als eine Aufgabe ansieht. Wir lieben, wie ich gesagt habe, schon von der Wiege an die Freiheit und haben daher eine Abneigung gegen viele Dinge aus dem einfachen Grunde, weil sie uns zur Pflicht gemacht werden.

Richtig. Gerade heute Morgen habe ich Victoria verflucht, weil sie mich gezwungen hat, ihr beim Bettenmachen zu helfen, wohingegen ich lieber an diesem Buch weiterarbeiten wollte. Hätte ich mich selbst dazu entschieden, die Betten zu machen, hätte es mir nichts ausgemacht. Locke fährt fort: »Ich habe mir immer gern vorgestellt, dass man Kindern das Lernen zu Spiel und Erholung machen ... könnte«.

Machen Sie auch Arbeit zum »Spiel«. Und dort, wo wir aus Holz und altem Gerümpel etwas bauen, kommen Arbeit und Spiel zusammen. Indem wir die Arbeit mit Holz fördern, sorgen wir außerdem dafür, dass unsere Kinder nicht nur gute Leser sein werden, sondern auch erste Einblicke ins praktische Handwerk erhalten – was man früher ein Gewerbe nannte. Sowohl Locke als auch Rousseau empfehlen das Arbeiten mit Holz als essenziellen Bestandteil ihrer idealen Erziehung. Locke sagt:

> Daher möchte ich … Holzarbeiten als Zimmermann, Tischler oder Drechsler vorschlagen; denn das ist geeignete und gesunde Erholung für einen Studierenden oder einen Mann mit Geschäftsverkehr. Der Geist erträgt es nämlich nicht, immer nur mit derselben Sache oder auf dieselbe Weise beschäftigt zu sein, und Studierende mit sitzender Lebensweise sollten sich Arbeit verschaffen, die ihren Geist ablenkt und zugleich den Körper in Anspruch nimmt. … Außerdem wird er … viele Dinge erfinden und machen, die sowohl Freude bereiten als auch nützlich sind.

Zugleich rät Locke zu »Landwirtschaft ganz allgemein« und betont, dass ein abwechslungsreiches Leben ein gutes Leben sei: »Die großen Männer des Altertums wussten sehr wohl Handarbeit und Staatsgeschäfte zu vereinigen.«

Auch Rousseau lobt das Arbeiten mit Holz – allerdings nicht ohne Locke unfairerweise vorzuwerfen, aus seinem jungen Edelmann einen »verweichlichten« Sticker machen zu wollen (ich habe bei Locke keinen solchen Hinweis gefunden und schließe daraus, dass sich Rousseau hier lediglich einen bösen Scherz erlaubt):

> Alles recht betrachtet, hätte ich am liebsten, wenn mein Zögling Geschmack am Schreinerhandwerk bekäme. Es ist sauber, nützlich und kann im Haus betrie-

ben werden; es hält den Körper genügend in Tätigkeit und verlangt vom Arbeiter Geschicklichkeit und
Intelligenz, und wenn auch die Form des Werkstückes
von der Nützlichkeit bestimmt wird, so schließt dies
Geschmack und Eleganz nicht aus.

Ja, auch mir ist es sehr viel lieber, wenn meine Kinder ihre
körperliche Betätigung in etwas Kreativem und Nützli-
chem finden statt in etwas Brutalem und Nutzlosem wie
Mannschaftssport. Zu Lockes und Rousseaus Zeiten gab
es offensichtlich noch gar keinen Mannschaftssport – was
für ein Glück. Eindeutig ein Bankert der Industrialisierung. Viel besser also für Eltern und Kinder, gemeinsam
einen Tischlerkurs zu besuchen. Gut für faule Eltern, gut
für die Kinder, spaßig und nützlich für alle.

Das Problem ist nur, dass besorgte Eltern, die von
Gesundheits- und Sicherheitsinspektoren und katastro-
phenfixierten Medien in ein Leben der Angst getrieben
werden, sich vor Hämmern und Nägeln und Schrauben-
ziehern und Messern fürchten. Doch damit unterschät-
zen wir die angeborene Fähigkeit des Kindes zum Selbst-
schutz. Wenn Freunde mit ihren Kindern zu Besuch
kommen, betrachten sie mit Entsetzen unser Baumhaus:
Ich musste sogar ein Sicherheitsgeländer um die Veranda
bauen – als würden sich die Kinder in die Tiefe stürzen!
Sie tun das einfach nicht. Unser obsessives Streben nach
Sicherheit nimmt dem Individuum das eigene Urteilsver-
mögen. Es ist lähmend. Mein Freund Mark hat bei einer
Fahrt auf dem Kongo kleine Kinder gesehen, die auf
dem Deck des großen Bootes spielten, das keine Reling
hatte. »Haben Sie keine Angst, dass sie ins Wasser fal-

len?«, fragte er eine Mutter. »Sie sind doch nicht blöd« lautete die lachende Antwort. Liedloff berichtet das Gleiche von den Yequana: Von jungen Jahren an spielen sie mit Messern und am Rand tiefer Abgründe. In primitiven Kulturen wird der gesunde Menschenverstand des Kindes respektiert. Wir zivilisierten Eltern nehmen ihnen im Grunde das Selbstvertrauen, wenn wir andauernd »Vorsicht!« kreischen. Henry konnte schon mit zwei Jahren ohne Aufsicht die Leiter zum Baumhaus hoch- und runterklettern. Aber mit drei war er auf einmal ängstlich geworden, und letzte Woche hat er zum ersten Mal nach mir gerufen, damit ich ihm helfe, wieder nach unten zu kommen. Diese Angst müssen wir ihm beigebracht haben – ein fürchterlicher Gedanke.

Ich kann nur von Herzen zu Baumhäusern raten – je roher, desto besser. Mein Freund Oli hat unseres gebaut, hauptsächlich aus Gerümpel. Und das Großartige ist, dass es unvollendet ist. Arthur und Delilah fügen ständig etwas Neues hinzu und bemalen es. Victoria hat kürzlich vorgeschlagen, mit den Einzelteilen eines alten Kinderbettes weiterzubauen (wobei ihr Anliegen lautete, daraus ein zweites Sicherheitsgeländer zu machen!).

Ein weiterer gewaltiger Vorteil des Arbeitens mit Holz besteht darin, dass wir damit das böse Plastik meiden, den Feind der Faulheit. Holzklötze sind eine besondere Freude: Sie halten ewig und sehen gut aus. Und wenn man genug hat von ihnen, kann man sie verbrennen. Kein Müll! Das nenne ich umweltfreundlich! Aus Holz Gefertigtes ist in jeder Hinsicht überlegen. Holz kann man für umsonst sammeln. Man kann es reparieren und anmalen. Man kann es recyceln, einer neuen Verwendung zuführen oder im Kamin verfeuern. Es wächst auf Bäumen – ganz ohne Öl. Soweit ich weiß, gibt es in Waldorfschulen nur Holzspielzeug, und für mich klingt das nach einer durch und durch guten Idee.

Indem wir unsere Kinder dazu anhalten, sich an Holz zu erfreuen, werden auch wir selbst uns wieder an Holz erfreuen. In einer vergnüglichen Revolte gegen die trockene, klinische Beschaffenheit von Plastik verbindet es uns mit der natürlichen Welt. Mein Einwand gegen die in Kalifornien kreierten virtuellen Computerwelten lautet, dass sie uns von der Natur abtrennen, und genau das gehört ja zum Plan. Einer der Geldgeber des gigantischen virtuellen Netzwerks namens Facebook, Peter Thiel, vertritt eine auf Thomas Hobbes basierende Philosophie, die im Wesentlichen darauf hinausläuft, dass die Natur feindlich sei, eine restriktive Kraft, die es durch den grenzenlosen Erfindungsreichtum des Menschen zu überwinden gelte. Im Internet kann man virtuelle »Geschenke« durch den Äther schicken, Dinge, die es gar nicht gibt, denen die plumpe Realität handfester, handgemachter Objekte fehlt und an denen man sich lediglich durch das Medium des Bildschirms erfreuen kann. Kurzfristig mag man sich tatsächlich darüber freuen, doch es ist einfach nicht das wahre Leben und hat nichts von der Kreativität und der Leidenschaft, die das Basteln und Bauen mit Holz mit sich bringt. Dinge aus Holz herzustellen macht uns – uns alle – zu Künstlern – nicht unbedingt zu »erfolgreichen« Künstlern, die sich auf dem Kunstmarkt verkaufen, aber nichtsdestotrotz zu Künstlern. Die virtuelle Welt des kalifornischen Futuristen macht uns lediglich zu Konsumenten der Visionen anderer.

Spielen mit Holz weckt den Robin-Hood-Geist in uns, den grünen Wald, den Grünen Mann, Mensch und Natur untrennbar verbunden. Robin Hood und seine Gesetzlosen lebten im Wald und bauten sich ihre Unterkünfte selbst (heutzutage kriegt man dafür keine Baugenehmigung mehr). Sie haben in der Natur Schutz gesucht, statt Wälle zu bauen, um sie abzuwehren. Deshalb lieben es Kinder, im Wald Hütten zu bauen: Es ist ein Urinstinkt, der über viele Generationen an uns weitergereicht wurde. Und im schlechtesten Fall wird eine holzerfüllte Kindheit dem Kind zumindest Selbstvertrauen in praktischen Dingen geben, das ihm oder ihr in puncto Freude im alltäglichen Leben zugutekommen wird.

Wahrscheinlich werde ich reichlich Spott ernten für meine Überzeugung, dass es im Leben von Kindern und Erwachsenen eine gute Portion körperlicher Arbeit und Handwerk geben sollte. Gibt es dazu heutzutage nicht Fabriken, werden die Spötter sagen, meistens in fernen Ländern, damit wir unsere Zeit im virtuellen Raum verschwenden können? Dabei muss ich an die Geschichte denken, die mir ein Freund über einen Freund von ihm erzählte, der mit dem Handel mit pflanzlichen Rauschmitteln viel Geld verdient. Davor war er ein bescheidener Schreiner gewesen. Warum der Berufswechsel? »Weil«, sagte er, »ich genug hatte von den reichen Leuten, die in meine Werkstatt kamen und mir erzählten, wie befriedigend es doch sein müsse, mit den Händen zu arbeiten.«

Aber was spricht dagegen, beides zu machen? Wie Rousseau sagt: Seien Sie Handwerker und Philosoph. Oder Künstler und Geschäftsmann. Nicht zu vergessen, Rembrandt war ein großer Kunsthändler. Sie können mor-

gens lesen, schreiben und Geld verdienen und am Nachmittag Sachen bauen. Nichts macht mehr Spaß, als Nägel
ins Holz zu schlagen. Erfüllen wir das Leben unserer Kinder mit Abwechslung, Kreativität und Autonomie. Und
was nicht weniger wichtig ist: Erfüllen wir unser Leben
mit Abwechslung, Kreativität und Autonomie und sehen
wir zu, wie sich dadurch auch das Leben unserer Kinder
verbessert. Wir sind alle Künstler.

16. Sagen Sie »Ja«

Man ist geneigt, in seinen anarchischen Momenten,
Louis Stevenson zuzustimmen, dass Freundlichkeit und
Fröhlichkeit in einer Alltagswelt eine gute Religion sind.
Jerome K. Jerome, »Things We Meant to Do«, 1898

Oh, wie wir jammern, wir verwöhnten Eltern des Westens, wie wir leiden unter der Qual der Wahl, dazu verurteilt, immer nach dem Richtigen zu streben, immer alles richtig zu machen. Wir klagen über Geld, wir klagen über Schlafmangel, wir klagen über unseren Partner, über die Kollegen, den Bus, die Zeitungen, die Netzwerk-Webseiten, die Regierung, den Telefonanbieter; wir stampfen mit den Füßen und schimpfen über die Wucherer in den Großbanken und über die Lügner und die geldgierigen Betrüger an der Börse; aber vor allem klagen wir über unsere eigenen Kinder. In den ersten paar Monaten nach der Geburt unseres ersten Kindes sind wir noch einigermaßen selig. Dann verhaken sich die rivalisierenden Elemente der künstlichen Konstruktion, die wir erhaben unser »Leben« nennen, in tödlichem Kampf. Wir versuchen, »die richtige Balance zu finden« zwischen erfreulichen und weniger erfreulichen Tätigkeiten. Wir lesen Zeitungskolumnen, in denen nur gejammert wird, und wir glauben, fälschlicherweise, dass, weil die jammern, auch unser eigenes Gejammer irgendwie gerechtfertigt sei (und vergessen dabei, dass deren Gejammer ein profitables Geschäft ist – sie verdienen ihr Geld mit Jammern –, unser Leiden dagegen ist durch und durch ehrenamtlich). Und dabei beklagen wir uns über das Leben, das wir uns selbst ausgesucht haben. Wir haben den Job angenommen, wir haben die Wohnung gekauft, wir haben uns diesen Freund oder diese Freundin ausgesucht, wir haben das Kind bekommen, wir haben das Auto gekauft, wir haben den Internet-Anbieter ausgewählt, wir haben unser Geld dieser Bank gegeben, wir leben in dieser Stadt, in diesem Land. Wir hätten die Freiheit gehabt, die Koffer zu packen und uns allein in Goa niederzulassen und den Rest unseres Lebens am Strand zu verbringen, kinderlos und frei. Aber wir haben uns entschieden, das nicht zu tun. Und dann wird gejammert!

Aber leiden wir Hunger? Müssen wir frieren? Sind wir obdachlos? Sitzen wir im Knast? Nein. Haben wir die Freiheit, unser Leben zu verändern, den Job zu kündigen, von zu Hause abzuhauen, Ehefrau oder Ehemann zu verlassen? Ja. Was ich sagen will: Wenn Sie mit Ihrer Situation nicht glücklich sind, sollten Sie sie verändern. Und glauben Sie nicht, Sie wären machtlos, weil nämlich Sie selbst die Situation geschaffen haben, in der Sie sich jetzt befinden. Und Sie haben auch die Einstellung geschaffen, die Sie zu dieser Situation haben, und genauso können Sie sich, wenn Sie sich dafür entscheiden, eine andere Einstellung zulegen. Das soll nicht heißen, dass Schmerz nicht real sei. Trauerfälle, häusliche Konflikte, finanzielle Katastrophen ... wie Blake, der Barde Albions, schrieb:

Der Mensch ward gemacht für Freude und Pein,
Und wer dies immer im Sinne behält,
Geht unangefochten durch die Welt.
Das feine Gewebe von Freude und Leid
Ist für die göttliche Seele ein Kleid.

Was man in altmodischen Kulturen häufig beobachtet, ist eine stoische Haltung zum Leben, ein inspirierender Mangel an Selbstmitleid, und diese Einstellung finden wir auch noch in Gesellschaften vor, die, in unseren Augen, nur wenige Wahlmöglichkeiten für die Lebensgestaltung bieten. In reichen Gesellschaften hingegen begegnet uns unfassbar viel Gejammer. Und je reicher die Leute sind, umso mehr gibt es zu jammern. Reiche Leute beschweren sich andauernd über den schlechten Service im Hotel. Sie beschweren sich über faule Angestellte oder Angestellte, die ständig krank sind. Sie beschweren sich über Fluggesellschaften, Callcenter-Mitarbeiter, Taxiunternehmen. Reichtum scheint reichlich Grund zur Beschwerde mit sich zu bringen, womöglich, weil Reichtum die Zahl der Transaktionen im Leben eines Menschen erhöht und damit auch die Wahrscheinlichkeit, dass was schiefläuft. Wenn man hingegen ein einfaches Leben lebt, kann weniger in die Hose gehen. Noch dazu verursacht Reichtum einen arroganten Mangel an Geduld: Ich kann zahlen, wieso sollte ich da warten?

Mein Freund John Lloyd, Produzent von Fernsehsendungen wie *Blackadder* und *Spitting Image* und Erfinder der *QI*-Serie hat bei Dinnerpartys der Mittelschicht ein Phänomen beobachtet, dass er »prammern« nennt: eine unangenehme Kombination aus Protzen und Jammern.

Jammern über das Hausmädchen im Chalet in Gstaad oder über die schlechte Behandlung bei Virgin Upper Class oder über den Englischlehrer in Eton, der nicht den Erwartungen entspricht. Zwei unschöne Phänomene zu einer extrem widerlichen neuen Form des Nörgelns zu vereinen, dazu bedarf es schon einer speziellen britischen Form des negativen Genies.

Beides sollten faule Eltern um jeden Preis vermeiden (wie bei allen meinen Vorschlägen ist auch hier nicht zu vergessen, dass faule Eltern gegen Fanatismus in jeder Form sind. Ein wenig moderates Gejammer ruft nicht gleich die Faulheitspolizei auf den Plan). Jammern ist das erwachsene Gegenstück zum kindlichen Quengeln. Wenn die Kleinen uns jammern hören, gehen sie davon aus, dass es normal ist, sich zu beschweren, und quengeln los (Machtlosigkeit ist, wie wir gesehen haben, der zweite Grund). Genau genommen ermutigen wir sie zum Jammern und Klagen, wenn wir sie ständig zu allem Möglichen nach ihrer Meinung fragen: »Hattest du einen schönen Tag? Hat es Spaß gemacht? Ist das ein gutes Buch? Wie fandst du den Film? Wie war es in der Schule?« Genau das haben die alten Chinesen den »unterscheidenden Geist« genannt, das fehlgeleitete Aufteilen der Welt in gute Dinge und schlechte Dinge. Im Grunde ist dieser unterscheidende Geist ein Mittel, Kinder zu Konsumenten zu erziehen, denn der Konsument ist der größte Jammerer von allen, stets bereit, den Ombudsmann mit Beschwerden zu überschütten, zu welchem Thema auch immer, und bessere Produkte zu kaufen. Unser Leben durch unsere Auswahl an Produkten und Dienstleistungen zu leben bedeutet die totale Umsetzung des Jammerprinzips. Der Nichtkonsument, der Kreative, weiß, dass alle Dinge gleichwertig sind. Er ist frei von Vorurteilen, er besitzt den »nichtunterscheidenden Geist«, und er hat nichts zu beklagen. Er verfügt über eine fröhlich-stoische Grundeinstellung und ist mit Epikur einer Meinung:

> Reichtum besteht nicht darin, viele Besitztümer zu haben, sondern wenige Bedürfnisse.

Viele Bedürfnisse zu haben führt offensichtlich zu Gejammer. Eine vage, abstrakte Idee von dem zu unterhalten, wie die Dinge sein könnten, statt sie zu feiern, wie sie sind, weckt Gefühle der Unzufriedenheit. Feiern wir unsere eigene Einzigartigkeit, unser Anderssein, unsere Exzentrizität.

John Stuart Mill, selbst Produkt einer von seinem Vater James Mill zusammen mit dem infamen Panoptikum-Erfinder Jeremy Bentham ausgearbeiteten Treibhauserziehung, hegte große Sympathien für die Idee des einfachen Lebens, und tatsächlich schreibt er die anhaltenden Diskussionen darüber in der Mitte des 19. Jahrhunderts dem Werk Rousseaus zu. In *Über die Freiheit* schreibt er: »Die Überlegenheit eines einfachen Lebens, die enervierenden und demoralisierenden Auswirkungen der Fesseln und der Heuchelei der künstlichen Gesellschaft, sind Vorstellungen, die aus dem kultivierten Geist nie mehr ganz verschwunden sind, seit Rousseau schrieb«.

Wir müssen unsere persönliche Verantwortung wahrnehmen. Darin liegt die Befreiung von der Jammerei. Nehmen Sie Mills weise Worte zum Thema Erziehung,

welche die meisten von uns einer äußeren Instanz überlassen:

> Wenn die Regierung sich entschlösse, für jedes Kind
> eine gute Erziehung zu verlangen, so wäre sie der
> Pflicht enthoben, selbst dafür zu sorgen. Sie könnte es
> dann den Eltern überlassen, die Erziehung nach eige-
> nem Ermessen einzurichten, und sie könnte sich damit
> begnügen, zum Schulgeld für die ärmeren Kinder
> zuzuschießen oder die Kosten der ganzen Ausbildung
> für die zu tragen, die keine zahlungsfähigen Angehö-
> rigen haben. Die Einwände, die man mit Recht gegen
> die staatliche Erziehung erhebt, besagen nichts gegen
> den staatlichen Zwang zur Erziehung. Sie richten sich
> nur gegen den Fall, dass der Staat die Erziehung selbst
> in die Hand nimmt, was freilich ein ander Ding ist …
> Eine allgemeine Erziehung durch den Staat ist nichts
> anderes als eine Einrichtung, um alle Menschen einan-
> der gleichzumachen, …[er errichtet] … einen Despo-
> tismus über die Geister, der naturgemäß auch zu einer
> Tyrannei über den Leib führt.

Warum muss der Staat so viel Kontrolle über staatliche Bildung ausüben? Warum lässt er die Lehrer nicht
in Ruhe? Mill hat recht, nur wenige Eltern würden sich
beschweren, wenn sie Bildungsgutscheine erhielten, die
sie an jeder beliebigen Schule einlösen könnten. Es ist die
ideologische Kontrolle, gegen die wir uns wehren.

Wir beschweren uns also über unsere Schulen, staatliche so wie private. Über die Privatschule zu jammern,
die wir selbst für unseren Nachwuchs ausgesucht haben,

gehört zu den absurdesten Beispielen für »prammern«, aber über andere Schulen zu jammern ist lächerlich, weil zahllose Alternativen zur Verfügung stehen, nicht zuletzt Heimunterricht und Lerngruppen. Wie Sie sich Ihr Bett gemacht haben, so sollten Sie drin liegen, und wenn es Ihnen nicht gefällt, stehen Sie auf.

Genauso ist es mit Kindern. Man ist ja nicht gezwungen, Kinder zu haben. Wir entscheiden uns dafür. Es gibt viele andere Möglichkeiten, durchs Leben zu gehen. Indem wir uns nicht darüber beklagen, gehen wir unseren Kindern mit gutem Beispiel voran, und sie werden durch unser Vorbild lernen, dass, wenn wir mit einer Situation unzufrieden sind, es ganz in unserer Macht steht, entweder die Situation selbst oder unsere Einstellung zu dieser Situation zu ändern.

Also, statt zu jammern und zu klagen und zu wünschen, die Dinge wären irgendwie anders, folgen Sie meinem Rat und lernen Sie, zu Ihren Kindern »Ja!« zu sagen. Diese sehr einfache Idee habe ich von John Lloyd. Er erzählte mir, dass ihm aufgefallen war, wie sehr er seine Kinder abzuwimmeln versuchte: Schon in den ersten Wochen, als er bis spät im Büro rumtrödelte, weil ihm das angenehmer erschien, als sich dem plärrenden Baby und dem allgemeinen Durcheinander zu Hause stellen zu müssen, und genauso später, als die Kleinen etwas älter waren und er wütend wurde, wenn sie ihn bei einem Telefonat störten. Die gleiche Tendenz habe ich auch bei mir selbst festgestellt: Manchmal starre ich auf den Bildschirm, und ein Kind kommt in mein Arbeitszimmer und will mit mir spielen: »Spielst du Tractor Ted mit mir?« Ich gebe einen gewichtigen Seufzer von mir und sage etwas wie: »Ich arbeite.« Oder, schlimmer noch, ein nörgelndes: »Siehst du nicht, dass ich arbeite?« Das Kind versucht es noch ein paar Mal und gibt schließlich auf. Ich wende mich wieder meinem Bildschirm zu und frage mich, ob es tatsächlich als wichtige Arbeit gelten kann, das Amazon-Ranking meines letzten Buches abzufragen. Kann das nicht fünf Minuten warten? Lloyd unterzog diese Fragen einer eingehenden Prüfung und entschied sich, »Ja« zu seinen Kindern zu sagen, wenn er gerade telefonierte oder arbeitete und sie ihn um etwas baten. Im Zuge dessen ist ihm auch klar geworden, dass ihr ständiges Betteln und ihr irritierendes Verhalten ihm gegenüber eine Art Entschädigungsforderung für früheren Liebesentzug war. Also legte er nun den Hörer auf und spielte mit seinem Kind.

Klingt das nicht nach reichlich Arbeit für faule Eltern? Im Grunde nicht. Fünf Minuten herumalbern, und das Kind ist glücklich. Und überhaupt, genau genommen ist es doch eine Freude für Vater und Mutter. Wir werden alle noch reichlich Zeit haben, zu arbeiten und auf den Bildschirm zu starren, wenn sie älter werden und das Interesse an uns verlieren. Erfreuen Sie sich an Ihren Kindern, solange es geht!

John verweist außerdem darauf, dass faule Eltern das »Ja«-Sagen als Investition in die Zukunft betrachten können. Wenn man es sich eine Zeitlang zur Gewohnheit gemacht hat, »Ja« zu sagen, vielleicht für ein Jahr oder zwei, werden die Kinder irgendwann aufhören, einen zu belästigen. Unser »Ja«-Sagen hat ihnen tief in ihrem Herzen Sicherheit gegeben, und so werden sie nicht mehr das Bedürfnis haben, unsere Liebe auf die Probe zu stellen und andauernd einen Beweis zu fordern.

Nennen wir dies die Lloyd-Methode für glückliche, stressfreie Elternschaft, und die geht so:

> Auch wenn es für diejenigen unter uns, die bereits Kinder haben – und dabei den üblichen Murks anrichten –, anders aussehen mag: Elternschaft bietet uns die großartige Gelegenheit zu lebenslangem Müßiggang. Es gibt da einen ganz einfachen Trick. Gebt den Kindern alles, was sie wollen, wann sie es wollen und sobald sie danach fragen. Wenn Kinder wissen, dass sie eure ungeteilte Aufmerksamkeit bekommen, egal aus welchen Gründen, egal wie belanglos, zu jeder Tages- und Nachtzeit, dann, höret und staunet, Wunder aller Wunder: Dann fragen sie nicht mehr. Und damit habt ihr die Freiheit, euch mit all dem Unsinn zu beschäftigen, den ihr zuvor für wichtiger gehalten habt.

Die Lloyd-Methode deckt sich in weiten Teilen mit den Ideen in *Auf der Suche nach dem verlorenen Glück*. Gewährt man dem Kind, solange es noch klein ist, in vollem Umfang die »Erfahrung des Getragenwerdens«, wie Liedloff es nennt, wird es einen später in Ruhe lassen:

> Das Bedürfnis nach ständigem Kontakt nimmt, wenn das entsprechende Erfahrungskontingent erfüllt worden ist, rasch ab, und normalerweise verlangt ein Baby, Krabbelkind oder Kleinkind nur in Augenblicken von Stress, den es mit seinen gegenwärtigen Kräften nicht bewältigen kann, nach Unterstützung seiner so erlangten Fähigkeiten. Diese Augenblicke werden zunehmend seltener, und das Selbstvertrauen nimmt

so rapide an Tiefe und Umfang zu, dass es jedem, der nur Kinder der Zivilisation kennt, welche der vollständigen Erfahrung des Getragenwerdens beraubt sind, erstaunlich vorkommen muss.

Die Person, die gerade für das Baby zuständig ist – sei es Vater oder Mutter oder ein Verwandter –, »lauert« nicht ständig neben ihm und »macht Sachen«, ist aber immer in greifbarer Nähe:

Bei den Yequana ist die Haltung der Mutter beziehungsweise Pflegeperson eines Babys entspannt. Gewöhnlich ist sie mit etwas anderem beschäftigt, aber jederzeit empfänglich für den Besuch des krabbelnden oder kriechenden Abenteurers. Sie hört nicht auf mit Kochen oder anderer Arbeit, es sei denn, ihre volle Aufmerksamkeit wird erfordert. Sie öffnet dem kleinen Sucher nach Rückversicherung nicht ihre Arme, sondern erlaubt ihm in ihrer ruhigen, beschäftigten Art, von ihrer Person Gebrauch zu machen, oder gewährt ihm, wenn sie gerade umherläuft, einen durch einen Arm gestützten Ritt auf ihrer Hüfte.

Liedloff lobt gerade die Passivität der Eltern:

Sie initiiert die Kontakte nicht, noch trägt sie – außer auf passive Art – zu ihnen bei. Das Baby selbst sucht sie auf und zeigt ihr durch sein Verhalten, was es will. Seine Wünsche erfüllt sie vollständig und bereitwillig, aber sie fügt nichts hinzu. In ihrem gesamten Verkehr miteinander ist es der aktive, sie der passive

248

Teil; es kommt zu ihr zum Schlafen, wenn es müde ist, und zum Gefüttertwerden, wenn es hungrig ist. Seine Erforschungen der weiten Welt erhalten durch seinen Rückgriff auf sie und seine Gewissheit ihres steten Daseins, während es fort ist, Gegengewicht und Bestärkung.

Faule Eltern müssen die auf den ersten Blick unvereinbaren Haltungen des Nichtstuns und des »Ja«-Sagens in Einklang bringen. Lassen Sie sie von selbst zu Ihnen kommen, aber wenn sie zu Ihnen kommen, dann seien Sie ganz für sie da und versuchen Sie nicht, sie abzuwimmeln. Das gibt Ihnen reichlich Zeit, Ihren eigenen Angelegenheiten nachzugehen, was immer das sein mag, und das Kind lernt Eigenständigkeit und hat von Anfang an das Gefühl, geliebt zu werden. Geliebt zu werden und dennoch frei zu sein. Tun Sie weniger! Passive Elternschaft ist verantwortungsbewusste Elternschaft.

Wenn wir von unseren Kindern drangsaliert werden – was für ein großartiger Kommentar meiner Freundin Heather zu ihrem quengelnden Kind: »Könntest du aufhören, mich zu terrorisieren?« –, ist das ein direktes Ergebnis davon, dass wir ihnen in der Vergangenheit zu wenig Ich-bin-da-Zeit geschenkt haben. Von unserer nichtkontemplativen Gesellschaft hören wir den ganzen Tag, dass wir aktive Eltern zu sein haben, also hetzen wir durch die Gegend und arbeiten und springen dann unseren Kindern ins Gesicht, sobald wir sie sehen, und werden, jetzt aber richtig, aktiv. Ohne Zweifel ist es klüger, wenn Eltern es so einrichten, dass beide in den ersten ein bis drei Lebensjahren des Kindes so viel Zeit wie möglich zu Hause verbringen und dass in dieser Zeit ständig Helfer anwesend sind in Form von Verwandten, Mitbewohnern, Nachbarn oder Kindermädchen, sofern das Portemonnaie es zulässt. Je mehr Leute, desto fröhlicher. Das nimmt der einsamen Mutter die Last von den Schultern, die sowieso nie, niemals für sie allein gedacht war. Irrsinnige Idee! Lieber viel Zeit als viel Geld, zumindest in den ersten Jahren. Zum Geldverdienen ist später noch Zeit genug.

Dem Jammern ein Ende zu setzen und zu Ihren Kindern »Ja« zu sagen kann auch dazu beitragen, dass Sie Ihr Leben in anderen Bereichen leichter akzeptieren. Ein einfacher Trick besteht darin, das Radio auszuschalten. Lauschen wir Aldous Huxley, der schon 1946 schrieb:

> Vier bis fünf Mal pro Tag die Nachrichten und Kommentare zu hören, die Tageszeitung und die Wochen- und Monatszeitschriften zu lesen – heutzutage nennt man das »ein intelligentes Interesse an Politik«. Der heilige Johannes vom Kreuz hätte das als eitle Neugier und Kultivierung der Bangigkeit um der Bangigkeit willen bezeichnet.

Unzufriedenheit führt zu Jammerei, daher müssen wir die Ursachen der Unzufriedenheit beseitigen. Eine weitere Ursache für Unzufriedenheit, neben den Medien, ist die Tendenz, sich als Versager zu fühlen, weil das Leben nicht perfekt ist, nicht so, wie es in Zeitschriften und im Fernsehen dargestellt wird. Wir müssen also das Streben nach Perfektion aufgeben und uns der Vorsehung überantworten. Noch einmal Huxley:

Die populäre Philosophie des Lebens gründet nicht länger auf den Klassikern Hingabe und gute aristokratische Erziehung, sondern wird heute von den Reklameschreibern bestimmt, deren ganzes Streben darauf gerichtet ist, alle Menschen dazu zu bringen, so offensiv und hemmungslos gierig zu sein wie nur möglich, da es natürlich nur die Habgierigen, die Ruhelosen, die Abgelenkten sind, die Geld für die Dinge ausgeben, die die Werbeleute verkaufen wollen.

Vielleicht brauchen wir ein klein wenig mehr Stille, mehr Ruhe, mehr Freundlichkeit, ein klein wenig mehr Fröhlichkeit und sehr viel weniger Gier.

17. Lernen Sie leben von Ihren Kindern

So soll der Mensch arm sein des Willens und so wenig wollen
und begehren wie er wollte und begehrte, als er nicht war.

Meister Eckhart

Faule Eltern werden sich niemals für ihre Kinder auf-
opfern. Sie werden ihr Leben leben, und ihre Kinder
werden in ihrem Windschatten aufwachsen und lernen.
Aber sie werden ihre kleinen Sprösslinge respektieren
und deren Gebaren mit Interesse beobachten. Kinder
sagen lustige Sachen. Und man kann immer von ihnen
lernen. Das Entscheidende am Elternsein ist nicht, was
Sie *tun*, sondern welche Beziehung Sie zu Ihrem Kind
haben. Wie Sie *sind*, darauf kommt es an. Statt eine Liste
von Regeln zu befolgen, die jemand anders aufgestellt
hat, müssen wir uns zuerst und vor allem auf unsere geistige Einstellung zu unseren Kindern konzentrieren. Eine
gewisse Dankbarkeit dafür, dass sie in unser Leben getreten sind, könnte ein guter Anfang sein.

Wenn das erste Kind geboren wird, lernen wir, was
bedingungslose Liebe bedeutet. Eine völlige neue Art der
Liebe ist das, ganz anders als die, die Sie vielleicht – oder
vielleicht auch nicht – für Ihre Eltern empfinden, und ganz
anders als die fleischlich aufgeladene Liebe, die Sie für
Ihren Partner empfinden (oder empfunden haben). Jedes
menschliche Herz wird von der Gegenwart eines Babys

berührt, weil es noch nicht konditioniert und kommerzialisiert wurde. Und Gott weiß, die Industrie versucht
es! Als unser Ältester auf die Welt kam, wurde uns wenige
Minuten nach der Geburt ein Geschenkpaket mit einer
Markenwindel, einer Packung Feuchttücher und mehreren nicht in Bargeld einlösbaren Gutscheinen für diverse
grauenhafte Produkte der Kleinkinderindustrie überreicht.
Von der Wiege bis zum Markengrab werden wir als Geld-
ausgeber und Konsumenten ausgebeutet.

Doch das Baby weiß von alledem noch nichts. Es hat
nur seinen Körper und seine riesigen Augen. Ist es Ver-
wunderung oder eine Form des Einsseins, die wir im
Kind beobachten? Das ungeteilte Ich, vielleicht. Mein
Freund Penny Rimbaud ist der Meinung, dass kleine Kin-
der weder von Natur aus gut noch von Natur aus schlecht
sind – sie sind einfach leidenschaftlich. Sie sind voll der
Leidenschaft fürs Leben. Beides, ihr Weinen und ihr
Lachen, sind Ausdruck der gleichen elementaren Lust am
Leben. Nun, ich hoffe, das stimmt, denn just in diesem
Moment, während ich hier sitze und schreibe, höre ich,
wie Henry die grausigsten Schreie von sich gibt. Hört
sich an, als würde er gefoltert. Vielleicht wird er gefoltert.
Gleich wird Victoria mich um Hilfe rufen. O Elend!

Was ist das Schicksal eines Kindes, das in die Welt
kommt? Kein glückliches, wie Blake in »Kindliches Leid«
schreibt:

Der Vater weinte, die Mutter gellt'!
So sprang ich in die rauhe Welt:
Hilflos, nackt und lauthals schrei'nd:
In Wolken gehüllt wie der böse Feind.

Ringend in des Vaters Hand
Und der Windel, die mich band,
Müde hielt's fürs Beste ich,
An Mutters Brust zu bergen mich.

(Eine Anmerkung zum Wickelband: Im Mittelalter war es
üblich, Kleinkinder sehr eng einzuwickeln, eine Methode,
die Rousseau für grausam und unnatürlich hielt, genau
wie offensichtlich auch Blake. Das Wickelband ist neuerdings wieder in Mode gekommen, auf Empfehlung von
Büchern über strikte Vorgaben für Kleinkinder. Faule
Eltern jedoch wollen, dass ihr Kind frei mit den Armen
rudern kann, oder etwa nicht?)

Und in der Tat ist es eine gefährliche Welt, in die das
arme Kleine geworfen wird. Es wehrt sich, es rebelliert
gegen die Strenge, die Reglementierung und die Isolation.
Es schreit nach Menschen, die zu ihm kommen und es
halten sollen. Aber die beachten es nicht. Irgendetwas
läuft hier falsch, scheint es zu sagen. Und den Müttern
wird erzählt, dass das Kind nur Aufmerksamkeit will und
dass man es schreien lassen soll. Mir scheint das ein wenig
grausam. Aber wie dem auch sei, das kleine Kind ist noch
nicht gezähmt, noch nicht unter das Diktat der kapitalistischen Uhren und des menschengemachten Arbeitsethos
gezwungen. Für das Baby ist alles eins. Es lebt im Moment.
Einige der unschönsten Szenen unseres Familienlebens
ereigneten sich während der morgendlichen Hetze. Der
Schulbus fährt um halb neun unten an der Straße ab, und
zu diesem Zeitpunkt müssen die Kinder gewaschen und
angezogen sein und mit gepackter Tasche fertig dastehen.
Wie sie sich dagegen wehren, dass man ihnen sagt, was sie

tun sollen, dass man sie aus einer Beschäftigung heraus-
reißt, die ihnen Spaß gemacht hat! »Zieh dir die Schuhe
an.« *»Zieh die Schuhe an!«* »ZIEH DIE SCHUHE AN!«
Warum wehren sie sich so gegen Autorität? Weil sie im
Augenblick leben, im Hier und Jetzt. Und vielleicht – nur
vielleicht – liegt der Fehler nicht bei den Kindern, die trödeln, sondern im System, das sie so streng zu reglementie-
ren versucht. Wenn die Kinder dagegen rebellieren, sind
vielleicht sie die geistig Gesunden. Sie haben sich ihre
Würde bewahrt: Wie der junge Thomas De Quincey, der
von seinen Eltern als der »herrische kleine Sultan« der
Familie beschrieben wurde.

Und deshalb sollten wir öfter auf unsere Kinder hören.
Sie können uns viel über ein natürliches Leben lehren.
Zum Beispiel:

a) Leben im Jetzt

Wir als Erwachsene bemühen uns ständig, unsere Kinder
aus dem Jetzt zu reißen und in die Zukunft oder Vergangenheit zu werfen. Wir stellen Fragen über vergangene
Erlebnisse: »Wie war es in der Schule? Was habt ihr heute
gemacht? Was hat dir am besten gefallen? Mochtest du
den Film? Hat dir das Spaß gemacht?« Wir machen Pläne
für die Zukunft und bringen ihnen bei, sich auf etwas zu
freuen (vielleicht um die schreckliche Gegenwart erträg-
licher zu machen): »Freust du dich schon auf Weihnach-
ten? Auf unseren Ausflug ins FunderZone?« Es sieht aus,
als wollten wir unseren Kindern von klein auf beibringen, dass das »Jetzt« kein guter Ort ist – dass das Leben
vielmehr in der Vergangenheit gelebt wurde oder in der
Zukunft gelebt werden wird. Die Weigerung der Kinder,

Fragen wie »Wie war es in der Schule?« (stets ein verläss-
licher Gesprächstöter) zu beantworten, ist vielleicht ein
Zeichen, dass sie einfach nur *sein* wollen, dass sie einfach mit dem weitermachen wollen, womit sie beschäftigt sind, gerade jetzt. Das würde auch ihren Widerstand
gegen Pünktlichkeit erklären und ihren Unwillen, von
etwas weggerufen zu werden, das ihnen Spaß macht, um
zu Abend zu essen. (Ich beabsichtige, einen Essensgong
zu erstehen, damit ich nicht mehr nach ihnen rufen muss.
Außerdem habe ich den Traum, dass sie irgendwann den
ganzen Tag draußen spielen und ich um sechs Uhr abends
rausgehe und eine riesige Glocke schlage, um sie von der
Wiese heimzurufen …)

Alle Eltern wissen, wie frustrierend es sein kann, mit
einem Kleinkind einen Spaziergang machen zu wollen.
Sie scheinen die Idee von einem Ziel, einem Ortswechsel
von A nach B, schlichtweg nicht zu begreifen. Vielmehr
beharren sie darauf, zu bummeln und zu trödeln, sich
zu bücken, um irgendwelche Sachen aufzuheben, Schil-
der zu betrachten und sogar – macht mich wahnsinnig –
wieder zurückzugehen. Wahrscheinlich genießen sie einfach die Zeit. Sehr frustrierend für den zielorientierten
Erwachsenen. »Komm, Henry«, trällern wir mit gespiel-
ter Fröhlichkeit für den Fall, dass man uns gehorcht, ein
kleines, nachsichtiges Lächeln auf den Lippen. Doch wenn
wir eine andere Haltung dazu einnehmen, kann Spazie-
rengehen mit einem Kleinkind auch Spaß machen. Das
Kleinkind kann den Erwachsenen lehren, sich der Freude
am Hier und Jetzt hinzugeben, ohne Sorgen um das, was
war oder sein wird. Das Kleinkind kann den Erwachsenen
fest im Augenblick verankern. Ja, hören Sie auf zu wollen

und lassen Sie geschehen, was geschieht! Und je mehr Sie ihnen erlauben, einfach im Moment zu sein, umso mehr Gelegenheit haben sie, Ihnen im Gegenzug zu zeigen, wie das geht, im Moment zu leben, und wie Sie sich von Sorgen, Reue und Angst befreien können. Kleine Kinder sind schicksalsergebene Wesen: Sie denken an ihr leidenschaftliches Leben im Jetzt; Zukunft und Vergangenheit sind inhaltsleere, abstrakte Konzepte. Zukunft ist nicht real. Sie existiert nicht (und wie ich schon des Öfteren bemerkt habe, ist Zukunft ein kapitalistisches Konzept, das Ängste in uns weckt, die so manipuliert werden, dass sie uns dazu verleiten, Geld für Versicherungen, Rente, Hauseigentum etc. auszugeben).

b) *Alberei und Gelächter im Angesicht der Katastrophe*
»Du bist ein Kaka-Kopf, Papa«, sagen die Kleinen zu mir und lachen sich tot. Das Ersetzen beliebiger Wörter durch das Wort »Kaka« und überhaupt der freigiebige Gebrauch dieses Wortes in allen Sätzen ist, wie der Semiologe Gregory Rowland beobachtet hat, ein Eckpfeiler des Humors kleiner Kinder. Und sie haben recht, es ist lustig. Kinder lieben das Spiel mit Wörtern, sie lieben Witze, und die meisten Witze basieren auf Wortspielen. Und sie lieben es, Grimassen zu ziehen und Purzelbäume zu schlagen und Furzgeräusche von sich zu geben. Genau wie ich. Grimassenschneiden ist super: Im Mittelalter war das ein Spiel. Lassen Sie alle Anwesenden schreckliche Fratzen schneiden. Wenn Sie wollen, machen Sie Fotos. Dann wählen Sie einen Gewinner. Womöglich werde ich das im nächsten Jahr für unser Dorffest vorschlagen. Vielleicht mit einer Polaroidkamera. Wie auch immer, ein Riesen-

spaß. Und ist es nicht großartig, dass unsere Kinder uns den Vorwand liefern, mal wieder albern zu sein? Menschen lachen von Natur aus gern, aber wir verlieren diesen Instinkt, wenn wir älter, ernster und nüchterner werden. Kinder erinnern uns an das, was wirklich wichtig ist.

Außerdem scheinen Kinder diese angeborene Freude an allen Rissen in der alltäglichen Ordnung zu besitzen. Bei jedem falschen Wort in einem Satz brechen sie hilflos gackernd zusammen. Und sie lieben es, wenn in der Erwachsenenwelt etwas schiefläuft, wenn, wie Penny Rimbaud es ausdrücken würde, »die konsensuelle Realität zusammenbricht«. Das ist auch der Grund für ihre Begeisterung für Feuerwehrwagen – an irgendeiner Stelle ist das geordnete Universum der Erwachsenen kaputtgegangen. Genau wie Mexikaner Verkehrsunfälle lieben und sich sofort an der Unfallstelle versammeln und schlaue Tipps geben, genauso lieben es Kinder, wenn das uhrengesteuerte elterliche System zum Stillstand kommt. Schließlich ist das der Punkt, an dem all die natürliche Menschlichkeit und Großzügigkeit der Leute zutage tritt. Katastrophen können befreiend sein; sie erlösen uns aus der erbitterten Effizienz des Industriekapitalismus. Eine der Lieblingsgeschichten von meinem Bruder und mir, an der wir uns als Kinder ergötzt haben, handelt davon, wie wir damals mit einem Hubschrauber von der felsigen Küste North Devons gerettet werden mussten, weil sich mein Vater mit Ebbe und Flut vertan hatte. Noch heute kann ich mich praktisch in allen Einzelheiten an das Ereignis erinnern, so intensiv war die Freude an diesem Einschnitt. Irgendwann später waren wir im Skiurlaub, und mein Bruder und ich sind jeden Mor-

gen allein losgezogen, um eine Fanta zu kaufen. Eines
Tages hat mein Bruder sein Glas fallen lassen, und es ist
in winzige Scherben zersplittert. Wir haben zu dem Wirt
hochgeschaut und uns auf eine Gardinenpredigt gefasst
gemacht. Doch der ist in brüllendes Gelächter ausgebrochen, eine großartige und durch und durch angemessene
Reaktion auf Schlamassel. Ich werde jedes Mal wütend
auf Henry, wenn er etwas verschüttet. Aber wäre es nicht
besser, über die Sauerei zu lachen? Wütend werden macht
es ja nicht wieder sauber.

Angeblich mögen Kinder feste Abläufe, aber stimmt
das? Die Zeiten, die in meiner Erinnerung an meine Kindheit besonders herausragen, sind die, in denen die Routine
durchbrochen wurde: Feueralarm in der Schule, kaputte
Gläser, das Streichholz, das versehentlich im Karton mit
den Silvesterknallern landete, Autopannen. Brüche in der
Routine geben dem Leben Intensität. Langsam lerne ich
von meinen Kindern, Katastrophen zu genießen, wenn sie
geschehen. Letztes Jahr ist mein Wagen an Heiligabend auf
dem Weg zu Verwandten im Kreisverkehr liegen geblie-
ben. Ich war allein, drei Kinder auf der Rückbank und
kein Mobiltelefon zur Hand. Ich erlitt einen kurzen Wut-
anfall, doch was danach kam, war bei genauerer Betrachtung recht unterhaltsam. Wir liefen quer über den Kreisverkehr zur Tankstelle, und die Angestellten dort gaben
mir ihr Telefon, um den Automobilclub anzurufen. Die
Kinder kriegten Pommes und einen Milchshake bei McDonald's, eine Seltenheit in unserer konsumverweigernden
Familie. Als wir wieder im Wagen saßen, sah uns, der reine
Zufall, jemand, den ich noch von zu Hause kannte, hundert Meilen weit weg, und hielt an, um uns zu helfen. Er

schleppte uns aus dem Kreisverkehr und damit aus der Gefahrenzone. Dann kam der Mann vom Automobilclub. Und die Polizei. Und kurz danach Victoria, die mit dem anderen Wagen unterwegs war. Eine nette kleine Gesellschaft dort am Hazelgrove-Kreisverkehr auf der A303. Ich habe viele Menschen getroffen und viel Spaß gehabt. Und ich habe eine neue Geschichte zu erzählen. Wenn ich auf einer Party Erwachsenen gegenüber erwähne, dass ich eine Panne hatte, setzen alle ein mitleidiges Gesicht auf, weil sie automatisch davon ausgehen, dass es ein »Albtraum« war (was für ein überstrapaziertes Wort), aber ich stelle die Sache richtig und erzähle, wie wahnsinnig viel Spaß wir hatten. Irgendwie geschieht es, mitten in der Katastrophe, dass man sich der Vorsehung anheimgibt und sich am Scheitern der menschengemachten Pläne erfreut. Und es waren die Kinder, die mir gezeigt haben, wie das geht. Ich erinnere mich noch genau, wie ich ganz bewusst die Entscheidung getroffen habe, den Vorfall als Abenteuer und nicht als unerträgliches Missgeschick wahrzunehmen. Ich schaute mir die Situation aus ihrer Perspektive an und sah eine Geschichte, eine Story, ein Abenteuer. Das Geheimnis liegt darin, das Leben nicht zu ernst zu nehmen und immer und überall darüber zu lachen, wie Kinder es tun. Dadurch gewinnen wir die Stärke, auch mit Notlagen fertig zu werden.

c) Zeichnen und zaubern und spielen

Delilah kann stundenlang dasitzen und zeichnen. Gestern verkündete sie, sie wolle das Video – es war *Ein Schweinchen namens Babe* – nicht mit den anderen zu Ende schauen, sondern lieber ins Bett gehen und zeichnen. Besonders ihre Katzen sind bezaubernd. Henrys Krickeleien werden immer besser. Abends fragt er nach einem Tablett, damit er wie Delilah im Bett zeichnen kann. Arthur will Vögel zeichnen. Zauberei ist sein zweites Steckenpferd, und ich kann allen Eltern nur empfehlen, sich ein paar Zaubertricks anzueignen. Inzwischen können wir beide zusammen einen Trick vorführen, bei dem der Zuschauer eine Karte zieht, Arthur dann den ganzen Stapel gegen die Fensterscheibe wirft und alle Karten auf dem Fußboden landen, bis auf die, die der Zuschauer gezogen hat, weil die nämlich am Fenster klebt – von außen! Außerdem spielen wir Schach und Dame und Backgammon. Und warum, warum spielen die Leute nicht viel öfter Karten? Ein Kartenspiel kostet gerade mal ein Pfund, und es bietet unendlich viel mehr Spaß und Abwechslung als eine Sony Playstation, ist tragbarer, kann mit beliebig vielen Spielern gespielt werden und in stillen Momenten als Objekt der Kontemplation dienen. Und natürlich ist es überall einsetzbar: Es braucht keinen Strom. Ein einfacher Tipp zur faulen Elternschaft wäre es, jeden Abend nach dem Abendbrot Karten zu spielen, zumindest in den Wintermonaten.

d) Erkennen, dass Arbeit und Spiel eins sein können

Henry tut nichts lieber, als Holz auf seinen Traktor zu laden und auf der anderen Seite des Hofes wieder abzuladen. Damit hat er mir beigebracht, etwas, was ich zuvor als lästige Pflicht empfand, als angenehmen Zeitvertreib zu erleben. Ist es nicht verrückt, dass ein vierzig Jahre alter Mann, mit all seiner Lebenserfahrung und seiner Selbstzufriedenheit, nicht in der Lage ist, seinen Geist so zu nutzen, dass er die Arbeit genießt, wie ein Kind das tut? Wir haben bereits gesehen, wie Locke und Rousseau beim Entwurf ihrer idealen Erziehung diese Idee entwickelten. Die gleiche Vorstellung findet sich bei Platon. Und auch in Cobbetts *Rural Rides* aus dem Jahre 1830, wo er beschreibt, wie sein Sohn Richard sich selbst das Lesen beigebracht und er ihn dazu animiert hat, rechnen zu lernen: »Das Lesen hat er ganz spielerisch erlernt, wobei er sich aus eigenem Antrieb an die Arbeit machte, um in Erfahrung zu bringen, was über Thurtell [einen berühmten Mörder, der 1824 gehängt wurde] geschrieben wurde, als alle Welt über Thurtell redete und las.« Cobbett stellte Richard ein paar Additionsaufgaben, aber zuerst erklärte er ihm den praktischen Nutzen des Rechnens, nämlich die Bücher zu führen. Dann ließ er einfache Rechenaufgaben herumliegen. Cobbett sagt, Richard habe sehr schnell sehr viel gelernt, weil er sich zum Lernen entschieden hatte:

Wo dieser Tage so viel über Erziehung geredet wird, erlaube man mir die Frage, wie viele Pfund Eltern gemeinhin aufwenden müssen, ihrem Sohn so viel Rechnen beibringen zu lassen; und auch, wie viel Zeit es kostet; und, was eine um vieles ernstere Überlegung ist, wie viel Qual und sehr oft wie viel Einbuße an guter Gesundheit es das arme, gescholtene, gekränkte Kind kostet, das für sein Lebtag einfältig und dumm wird, aus dem einfachen Grund, dass das, was es als Ziel erfreulichen Strebens ansehen sollte, ihm als Pflicht auferlegt wird.

Kinder lehren uns also, dass Arbeit und Spiel eins sein können, und im Gegenzug können wir diese Einsicht dazu nutzen, ihnen zu helfen, sinnvolle Dinge zu erlernen. Wenn Arbeit freiwillig, selbständig und kreativ ist – aus eigenem Antrieb verrichtet –, kann man sie dann noch Arbeit nennen? Es ist die oberste Pflicht fauler Eltern, diese Trennung in ihrem eigenen Leben und im Leben ihrer Kinder aufzuheben, wenn sie sich nach Eigenständigkeit und Glück sehnen.

e) Die Freuden der Hütte kennenlernen

Friedensreich Hundertwasser, einer der großen Künstler und Architekten des 20. Jahrhunderts, Pionier des Ökohauses und Verächter gerader Linien, war der Meinung, jeder Mensch solle sein eigenes Haus bauen. Die für ihn schönsten Behausungen waren die selbstgebauten Hütten, die er in Nordafrika gesehen hatte, und, in der Tat, die Buden von Kindern. Er ordnet die Menschen einer spirituellen Dreifaltigkeit zu:

1.) Die Person im Gebäude
2.) Der Architekt
3.) Der Erbauer

Hundertwasser sagt, in einer idealen Welt würden 1, 2 und 3 in ein und derselben Person zusammenkommen. Und genau das ist bei den selbstgebauten Hütten und Höhlen von Kindern der Fall. Instinktiv wollen Kinder ihr eigenes Zuhause entwerfen und bauen, fern vom Reich der Profis und Eltern. Indem sie ihre Buden bauen, übernehmen sie die Kontrolle über die Produktionsmittel: Sie sind Bewohner, Architekt und Erbauer. Die Hütte trägt also dazu bei, drei Aspekte des Lebens in Harmonie zu vereinen, die die moderne Zivilisation allzu oft auseinanderreißt, professionalisiert und outsourct. Dies erklärt die tiefe und intensive Freude, die Kinder beim Hüttenbau empfinden. Selbst eine alte, gegen die Wand gelehnte Tür ist ein Statement über den Willen zu Unabhängigkeit und Kreativität. Hüttenbau steht außerdem im Einklang mit dem spirituellen Grundsatz, das zu nutzen, was vor der Nase liegt: Hüttenbauer fahren nicht zum Baumarkt und kaufen Material. Unser natürlicher Hüttenbauinstinkt wird heutzutage von den Ikeas und Habitats kommerzialisiert und ausgebeutet, den Verkäufern flach verpackter Möbel und Farbe. Wohingegen die Dekoration unserer eigenen Hütte eine nie endende Freude ist.

Also lernen Sie von Ihren Kindern und bauen Sie Hütten und Buden, bauen Sie Baumhäuser, Höhlen im Wald und I-Ah-Verschläge. Mein nächster Plan ist es, meinen Lieferwagen zu verkaufen, dafür ein schickes altes Wohnmobil zu erstehen und schön einzurichten. Wohnwagen und Wohnmobile sind sozusagen die Hütten für Erwachsene, nur auf Rädern. Denken Sie auch an die Faszination der Kinder für Vogelnester und unterirdische Tierbauten, ebenfalls selbstgebaute Wohnstätten. Wir sollten alle unser eigenes Haus bauen – das ist nicht kindisch, es ist natürlich, und das Kind bringt lediglich ein natürliches Bedürfnis zum Ausdruck, das die moderne Zivilisation uns genommen hat.

f) Spaß am Krachmachen

Kinder machen einen Heidenlärm. Wir beschweren uns andauernd über den Krach, den sie veranstalten. Dabei sollten wir uns bewusst machen, dass auch Krachmachen ein natürlicher Drang ist, der im Erwachsenenleben allzu oft keinen Ausdruck findet. Ich glaube, wir sollten uns ab und zu ein wenig Topfschlagen und Geschrei erlauben, vorzugsweise am Lagerfeuer. Man muss kein musikalisches Talent besitzen, um mit einem Holzlöffel auf eine Pfanne einzuschlagen oder ein einfaches Liedchen zu singen. Aber es schadet nicht, jemanden dazuzuholen, der was davon versteht. Zu diesem Zweck habe ich kürzlich den Dirigenten Charles Hazlewood eingeladen, in unserer Gemeindehalle ein Weihnachtskonzert zu leiten. Er hat den Abend der alten Tradition des *Wassailing* gewidmet, bei der man in Grüppchen von Tür zu Tür zieht und singt und dafür etwas zu essen oder heißen Punsch bekommt. Was da gesungen wird, heißt *Wassail*, und was man kriegt, ist auch ein *Wassail*:

Wassail and wassail all over the town,
The cup it is white, and the ale it is brown,
The cup it is white like the old ashen tree,
And so is the malt of the best barley.

Ein berühmtes Beispiel für einen *Wassail* ist »We Wish You a Merry Christmas«, das bekanntermaßen folgende Zeilen enthält:

Oh, bring us some figgy pudding;
Oh, bring us some figgy pudding;
Oh, bring us some figgy pudding;
And a cup of good cheer.

Und später kommt:

We won't go till we get some;
We won't go till we get some;
We won't go till we get some;
So bring some out here.

Unter Charlies kundiger Führung haben wir gelernt, diese Lieder zu singen, und dabei auf Töpfe und Pfannen geschlagen, um im Takt zu bleiben. Alle Kinder hatten einen Riesenspaß am Singen und Krachmachen. Und genauso die Erwachsenen, obwohl die natürlich sehr viel steifer und gehemmter waren bei der Sache.

Ein weiteres Beispiel für rituelles Krachmachen ist der alte Brauch der *Rough Music*, eine vorindustrielle Tradition, die von dem großen Historiker E. P. Thompson beschrieben wurde. *Rough Music* war ein ritueller Ausdruck der Feindseligkeit gegen eine bestimmte ortsansässige Person, beispielsweise einen Mann, der seine Frau schlug. Sie bestand, wie Thompson schreibt, aus:

... wüstem, ohrenbetäubendem Krach, mitleidlosem Gelächter und obszönen Gesten. All das, wie Thomas Hardy beschreibt, untermalt vom »Lärm von Hackebeilen, Zangen, Tamborinen, Werkzeugen, Leierkästen, Serpenten, Halljahrposaunen und anderen historischen Arten der Musik.« Doch wenn solche »historischen« Instrumente nicht zur Hand waren, taten auch rollende Steine in einem Blechkessel – oder alle anderen Improvisationen mit Blechdosen und Löffeln – ihren Dienst. Die Definition in einem Glossar über den Dialekt von Lincolnshire aus dem Jahre 1877 lautet: »Schlagen auf Töpfe und Pfannen. Gelegentlich aufgeführt, wenn eine äußerst unbeliebte Person das Dorf verlässt oder ins Gefängnis gebracht wird.«

Sinn und Zweck solch ritualisierten Krachschlagens war es nicht zuletzt, echte Gewalt zu vermeiden. *Rough Music* kann als Druckventil verstanden werden, als Ausdruck eines zutiefst menschlichen Bedürfnisses. Ich empfehle ein wenig *Rough Music* für zu Hause. Holen Sie die Pfannen aus dem Schrank, werfen Sie einen Stein in eine alte Konservendose, verteilen Sie die Instrumente und ziehen Sie einmal durchs Haus. Denken Sie sich ein Lied oder einen *Wassail* aus. Und wenn Sie etwas mehr Selbstvertrauen gefasst haben, tragen Sie Ihren *Rough Wassail* hinaus auf die Straße und musizieren dort. Der Punkt ist der, dass wir Erwachsenen, genau wie Kinder, Krach machen müssen, und wir täten gut daran, auch hier von unseren Kindern zu lernen.

g) Die Freiheit lieben

Wie schon John Locke so weise bemerkte, lieben Kinder die Freiheit. Sie wehren sich gegen Beschränkungen. Manchmal scheint es, als seien sie von Natur aus herrisch, sogar anmaßend. Zweck der »Zivilisierung« durch elterliches Genörgel und schulbasierte Erziehungssysteme ist es offensichtlich, das Herrische zu brechen und sie zu zähmen. Aus Göttern Sklaven zu machen. Dass die Kinder sich mit Händen und Füßen dagegen zur Wehr setzen, verdient Applaus. Zeigt ihr Widerstand nicht womöglich, dass mit dem beschränkenden System etwas nicht in Ordnung ist, und nicht etwa mit den Opfern jener Beschränkungen? Von diesen Liebhabern der Freiheit sollten wir lernen, uns selbst allen Beschränkungen zu widersetzen, statt die Kinder auf unser sklavisches Niveau herabzuziehen. Vergessen Sie sämtliche Konzepte von »gutem« und »schlechtem« Benehmen. Behalten Sie vielmehr die Pole von »frei« und »versklavt« im Hinterkopf. Weniger Autorität, mehr Freiheit. Achten und respektieren Sie die kleinen Wesen in Ihrem Haus. Wie Bertrand Russell in »Freiheit oder Autorität in der Erziehung?« schrieb: »Ehrfurcht vor der menschlichen Persönlichkeit ist der Weisheit Anfang in jeder sozialen Frage, vor allem aber in der Erziehung.«

Und der allererste Schritt sollte darin bestehen, unsere eigene menschliche Persönlichkeit zu achten und gut zu uns selbst zu sein. Mehr Krach, mehr Freiheit, mehr Alberei, weniger Bedeutungsschwere, hier und jetzt!

18. Gute Bücher und schlechte Bücher

Für die meisten Menschen bedeutet solche Geistesbildung
einen außerordentlichen Genuss. Denn welch eine Welt
von Büchern bietet sich hier, in allen Gegenständen,
Künsten und Wissenschaften, dem reinen Glück
und der Auffassungsgabe des Lesers dar.
Burton, *Anatomie der Melancholie*

Wissenschaftler erzählen uns andauernd, dass ein Haus
voller Bücher dem Kinde ein lebenslanges Interesse am
Lernen vermitteln wird. Bücher sind nützlich. Sie sind
Freunde und Gefährten. Technologisch sind sie noch
immer unübertroffen. Sie sind perfekt: Tragbar und
aus nachwachsenden Rohstoffen hergestellt, können sie
sowohl Wörter als auch Bilder wiedergeben und brauchen keine Batterien.

Doch Obacht. Es gibt unfassbar viele unfassbar
schlechte Bücher auf dieser Welt, die 5,99 Pfund kosten,
ungefähr siebzehn Wörter enthalten, zu groß und für den
Erwachsenen sterbenslangweilig sind. Beispielsweise die
Autoren eines gewissen überbewerteten Gedichts über ein
Monster, dessen Name sich auf Buffalo reimt, sollten sich
was schämen. Ein armseliges Werk, ein schlechter Witz,
der zu einem Schriftstück ausgedehnt wurde, das einem
Gedicht ähnelt, weil es sich manchmal reimt, dabei aber
keinerlei Rhythmus hat und so viele erbärmlich gewählte

Wörter, dass man es nie im Leben als Gedicht bezeichnen kann. *Postbote Pat* bereitet mir Höllenqualen, und bevor ich *Noddy* lese, ließe ich mich lieber neunzehn Stunden lang auf die Streckbank spannen.

Also, statt in diesen Dingen der öffentlichen Meinung zu folgen und jedem dahergekommenen Buch Einlass in Ihr Heim zu gewähren, bloß weil es ein Buch ist und Bücher angeblich gut sind, sollten Sie nur gute Bücher zulassen, und mit gut meine ich nicht solche, die »erbauliche moralische Belehrungen« enthalten, sondern gut im Sinne einer unterhaltsamen, gut geschriebenen Geschichte. Wir müssen uns in Acht nehmen vor den Moralisten und stets daran denken, dass die ersten Puritaner die Alphabetisierung begrüßten, weil ihnen das den Job der Gehirnwäsche erleichterte.

Auch sollten wir nicht vergessen, dass Rousseau gegen Bücher war: »Ich hasse die Bücher«, schreibt er in *Emile*, ein Satz, der eher provozieren denn wortwörtlich genommen werden soll. Warum? Weil er seinem Zögling eine natürliche Kindheit bieten wollte und weil Natürlichkeit und die Ablehnung der modernen Welt notwendige Beigaben der Befreiung sind: »Der gesellschaftliche Mensch kommt als Sklave zur Welt, lebt und stirbt als Sklave. Bei seiner Geburt zwingt man ihn in einen Wickel, bei seinem Tod nagelt man ihn in einen Sarg. Solange er menschliche Gestalt hat, ist er durch unsere Institutionen gefesselt. … Die Gesellschaft hat den Menschen schwach gemacht …«

Diese Auffassung scheint heute wahrer denn je. Und es ist sogar noch schlimmer geworden, weil wir nicht nur »durch unsere Institutionen gefesselt« sind, sondern so im

Kommerz gefangen, dass wir nur noch als Konsumenten existieren. Bücher, sagt Rousseau, sind nicht natürlich:

> Auch wenn es keine Bücher wälzt, bleibt die Art von Gedächtnis, wie sie dem Kind zu eigen ist, nicht untätig. Alles, was es sieht und hört, beeindruckt es, es erinnert sich daran, es registriert die Handlungen und Reden der Erwachsenen, seine ganze Umgebung ist das Buch, woraus es ununterbrochen und unbewusst sein Gedächtnis bereichert. … Ich hasse die Bücher – durch sie lernt man nur, über etwas zu reden, was man nicht weiß.

Platon hatte eine ganz ähnliche Einstellung zu Büchern: Er war der Meinung, dass sie die Menschen zur Faulheit verleiten. Sie würden sich nicht mehr die Mühe machen, etwas zu lernen oder sich einzuprägen, wenn es in einem Buch stehe. Sich von Büchern abhängig zu machen – unser modernes Äquivalent wäre eine übertriebene Abhängigkeit vom Computerbildschirm, Google und der Maus – mag leicht dazu beitragen, die Entwicklung des Gedächtnisses zu behindern. Nichtsdestotrotz ist es schwer vorstellbar, dass wir zum buchlosen Leben des edlen Wilden zurückkehren, wie edel der Wilde auch sein mag. Und mir persönlich macht es riesige Freude, meinen Kindern vorzulesen und selbst zu lesen und sie lesen zu sehen. Aber wenn ich meinen Kindern vorlese, muss ich auch selbst wirklich Spaß an dem Buch haben. Da liegt der Schlüssel: Bücher zu finden, die beiden Seiten Spaß machen. Und genau das ist das Ziel dieses Kapitels: Ich möchte ein paar gute Bücher vorschlagen, keine belehrend moralischen Bücher, sondern extrem unterhaltsame Lektüre, die Sie Ihr Leben lang begleiten wird.

Ich werde auch einige Gedichte empfehlen, weil Gedichte meistens vergessen werden und wir unsere eigene Freude an Gedichten neu entdecken können, wenn wir unseren Kindern gute Gedichte vorlesen. Und denken Sie nur, wie viele gute Gedichte es zu entdecken gibt: genügend Stoff für viele tausend Jahre. Dabei ist es von essenzieller Wichtigkeit, dass den Eltern das Vorlesen Spaß macht. Wenn Ihnen das Buch nicht gefällt, werden Sie durch die Seiten hetzen und verstohlen vorblättern, um zu sehen, wie viele Seiten noch übrig sind. Wobei wir deswegen auch kein übermäßig schlechtes Gewissen haben müssen: Warum sollte man bei Kindern, die noch nicht lesen können, nicht ein paar Wörter, Sätze oder ganze Seiten weglassen? Sie werden es nie erfahren, wir kommen schneller zum Ende, drücken ihnen einen Gutenachtkuss auf die Wange, löschen das Licht und eilen die Treppe hinunter in die Küche zur ersten Flasche Ruddle's County.

Aber finden Sie gutes Material, und alle sind glücklich. Es gibt keinen Grund, weshalb Eltern sich langweilen sollten. Insbesondere gilt es, jene Bücher zu meiden, die gleichzeitig Spielzeug sein wollen. Beispielsweise besitzen wir ein Buch mit Rädern dran, das ein Spielzeugtraktor und ein Buch über Traktoren zugleich sein soll, dabei ist es, wie sich herausstellt, ein schlechtes Spielzeug und ein schlechtes Buch. Und ist Ihnen aufgefallen, wie viele Bücher Maschinen glorifizieren und den Mythos vom Fortschritt verbreiten? Henry hat so ein Exemplar, in dem andauernd darauf herumgeritten wird, dass die Menschen früher so schrecklich hart arbeiten mussten, während heutzutage beispielsweise der Mähdrescher die Arbeit von zwanzig Mann tut – ist es nicht großartig? Reine Propaganda. Die andere Sichtweise kommt nicht vor, nämlich dass der Mensch früher gern mit anderen zusammengearbeitet und der Mähdrescher dazu beigetragen hat, das bäuerliche Leben zu zerstören, indem er die Arbeit zu einer einsamen machte, die sich nur noch um den Gewinn dreht, statt Arbeit und Freude am Leben miteinander zu vereinen.

Noch schlimmer sind jene Bücher, die als Puzzle daherkommen. Sämtliche Einzelteile gehen auf der Stelle verloren, weil es ja keine Schachtel gibt, in der man sie aufbewahren könnte. Wer denkt sich so was Idiotisches aus? Vermutlich ambitionierte junge Männer in den Produktentwicklungsabteilungen großer Spielzeugfirmen. Und warum kaufen wir das Zeug? Nie, niemals sollten wir für teuren Unsinn wie Leap-Pads und dergleichen Geld ausgeben. Man braucht keine Maschine, um lesen zu lernen. Und solche Gadgets veralten innerhalb von Sekunden, während echte Bücher viele Leben überdauern. Sparen Sie das Geld für mehr Bier oder Wein oder echte Bücher.

Also: hier meine Liste. Für schmales Geld können Sie sich eine erstklassige Bibliothek zusammenstellen. Die meisten Bücher auf meiner Liste habe ich in Secondhand- oder Wohltätigkeitsläden gefunden, manche hatte ich schon als Kind, und manche sind einfach so aufgetaucht.

1. Janet und Allan Ahlberg (*1944 †1994, *1938)

Ich halte nicht viel von modernen Kinderbüchern. Die meisten sind langweilig und dienen lediglich dazu, den Kindern die gerade vorherrschenden gesellschaftlichen Werte zu vermitteln, nämlich dass harte Arbeit und Maschinen etwas Gutes seien. Aber bei den großartigen Ahlbergs mache ich eine Ausnahme, insbesondere für *Each Peach Pear Plum* und *Peepo!*, dem einzigen von mir empfohlenen Buch mit einem Loch in den dicken Seiten, durch das man einen Blick auf ein Detail auf der nächsten Seite werfen kann. Die Bilder sind lustig, und ich habe ein Faible für die liebevoll gezeichneten Interieurs.

2. J. M. Barrie (*1860 †1937)

Peter Pan, man weiß es, ist ein Klassiker aus der Zeit Edwards VII. geschrieben von dem schottischen Autor J. M. Barrie, dem wir auch *My Lady Nicotine* zu verdanken haben, ein ergötzliches Werk zum Lobe des Rauchens. Barrie war außerdem ein Zeitgenosse Jerome K. Jeromes. Sein *Peter Pan* ist eine klassische Studie über den Drang nach Freiheit und spielt, wie die besten aller Kinderbücher, in einem Land ohne elterliche Einmischung und ohne Autoritätsfiguren. Barrie schrieb das Buch 1904 mit der Intention, ein wenig Feenmagie in die Welt zu bringen: »Jedes Mal, wenn ein Kind ›Ich glaube nicht an Feen‹ sagt, fällt irgendwo eine kleine Fee tot um.«

3. William Blake (*1757 †1827)

Für eine gute Dosis altmodischen englischen Mystizismus ist es nie zu früh. In seinem Essay »Warum ich schreibe« berichtet George Orwell, sein erstes Gedicht, das er im Alter von fünf Jahren verfasste, sei von Blakes »Der Tiger« inspiriert worden. Seither habe ich es mir zur freudigen Gewohnheit gemacht, den Kindern dieses Gedicht zum Abendbrot vorzulesen. Viele Gedichte in *Lieder der Unschuld* und *Lieder der Erfahrung* sind schlicht genug, dass auch Kinder etwas davon haben, und gleichzeitig hat unsereiner das Gefühl, auch noch etwas zu lernen, wenn wir »Des alten Barde Stimme« in unserem Bewusstsein widerhallen lassen. Und natürlich werden alle Grundschullehrer schwer beeindruckt sein, wenn die Kinder in der Schule nebenbei erwähnen, dass sie Blake kennen. Blake war der große englische Verfechter der Leidenschaft, die sich damals von den neuen Mächten der industriellen Revolution und ihren »dunklen, satanischen Mühlen« unter Beschuss genommen sah.

4. Enid Blyton (*1897 †1968)

Vergessen wir *Noddy*, aber die *Fünf Freunde*-Bücher und *Der Wunderweltenbaum* haben den Test der Zeit bestanden. Das Faszinierende an den Fünf Freunden liegt wohl wieder in ihrer Unabhängigkeit. Onkel Quentin und Tante Fanny lauern im Hintergrund, aber die Abenteuer der fünf sind allesamt unbeaufsichtigt, ungeplant und selbstgesteuert: Buchtitel wie *Fünf Freunde werden im elterlichen Pkw ins Abenteuerland Chessington gefahren* kommen nicht vor. Gelegentlich treten die fünf sogar als ganz praktische Helfer der Erwachsenen auf: Zum Beispiel vereiteln sie die Pläne einiger Krimineller, die Onkel Quentin über den Tisch ziehen und ihm seine Insel abkaufen wollen, weil sie wissen, dass da in einem geheimen Versteck Goldbarren lagern. *Der Wunderweltenbaum* kann sich mit seinem Erfindungsreichtum und den vielen Leveln und Ländern, den Goblins und anderen fremden Kreaturen mit jedem Computerspiel messen. Auch diese Bücher sind für kleines Geld gebraucht zu bekommen. Ich mag die alten roten Hardcoverausgaben der *Fünf Freunde*, die haben die besten Zeichnungen. Anne macht sogar ziemlich was her. Die Geschichten sind anscheinend einfach so aus Enid Blyton herausgeströmt: Angeblich hat sie ein *Fünf Freunde*-Buch mit 50 000 Wörtern in einer Woche geschrieben.

5. Raymond Briggs (*1934)

Einer der wenigen wirklich genialen zeitgenössischen Kinderbuchautoren und Künstler. *Fungus der Nachtschreck, Der Schneemann* und natürlich das unerträglich traurige *Wenn der Wind weht* könnte ich immer und immer wieder lesen, besonders *Fungus der Nachtschreck* mit seinem Beckett'schen Nihilismus. Bei jedem Lesen entdeckt man etwas Neues. Briggs ist eine nie versiegende Quelle der Freude, und er hat etwas zu sagen.

6. Lewis Carroll (*1832 †1898)

Lewis Carroll ist das Pseudonym von Charles Lutwidge Dodgson, der auch Mathematiker war. Die junge Alice Liddell (ebenfalls eine Ukulele-Spielerin) hat ihn zu seinen Alice-Büchern inspiriert, die er mit zahllosen verrückten Gebilden seiner reichen Fantasie gespickt hat. Auch in Alice' Welt gibt es keine Eltern – sie werden nur mit einem feindlichen »sie« bezeichnet –, dennoch sind die Welten, die Alice durchwandert, augenscheinlich eine Satire auf die durchgeknallte Logik der Erwachsenen, mit wichtigtuerischen Bürokraten, die ein Faible für Uhren haben, und absurden, jeder Vernunft hohnsprechenden Vorschriften. Die Alice-Romane zeigen uns, wie lächerlich und verwirrend die Erwachsenenwelt einem intelligenten Kind vorkommen muss. Alle Erwachsenen sind eitle, grausame, hochnäsige, sentimentale, schwache, tyrannische Witzfiguren. Hinzu kommen die exzellenten Gedichte (»Der Zipferlake« auswendig zu lernen lohnt sich, kommt bei einem Stromausfall immer gut an) und die Illustrationen von John Tenniel. Alles in allem ein so geniales Werk, dass ich es von jetzt bis in alle Ewigkeit immer wieder mit Begeisterung lesen und darüber sinnieren könnte. Aber noch besser ist es, es laut vorzulesen und lustige Stimmen zu üben. Ich gebe am liebsten das scheinheilige Walross

»Ihr dauert mich«, das Walross sprach,
»Ich kenne eure Qualen«

in theatralischem Royal-Shakespeare-Company-Tonfall.

7. Roald Dahl (*1916 †1990)

Mein Freund, der Schriftsteller und Kritiker James Parker, empfiehlt faulen Eltern Roald Dahl nicht zum Vorlesen: »Weil in seinen Büchern so verdammt viel GESCHRIEN wird – das ist anstrengend!« Doch – mit Ausnahme des bedauerlichen *Charlie und der große gläserne Fahrstuhl* – bin ich da anderer Meinung. Mir hat es großen Spaß gemacht, den Kindern Roald Dahl vorzulesen, vor allem *Danny oder Die Fasanenjagd*, auch wenn das Buch den Nachteil hat, dass man sich ein ganz klein wenig minderwertig fühlen könnte, wenn es darum geht, ein guter Vater zu sein.

8. Daniel Defoe (*1660 †1731)

Rousseau, der Mann, der Bücher hasst, macht bei *Robinson Crusoe*, geschrieben 1719, eine Ausnahme. Äsops *Fabeln* und alle Geschichten, die auf moralische Erziehung zielen, findet er schrecklich. *Robinson Crusoe* jedoch, so glaubt er, könne Emile als gutes Vorbild dienen: »Es wird zum Maßstab unsrer Urteilsfähigkeit während unsrer Fortschritte und, soweit unser Geschmack nicht verdorben wird, wird seine Lektüre uns immer Freude machen.« Rousseau ist der Überzeugung, *Robinson Crusoe* werde im Kind den Wunsch nach praktischen Kenntnissen wecken: »Das Kind, im Eifer, ein Warenlager auf seiner Insel anzulegen, wird mit mehr Feuer lernen als der Lehrer lehren. Es wird alles dazu Nötige wissen wollen, nichts anderes«. Etwas beunruhigend ist lediglich, dass Rousseau nicht den literarischen Wert des Buches hervorhebt; er schätzt es im Grunde nur als Antrieb zu sinnvoller Aktivität, wohingegen sich faule Eltern eher einem »Kunst um der Kunst willen«-Ansatz verschrieben haben. Außerdem ist nicht zu vergessen, dass *Robinson Crusoe* in erster Linie die Geschichte eines Einzelgängers ist: Wie schlägt sich das isolierte Individuum in einer feindlichen Welt? Auch Rousseau, erinnern wir uns, hat Emile isoliert. Faule Eltern hingegen wollen ihre Nachkommenschaft mit Menschen umgeben. Wir glauben an die Gemeinschaft. Je mehr, desto fröhlicher. Doch wenn man all das im Hinterkopf behält, ist es ein wunderbares Buch und auch für Erwachsene ein Vergnügen.

9. Charles Dickens (*1812 †1870)

Man kann Kinder schon in sehr jungen Jahren mit Dickens bekannt machen, und *Eine Weihnachtsgeschichte*, der klassische Frontalangriff auf Geiz und Gier, ist ohne Zweifel der beste Anfang, idealerweise in der Weihnachtszeit vor dem Kamin vorgelesen, alle Kinder um den gutmütigen Paterfamilias auf seinem Lehnstuhl arrangiert. Durch *Eine Weihnachtsgeschichte* können außerdem auch die Eltern Dickens schätzen lernen (noch so ein Beispiel für ein Genie, das nie wirklich zur Schule gegangen ist). Was für ein sprachmächtiger, mitfühlender, fantasievoller und, natürlich, menschlicher Schriftsteller er doch war.

10. Arthur Conan Doyle (*1859 †1930)

Auch wenn Conan Doyle stets bedauerte, dass seine Arbeiten über Theosophie und Spiritualismus, die er für bedeutender hielt, aufgrund der gewaltigen Erfolge seiner Sherlock-Holmes-Bücher nicht genügend Beachtung fanden, sind wir ihm doch von Herzen dankbar dafür, dass er uns so viele gute Geschichten geschenkt hat. Der Kinderbuchautor Michael Morpurgo hält *Der Hund von Baskerville* für den besten Einstieg in Holmes. Aber alle eignen sich wunderbar zum Vorlesen, vor allem, weil die Sprache so sauber und präzise ist und weil diese feine Ader des Humors sämtliche Erzählungen durchzieht. Und auch hier kann man viel Spaß mit den Stimmen haben: Kriegen Sie Holmes' dünne, schnarrende Stimme hin? Und sollte Watson nicht etwas weniger raubeinig und trottelig dargestellt werden, als dies gemeinhin geschieht?

11. Kenneth Grahame (*1859 †1932)

Der Wind in den Weiden kombiniert Magie mit einer großartigen satirischen Denunziation des kapitalistisch-futuristischen Neubekehrten in Person des Kröterichs. Heutzutage wäre Kröterich ein Computersüchtiger, der andauernd Upgrades herunterlädt und seinen Freunden von den allerneuesten Netzwerk-Seiten berichtet. Wasserratte und Maulwurf und Dachs stehen für eine altmodischere, schicksalsergebenere Sicht aufs Leben, wo Wohlbefinden und Spaß und Fülle zu denen kommen, die sie erwarten. Kröterichs Obsession für alles, was motorisiert ist, kann auch als Metapher für Alkoholabhängigkeit gelesen werden. Die Entwöhnungsversuche von Dachs und den Behörden und seine trickreichen Fluchten tragen alle Merkmale des Suchtprozesses: Kröterich ist ein Doherty oder eine Winehouse.

12. Die Gebrüder Grimm (*1785 †1863, *1786 †1859)

Auch wenn Grimms Märchen gelegentlich eine Spur zu moralistisch sind (»so ergeht es den ungezogenen Jungs«), lese ich sie trotzdem gern. Ich habe einen Haufen Geld für eine großformatige gebundene Ausgabe mit Farbstichen des makabren Arthur Rackham ausgegeben. Man findet zahlreiche blutrünstige Szenen: »Hänsel und Gretel« ist immer noch ein Schocker, und »Rotkäppchen« ist wunderbar gruselig. Diese Märchen waren ein Phänomen des 19. Jahrhunderts, im Vereinigten Königreich erstmals 1823 unter dem Titel *German Popular Stories* veröffentlicht. Dass sie just in dieser Zeit erschienen, war womöglich Teil der viktorianischen Verschwörung, um den Kindern eine frömmlerische Moral zu vermitteln, und insofern sollten wir als »Kunst um der Kunst willen«-Leser sie meiden. Aber im Grunde glaube ich nicht, dass Kinder die Moralvorstellungen solcher Märchen übernehmen, auch wenn sie ihnen noch so plump eingehämmert werden. Ich glaube, dass sie einfach ihre Freude daran haben, weil die Geschichten spannend sind. Deshalb spielt es eigentlich keine Rolle, ob sie einen moralischen Zweck verfolgen oder nicht. Grimms Märchen sind eindeutig Klassiker, und man hat das Gefühl, dass sie in dieser oder jener Form schon seit Jahrhunderten erzählt werden.

13. Joel Chandler Harris (*1845 †1908)

Harris, der im tiefsten Süden der USA als Journalist arbeitete, entwickelte eine Vorliebe für die Geschichten, die sich die schwarzen Sklaven auf den Plantagen erzählten, und schrieb sie nieder. Im Zentrum der Geschichten in *Onkel Remus erzählt* steht der listige Bruder Hase (Brer – kurz für *Brother* – Rabbit). Karima Amin hat eine schöne Neuerzählung der Geschichten in einer modernen Ausgabe vorgelegt. Sprechende Tiere, List und Tücke, Spiele und ganz allgemein das Austricksen von Erwachsenen: großartiger Stoff.

14. Charles Kingsley (*1819 †1875)

Die Wasserkinder hat mich schon als Kind verzaubert, nicht zuletzt, so glaube ich, weil der Held Tom heißt, ein armer, gebeutelter Schornsteinfegerjunge, der sich in einen kleinen Engel mit Flossen verwandelt und eine magische Unterwasserwelt entdeckt. Offensichtlich üben fremde Welten eine große Anziehungskraft auf Kinder aus: Denken Sie an Narnia, *Der Goldene Kompass, Peter Pan, Mr. Benn* ... Ich weiß noch, dass ich, eher unbewusst, in Mrs. Doasyouwouldbedone (Fräulein Wasdunichtwillstdasmandirtu) verknallt war. Tolle Frau. Der sanfte Kingsley, ein radikaler Vertreter des christlichen Sozialismus, mag hier den Versuch unternehmen, Ethik zu vermitteln. Aber ich persönlich habe nicht ein Quäntchen moralischer Unterweisung aus seinem Buch gezogen. Eher könnte man ihm wohl Sentimentalität vorwerfen, wie auch Dickens und vielen anderen viktorianischen Autoren. Andererseits war die literarische Sentimentalität der Viktorianer in Bezug auf die Kindheit nichts anderes als die entsetzte Reaktion auf das System der Industrialisierung und die damit einhergehende Ausbeutung von Kindern. Kein Zeitalter je zuvor war mit einem solchen Ausmaß an Leiden konfrontiert, das so weit verbreitet war und den Menschen mit solch methodischer Grausamkeit zugefügt wurde. Eine derart radikale Proklamation der Unschuld, wie wir sie bei diesen Autoren finden, beginnt bei Blake, und ich sehe Kingsley in dieser Tradition stehend.

15. *Rudyard Kipling* (*1865 †1936)

Genau wie Oscar Wilde sind auch wir zu dem Schluss gekommen, dass wir gute Geschichten einer guten Moral vorziehen. Also lieben wir Kiplings *Dschungelbuch*, geschrieben 1894. Wie der bereits oben zitierte James Parker schreibt: »Die Kampfszenen sind umwerfend und in ihrer Vehemenz auch von einem Kind leicht zu verstehen, das von der Sprache ein wenig verwirrt sein mag.«

Wenn wir für unsere Kinder gute Bücher aussuchen,

hat das die erfreuliche Nebenwirkung, dass wir selbst belesener werden. Durch das Vorlesen werden wir zu einem Born des Wissens: Freunde werden Sie um Rat zu Kinderbüchern fragen, und nach und nach werden Sie eigene Ansichten und Theorien entwickeln. Um Kinderbücher interessant zu machen, müssen Sie sich nur für Kinderbücher interessieren. So können Sie sich nicht mehr beklagen, dass Sie wegen Ihrer Kinder keine Zeit mehr zum Lesen hätten. Jeden Abend zwanzig Minuten mit den Kindern, und man kann Berge von Literatur abarbeiten.

16. Edward Lear (*1812 †1888)

Was für einen Spaß wir mit »Die Schuggelkinder«, »Quangel-Wangels Bibermütze«, »Der Dong mit seinem Nasenlicht« und »Der Kauz und die Katze« hatten. Kinder sind fasziniert von der Tatsache, dass Lear eines von einundzwanzig Kindern war (sein Vater war ein bankrotter Banker). Ich lese den Kindern seine Gedichte zum Abendbrot vor, und wenn ich sie oft genug wiederhole, fangen sie an, kleine Stücke auswendig aufzusagen, eine nützliche Fähigkeit, die man fördern sollte, da sie sowohl das Gedächtnis als auch das Gefühl für Rhythmus und Reim trainiert. Sogar der kleine Henry kann manchmal mitmachen:

Doch warum waren sie so kühn?
Was ist's, das sie zum Schuggeln trieb?
Ihre Hände sind blau, ihre Köpfe sind grün,
und sie schuggelten auf dem Sieb.

Lears Gedichte machen auch Erwachsenen einen Riesenspaß, weil sie im Grunde Erwachsenenthemen behandeln: Liebe, Verlust, Sehnsucht und den Wunsch, in ein fernes Land abzuhauen. Und die »Schuggelkinder«! Eine Feier der zielstrebigen Exzentrizität. Als die Schuggelkinder in See stechen, sagen alle Daheimgebliebenen eine Katastrophe voraus:

»Paßt auf, es sinkt, und ihr ertrinkt!«

Doch als die Schuggelkinder in die Heimat zurückkehren und die viktorianischen Landeier und Zweifler sehen, wie groß sie geworden sind, lassen sie sich eines Besseren belehren:

Und so mancher Mann hat sich damals gedacht:
Ach, wär ich auch so ein Schuggelkind
und wirbelte auf einem Sieb im Wind
und schuggelte weit hinaus!

Was Rhythmus und Reim angeht, ist Lear unübertroffen. Er ist der Größte, und *Kompletter Nonsens* kriegt man als gebundene Ausgabe so gut wie umsonst.

17. C. S. Lewis (*1893 †1963)

Der große Charme der Narnia-Bücher, abgesehen von dem augenscheinlichen Reiz, dass Narnia hundertprozentig elternfrei ist, liegt darin, dass Lewis im Wesentlichen eine mittelalterliche Landschaft kreiert, in der Tugenden wie Ehre, Redlichkeit, Ritterlichkeit und Höflichkeit großgeschrieben werden und wo Würde und Schönheit zentrale Werte sind. (C. S. Lewis war von 1954 bis zu seinem Tod Professor für englische Literatur des Mittelalters und der Renaissance an der Universität Cambridge.) Das Mittelalter übt eine enorme Faszination auf Kinder aus, weil es ihre Instinkte anspricht, vielleicht wegen des Dramas, der Leidenschaft und der Pracht dieser Zeit. Sie lieben Disney-Filme, die im Mittelalter spielen, und Filme wie beispielsweise *Shrek*. Und in Lewis' Büchern findet sich vieles, was auch Eltern amüsiert und erfreut. Inzwischen haben wir sie alle gelesen. Was mir an C. S. Lewis besonders gefällt, ist, dass er, genau wie Roald Dahl, in seinen Büchern schamlos seine persönlichen Überzeugungen propagiert. Zum Beispiel zieht er gegen progressiven, nichtreligiösen Schulunterricht zu Felde, weil er findet, dass das dem Leben die Magie nimmt. Man denke nur an die beiden Kinder, die ein von tyrannischen Schülern geplagtes Institut namens »Experimentalschule« besuchen, in dem Bücher über Drachen verboten und die Eltern Vegetarier sind.

18. A. A. Milne (*1882 †1956)

Die Pu-Bücher und *Jetzt sind wir sechs* bieten reichlich Stoff für Spekulationen: Verkörpern die Tiere allesamt Jung'sche Archetypen? Ist Christopher Robin für sie eine Art christlicher Gottesfigur? Hat Pu die einzig wahre Einstellung zum Leben, weil er sich einfach treiben lässt wie ein taoistischer Mönch? Sollte Ferkel uns leidtun, oder ist seine jämmerliche Art einfach nur nervig? Und warum hat Christopher Robin keine Freunde? Ist er im Grunde eine traurige und einsame Figur, die in ihrer Stofftiersammlung Trost sucht?

19. Beatrix Potter (*1866 †1943)

Ihre Illustrationen sind schlichtweg großartig. Und auch ihre Geschichten, die karg sind und niemals sentimental, bieten reichlich Raum für fantasievolle Interpretationen. Manche, wie *Die Geschichte von Herrn Gebissig*, sind sogar ziemlich düster. Graham Greene hat die Vermutung geäußert, Beatrix Potter, deren Stil er für seine »sanfte Distanziertheit« lobt, habe zwischen den früheren, einfacheren Erzählungen – *Die Geschichte von Peter Hase* (erschienen 1902, 50 000 verkaufte Exemplare im ersten Jahr) und *Stoffel Kätzchen* zum Beispiel – und den komplexeren, verstörenderen späteren Büchern wie *Schweinchen Schwapp* und *Herr Gebissig* irgendeine Krise erlitten. »Miss Potter muss durch eine emotionale Prüfung gegangen sein, die den Charakter ihres Genies beeinflusst hat«, schrieb Greene in einem Essay aus dem Jahr 1933. Potter hat das dementiert und Greene einen Brief geschrieben, in dem sie ihm mitteilt, dass sie keine Freundin der Theorien des Herrn Freud sei und die einzige Prüfung, durch die sie in jener Zeit gegangen sei, sei eine Grippe gewesen. In einer kürzlich erschienenen Biografie jedoch finden sich Hinweise, dass der Tod ihres geliebten Verlegers Frederick Warne im Jahr 1905 sie traumatisiert hat.

20. Geschichten aus 1001 Nacht

Neulich habe ich meinen Kindern aus *Unten am Fluss* vorgelesen. Abend für Abend habe ich mich durch ein paar Seiten gequält und regelmäßig die Nerven verloren, weil die Kinder nicht in der Lage waren, still zu sitzen und zuzuhören. Eines Abends habe ich mir erlaubt, das Buch quer durchs Zimmer zu pfeffern. Am nächsten Abend ist mir zufällig eine alte Taschenbuchausgabe von *1001 Nacht* in die Hände gefallen, und wir haben mit »Ali Baba und die vierzig Räuber« angefangen. Nach zwei Seiten habe ich hochgeschaut und sah mich drei riesengroßen Augenpaaren gegenüber, die mich voll Staunen und Verzückung anstarrten. Das ist der Stoff! Edelsteine, Höhlen, Geister, Menschen, die geviertelt und an den Höhlenwänden aufgehängt werden, Diebe, die in kochendem Öl zu Tode kommen. Außerdem gibt es jede Menge Sex, Weingelage, Essgelage und Tanzmädchen und Paare, die »einander bis zum Morgen genießen«. Tatsächlich geben die Geschichten einen guten Einblick in das alltägliche Leben im mittelalterlichen Islam. Und sie sind nicht nur sinnlich, fantasievoll und spannend, sie bieten zugleich eine Satire auf die Religion: Jeder Räuber behauptet, es sei »der Wille Allahs«, wenn er einfach nur seine eigenen Ziele verfolgt. Und wirklich großartig ist auch, dass die Geschichten nicht den leisesten Hauch puritanischer Moral enthalten: Sowohl Aladin als auch Ali Baba sind hoffnungslos träge und faul. Es ist pures Glück, dass sie reich werden. Die Dinge passieren einfach: Harte Arbeit wird nicht unbedingt belohnt. Das Schicksal wirkt auf wundersame Weise.

Ein Wort zur Kunst des Geschichtenerzählens: Aus Büchern vorzulesen oder eine DVD einzuwerfen hat den alten Brauch des Geschichtenerzählens aus dem Gedächtnis verdrängt. Dabei geht es vielleicht gar nicht so sehr um die Bücher selbst, sondern um die Geschichten, und Geschichten lassen sich im Grunde besser ohne Rückgriff auf das Buch erzählen. Das Buch bildet eine Barriere zwischen Erzähler und Erzähltem. Es ist vorgekommen, zum Beispiel bei einem Campingausflug, wenn ich die Taschenlampe verschlampt hatte, dass die Kinder trotzdem eine Geschichte hören wollten und ich mich auf meine eigenen Fähigkeiten besinnen und mir aus dem Stegreif eine ausdenken musste. Nach der anfänglichen Angst lässt man es einfach laufen, und die Geschichte entwickelt sich überraschend flüssig. Die Kinder erinnern sich an solche Geschichten sehr viel deutlicher als an die, die sie aus Büchern vorgelesen bekommen. Man kann auch eine Geschichte aus der Erinnerung erzählen, Rotkäppchen zum Beispiel. Es macht sogar mehr Spaß, als sie vorzulesen, weil man irgendwann anfängt, sich zusätzliche Ausschmückungen auszudenken.

Philip Pullmann hat es treffend in Worte gefasst:

Ich finde, wir sollten früh mit dem Geschichtenerzählen anfangen. Wir sollten Lehrer dazu ermuntern, Geschichten zu erzählen – und ich meine nicht, sie aus einem Buch vorzulesen, sondern sie aus dem Gedächtnis zu erzählen, und ich meine auch nicht, sie wie ein Papagei nachzuplappern, ich meine, dass man die Geschichte sicher im Kopf hat, bis man sie so gut kennt wie die eigene Anschrift oder Telefonnummer. Ich habe alle meine Studenten dazu ermuntert … Wenn man das Buch beiseitelegt und allein vor einem Klassenzimmer voller Kinder steht, vor diesen dreißig Augenpaaren, dann fühlt man sich am Anfang ziemlich nackt und ziemlich verletzlich. Und alle, die es versucht haben, haben hinterher gesagt: »Es hat tatsächlich funktioniert, erstaunlich …« Alle Lehrer sollten in ihrem Kopf genug Platz haben für eine Geschichte pro Woche eines Schuljahres.

Wir könnten beispielsweise »Hänsel und Gretel« lesen und uns die entscheidenden Komponenten einprägen. Und wir können die Kinder dazu animieren, bestimmte Parts zu übernehmen. Interessant ist, dass es Kindern scheinbar leichter fällt, sich zu konzentrieren, wenn kein Buch im Spiel ist. Und für den Erwachsenen entsteht ein befriedigendes Gefühl von Spaß und Kreativität. Es macht Spaß, eine eigene, maßgeschneiderte Version der Märchen aufzuführen, und es ist kreativ, sich selbst eins auszudenken. Neulich abends habe ich mir für Henry eine Geschichte über einen großen Traktor und einen kleinen Traktor ausgedacht. Der kleine Traktor darf nie mithelfen, die Kühe zu füttern, und hockt traurig in der Scheune, bis die Kühe eines Tages ausbrechen und sich auf einer kleinen Wiese am anderen Ende des Hofes versammeln. Der große Traktor ist zu groß, um durch das Gatter zu fahren, und so wird endlich der kleine Traktor zu Hilfe gerufen. Anscheinend hat die Geschichte ihnen gefallen, denn am nächsten Tag sagt Arthur zu mir: »Papa, schreib die Geschichte von den Traktoren doch mal auf.«

»Wirklich, meinst du?«

»Ja, dann können wir sie verkaufen.«

Das habe ich also hiermit getan.

Zu guter Letzt möchte ich gern noch einen Tipp für Eltern loswerden: Haben Sie immer ein gutes Buch dabei. So werden Sie sich niemals langweilen, egal wo Sie sind. Kürzlich hatte ich einen äußerst erfolgreichen Moment fauler Elternschaft, und ich danke dem Umstand, dass ich ein Buch dabeihatte. Ich kam mit drei Kindern am Bahnhof Castle Cary an, aber der Zug nach London war schon weg. Der nächste fuhr erst in einer Stunde. Entsetzen überkam mich: Wie sollte ich die drei eine Stunde lang unterhalten? Dann erinnerte ich mich meiner eigenen Weisheiten. Wir gingen in den Warteraum. Ich setzte mich und zog mein Buch aus der Tasche: *Die Pforten der Wahrnehmung* von Aldous Huxley. Ich fing an zu lesen: »So kam es, dass ich an einem schönen Maimorgen vier zehntel Gramm Meskalin, in einem halben Glas Wasser aufgelöst, schluckte und mich dann hinsetzte, um die Ergebnisse abzuwarten.« Die Kinder spielten leise zu meinen Füßen. Nach ungefähr einer halben Stunde lehnte sich die Dame, die neben mir saß, zu mir herüber und flüsterte: »Ich wollte nur sagen, wie großartig ich es finde, dass Sie ein Buch lesen können, während Sie auf drei Kinder aufpassen!«

Sie sehen: Faule Elternschaft funktioniert.

19. Kein Stress mit Computern oder zu einem Tao der Elternschaft

Vielleicht wenn in der Zukunft die Maschinen ein
Stadium der Vollkommenheit erreicht haben – denn
ich gestehe, dass ich wie Godwin und Shelley an die
Möglichkeiten der Perfektionierung glaube, so auch
an die Vervollkommnungsfähigkeit der Maschine –
, nun, dann vielleicht wird es für Menschen meiner Art
möglich sein, in der würdigen Zurückgezogenheit zu
leben, die wir uns wünschen, umgeben von den zarten
Aufmerksamkeiten stummer, elegant entworfener
Maschinen und dabei vollkommen sicher vor menschlicher
Zudringlichkeit. Eine wunderbare Vorstellung!
Mr. Wimbush in Aldous Huxley,
Eine Gesellschaft auf dem Lande, 1921

Kinder vergessen, wie Spielen geht. Oder sie lernen es
erst gar nicht. Dies ist die große Angst derjenigen unter
uns, denen unser bildschirmdominiertes Zeitalter Sorge
bereitet. Beinahe von Geburt an durch Fernseher und
Computer überstimuliert, gewöhnen sich Kinder an die
intensiven Flashs aus Farbe, Sound, Musik und Wörtern –
und daran, das Leben aus der Ferne zu leben. Von neu-
rotischen Eltern verängstigt, die glauben, was sie in der
Zeitung lesen, und in der wirklichen Welt überall Gefahren sehend, ziehen sich Kinder in »sichere« virtuelle Wel-

ten zurück, wo sie sich nicht die Knie aufschlagen, wo das Wasser nicht kalt ist, wo es keine Bäume, kein Holz, keine Nägel gibt. Nur den Bildschirm und die Maus und Einsamkeit. Ist das unsere Vision von der Zukunft?

Ich persönlich hasse Computer. Ich würde lieber mit Feder, Tinte und der Royal Mail arbeiten. Den ersten Entwurf dieses Buches zum Beispiel habe ich von Hand mit einem Füllfederhalter geschrieben. Aber ich bin auch kein fanatischer Neoluddist. Ich schreibe E-Mails, und ab und zu bestelle ich Bücher im Internet. Ich gestehe, Zugfahrpläne im Internet nachzuschauen und mir gelegentlich YouTube-Clips anzusehen. Trotzdem: Alles, was man mit einem Computer machen kann, kann man auch, mit mehr Freude, auf die altmodische Art erledigen. Es ist schlichtweg schöner und befriedigender, Briefe zu schreiben und zu bekommen, als E-Mails, oder zu telefonieren, statt per E-Mail zu kommunizieren. Es macht mehr Spaß und mehr Freude, in einem Antiquariat zu stöbern, als Bücher bei Abe zu kaufen. Man kann auf verborgene Schätze stoßen oder mit dem Buchhändler plaudern, der möglicherweise voller weiser Ratschläge und Tipps steckt. Es ist eine gesellige Erfahrung, voller Abenteuer. Online einkaufen ist einsam, vorhersehbar und sehr häufig frustrierend. Es ist befriedigender und geht sehr viel schneller, eine Zugfahrt mit Hilfe des echten Fahrplans zu organisieren, und noch einfacher ist es, zum Bahnhof zu fahren und mit dem Mann hinterm Schalter zu reden. Meine kleine Sammlung an Nachschlagewerken ist einer Google-Suche und unzuverlässigen Wikipedia-Einträgen in puncto Qualität der Informationen und oft auch Geschwindigkeit bei weitem überlegen.

Bücher bieten haptische Freuden, und vielleicht stolpert man über weitere faszinierende Einträge, während man etwas Bestimmtes nachschlägt. Bücher brauchen keine Batterien, sie stürzen nicht ab oder verlieren beim ersten Windstoß ihre Breitbandverbindung.

Es sieht aus, als hätten die Computerfreaks die Herrschaft übernommen: Früher war der unsoziale Eigenbrötler noch der Typ, dem man aus dem Wege ging, heute sollen wir alle so sein. Das Medium ist die Botschaft: Blogs produzieren Wichtigtuerei. E-Mails sind rüpelhaft. Computer sind an sich sonderlich – sie fürchten die Natur, fühlen sich in Gesellschaft nicht wohl, sind kein bisschen sinnlich, sie sind krank, blass und stillos – und neigen dazu, ähnliche Züge auch bei ihren Nutzern hervorzubringen.

Mein zweiter Einwand gegen die Bildschirmwelten lautet, dass sie fast alle durch Werbung finanziert werden. So tragen sie dazu bei, dass die größten Unternehmen der Welt noch größer werden, weil nur sie das Geld haben, MySpace oder YouTube oder Facebook mit ihrem Markenlogo zu plakatieren (man beachte die Orwell'sche Neusprech-Qualität dieser Namen). Die Überlebenschancen kleinerer Unternehmen schrumpfen, und statt das Risiko einzugehen, ein eigenes kleines Unternehmen zu gründen, werden wir dazu getrieben, einen Job bei einem Großkonzern anzunehmen. Tesco zum Beispiel beschäftigt im Vereinigten Königreich über 250 000 Menschen – das sind alles Leute, die noch vor zweihundert Jahren in einem kleinen Laden gearbeitet oder sogar einen eigenen geführt hätten.

Ein bildschirmbasiertes Leben tendiert dazu, das

Wachstum der Megamaschine zu beschleunigen, statt die Freiheiten des Individuums auszudehnen – was ja immer der große Anspruch des Internets war. Aus rein praktischer Sicht sind Bildschirme schlecht, weil sie im Kind unendlich viele Wünsche wecken: »Kann ich das haben, kann ich das haben?« Der Wasserfall der Werbung vermittelt dem Kind noch dazu schon von früh an die vage Überzeugung, dass man unbedingt reich werden muss, um das ganze Zeug kaufen zu können und glücklich zu sein. Wir sollten alle mithelfen, eine Zeit wiederaufstehen zu lassen, in der Kinder noch spielen konnten, in der sie um neun Uhr morgens mit einem Kanten Brot aus dem Haus gejagt und bis zum Abendbrot nicht mehr gesehen wurden. Selbst in meiner vorstädtischen Kindheit in den 1970er Jahren waren wir den ganzen Tag mit den Fahrrädern unterwegs, ohne dass irgendwelche Erwachsenen auf uns aufgepasst hätten. Eine solche Kindheit bringt lebenstüchtige Charaktere hervor. Es gibt gute Fernsehsendungen, aber machen sie so viel Spaß wie ein Picknick im Baumhaus? Nein. Sind sie so gut, wie abends vor dem Kamin zu sitzen und Geschichten zu erzählen? Nein! Es gibt edlere Freuden, tiefere Freuden und kostenfreie Freuden jenseits des Bildschirms.

In ihrem unsentimentalen und trocken-komischen *Lark Rise to Candleford* zeichnet Flora Thompson ein lebendiges Porträt vom Leben der armen Landbevölkerung im viktorianischen England. Sie haben gerade einmal zehn Shilling die Woche zur Verfügung und genießen dennoch ihr Leben, und ihre Kindheit war ohne Zweifel sehr viel freier als die der Kinder heute. Es war eine Welt der Plumpsklos, ohne fließendes Wasser und mit einem

Schwein im Garten, und auch wenn bei diesen Leuten eindeutig zu wenig gefeiert und getanzt wurde, waren sie dennoch glücklich und stark. Sie waren nicht durch Zivilisation und übermäßigen Komfort verweichlicht und geschwächt. Das Gleiche gilt für ihre Kinder:

> Um die Häuser des Dorfes spielten viele kleine Kinder, die noch zu jung waren, um in die Schule zu gehen. Jeden Morgen wurden sie in einen alten Schal gewickelt, der vor der Brust gekreuzt und im Rücken mit festem Knoten gebunden wurde, sie bekamen etwas zu essen in die Hand und wurden mit den Worten »geh spielen« nach draußen geschickt, während die Mütter die Hausarbeit erledigten. Im Winter, wenn ihre kleinen Glieder blau vor Kälte waren, stampften sie mit den Füßen auf und spielten Pferd oder Lokomotive. Im Sommer buken sie Schlammkuchen, indem sie die trockene Erde aus ihrem sehr privaten Wasservorrat benetzten. Wenn sie stürzten oder sich irgendwie verletzten, rannten sie nicht zurück ins Haus, um Trost zu suchen, weil sie wussten, sie würden nicht mehr zu hören bekommen als: »Geschieht dir ganz recht. Das nächste Mal guckst du, wo du hintrittst.«

Wir können auch von den Yequana lernen: »Wenn ein Kind sich verletzt, geben sie keine mitleidigen Töne von sich«, schreibt Liedloff. »Sie warten darauf, dass es von selbst wieder aufsteht und sie einholt«.

Eine solche Haltung macht Kinder stark, wie in Lark Rise:

Sie waren wie kleine Füllen, die zum Weiden auf die Wiese getrieben werden, und erhielten ähnlich viel Aufmerksamkeit. Ihnen mochte die Nase laufen, sie mochten Frostbeulen an Händen und Füßen und an den Ohren haben, und oft war dies der Fall; aber sie waren selten einmal so krank, dass sie hätten im Hause bleiben müssen, und sie wurden robust und stark, was zeigt, dass dieses Verfahren gut sein muss für sie. »Härtet sie ab«, sagten ihre Mütter, und abgehärtet waren sie in der Tat, genau wie auch die Männer und Frauen und die älteren Jungen und Mädchen des Weilers an Körper und Geist abgehärtet waren.

Für diese Kinder wäre es keine große Sache, drei Meilen zur Schule oder fünf Meilen zur nächsten Marktstadt zu laufen. Trotz – oder vielleicht wegen – ihrer Armut wuchsen sie zu höflichen und starken und selbstsicheren Menschen heran, im Gegensatz zu den verhätschelten und verwöhnten Kindern und Erwachsenen von heute, die so oft jammern, keine Kinderstube haben und sich in Selbstmitleid ergehen. In jenen Tagen war Unterhaltung noch selbstgemacht. Tagsüber haben sich die Kinder in den Wäldern und auf den Wiesen ihre eigenen Fantasiewelten erschaffen und abends den Geschichten gelauscht, die ihnen die Großeltern erzählten.

Ein weiteres Problem mit der digitalen Welt liegt darin, dass sie zu einer fortschreitenden Atomisierung der Gesellschaft führt und Familien in Individuen zersplittert, die alle schweigend mit dem Medium Computer ihren eigenen Interessen nachgehen. Wie Philip Pullman sagt:

Noch etwas, das auffällt, ist die Fragmentierung des Familienlebens, vor allem, wenn jedes Familienmitglied seinen eigenen iPod besitzt, einen eigenen Computer, eine eigene Spielkonsole und einen eigenen Fernseher, und die Familie nur noch dadurch als Einheit existiert, dass alle unter einem Dach wohnen. Jeder macht sein eigenes Ding, geredet wird nicht mehr. Der Großteil der Aufmerksamkeit gilt nicht der Einheit, dem Erhalt der Einheit, der Gruppe, sondern der Befriedigung des Einzelnen. Ich finde das schrecklich.

Dieser stete Prozess der Isolation des Individuums von der Gemeinschaft ist seit mindestens 1535 im Gange, als wir uns, nachdem Heinrich VIII. das Leben, wie wir es kannten, über den Haufen geworfen hatte, von einem auf die Gemeinschaft ausgerichteten Volk zu einer Ansammlung spröder Individuen entwickelten, »sicher vor menschlicher Zudringlichkeit«, wie Mr. Wimbush im Motto dieses Kapitels träumt. Unsere Kreativität und Identität drücken sich durch die Wahl der Waren aus, die wir anschaffen; wie Penny Rimbaud schreibt: »Ich denke, also kaufe ich.«

Schon allein die Sprache der Computersoftware sollte uns misstrauisch machen. Ist Ihnen aufgefallen, wie oft Computer uns »erlauben«, irgendetwas zu tun? »Diese neue Facebook-Anwendung erlaubt es dir, allen Mitgliedern deiner Gruppe eine Geburtstagskarte zu schicken.« Das macht den Computer zu einer Autorität, die uns nach und nach immer mehr gestattet – und wir sollen wohl auch noch dankbar sein. Es ist bezeichnend, wie sehr es dieser Sprache an Feingefühl mangelt und wie sehr sie sich durch übermäßige Verwendung des Imperativs auszeichnet: »Lade Deine Freunde ein!« »Blättere durch die Profile!« »Gestalte Deine Seite auf MySpace!« Jeder, der das geschriebene Wort und, ja, die Schönheit respektiert, sollte in tiefe Trauer verfallen ob der Misshandlungen, die diese Computerfreaks unserer Sprache antun, und sich der Hobbes'schen Weltsicht, aus welcher die Computertechnologie so offensichtlich entspringt, verweigern.

Aber einfach ist das nicht. Erst gestern sagte Delilah: »Ich wünsche mir einen Laptop zum Geburtstag.« Und sie ist sechs! Was will sie mit einem Laptop? Nein, nein, nein! Ich habe nicht vor, 500 Pfund auszugeben, damit sie ein Gerät durch die Gegend tragen kann, das sie von den Menschen um sie herum trennt und nebenbei noch als Supermarkt fungiert, der niemals schließt.

Der Computer ist eine Autoritätsfigur und zugleich ein Werkzeug, das den globalen Marken neue Märkte erschließt. Kleine Kinder erkennen Coca-Cola eher als eine Stange Lauch, und das liegt daran, dass Coca-Cola pro Jahr zwei Milliarden Pfund für Werbung ausgibt. Coca-Cola ist die größte Marke der Welt, und sie hören nie, niemals auf, Werbung zu machen. Ich bin jedes Mal fassungslos, wenn Leute sagen: »Ach, ich lasse mich von Werbung nicht beeinflussen.« Wenn wir wirklich nicht auf Werbung achten würden, würden sich die Unternehmen nicht die Mühe machen, so irrsinnige Summen für die Promotion ihrer Marken auszugeben. Stellen Sie sich vor, wie viel Gutes sich mit dem ganzen Geld bewirken ließe: all die schönen Gebäude, die man bauen, die

Gärten und Parks, die man anlegen, die Samen, die man säen könnte, das Brot, das gebacken, die hungrigen Menschen, die ernährt werden könnten. Stellen Sie sich vor, wie viele Kunstwerke in Auftrag gegeben werden könnten, wenn das ganze Geld, das jetzt in die Werbung fließt, anderweitig verwendet würde.

Okay, was können wir Eltern tun, um uns gegen die Tyrannei des Computers zur Wehr zu setzen? Mein pragmatischer Ansatz ließe sich zusammenfassen in: »Nicht verbieten. Minimieren.« Das Problem mit dem Verbieten ist, dass es das Verbotene auf der Stelle attraktiver macht, als es je war.

Erst kürzlich haben wir beschlossen, die Bildschirmzeit unserer Kinder auf eine Stunde pro Tag zu begrenzen. Ich war eigentlich für eine halbe Stunde. Ich habe einem Freund mit computerverliebten Kindern von unserem Vorhaben erzählt. Der Sohn dieses Freundes trägt seinen Laptop ständig bei sich, wo er geht und steht. »Eine halbe Stunde pro Tag? Wir wären froh, wenn wir ihn auf eine halbe Stunde pro Stunde kriegen könnten!« Einmal haben diese Jungs so lange an ihrem Laptop gespielt, dass sie Verbrennungen auf den Oberschenkeln hatten.

Um zu minimieren, müssen Sie als Eltern die Kleinen zugleich zu anderen Aktivitäten anhalten – mit anderen Worten: sie spielen lehren. Darin liegt ein großer Vorteil beispielsweise unseres allabendlichen Catchens. Wenn ich ihnen das Catchen beibringe, können sie auch miteinander ringen, wenn ich nicht da bin. In letzter Zeit sind wir nach dem Abendbrot immer in den Garten gegangen, um eine Stunde lang französisches Cricket zu spielen, was enorm viel Spaß macht. Mir ist aufgefallen, wie

viel wir dabei lachen, und mir ist auch aufgefallen, wie
selten man vor dem Fernseher oder dem Computer lacht.
Außerdem habe ich festgestellt, dass ich die Kinder nur
für ein Spiel zu begeistern brauche, und dann kann ich
mich davonschleichen und mich meinen eigenen (eigen-
nützigen) Vergnügungen widmen. In einer natürlicheren
Gesellschaft, wo viele Kinder zusammen spielen, bringen
die Älteren den Jüngeren das Spielen bei (wie es in der
Schule ja immer noch der Fall ist, wo jahrhundertealte
Kinderreime und Spiele weitergegeben werden). Heutzutage sind da wohl mehr die Eltern gefragt, wenn sie
nicht wollen, dass ihre Kinder zur leichten Beute der
Konsumentenwelt werden.

Computerspiele führen noch dazu zu Streit. »Ich ver-
fluche den Tag, an dem dieses satanische Spielgerät in
mein Haus kam«, sagt meine belgische Freundin Julie
über ihren Nintendo Wii. Ihre zwei Jungs, sagt sie, liegen sich ständig in den Haaren, wer jetzt spielen darf.
Computer trennen, das liegt in ihrer Natur. Wohingegen
ein so simples Ding wie ein Ball die Menschen zusam-
menbringt.

Manchmal frage ich mich, warum die Welt des Konsums für Kinder so ungemein attraktiv ist. Warum wollen sie, wenn sie die Wahl haben, lieber online einkaufen, als draußen im Freien zu spielen? Vielleicht ist es der
Reiz des immer Neuen. Oder liegt es daran, dass Einkaufen und Online-Welten ihnen das Gefühl geben, ein
klein wenig Kontrolle über ihr eigenes Leben zu haben,
ein Gefühl, das die Eltern ihnen nicht geben? Vielleicht
bietet der Computer Kindern aus ihrem beengten Leben
heraus einen Ausblick auf Freiheit, genau wie bei einem

Erwachsenen, der in einem langweiligen Job feststeckt. Ohne Zweifel hat der Bildschirm etwas Tröstliches an sich: Wenn Arthur wütend oder traurig ist, ist er meistens bei RuneScape zu finden. Wenn das stimmt, dann müssen wir unseren Kindern stetig mehr Freiheit geben. Mich macht es traurig, wenn ich mir das glückliche Leben der von Armut geplagten Einwohner von Lark Rise ansehe und mit dem an Geld reichen, aber konfliktbeladenen Familienleben heutiger Zeiten vergleiche. Was ist da schiefgelaufen? Warum sind wir so jämmerliche Kreaturen geworden, so abhängig, warum beklagen wir uns ständig, warum sind wir so angespannt, so nervös und ängstlich? Mit meiner Idee der faulen Elternschaft will ich im Grunde nichts anderes, als nicht nur den Kindern, sondern auch den Eltern Stärke, Wohlbefinden, Erfüllung, Zufriedenheit und Glück zurückzugeben. Es gibt nichts Schlimmeres als enttäuschte Eltern, weil sie ihre Kinder unter Druck setzen, damit die dort Erfolg haben, wo sie selbst versagten.

Vor allem müssen wir, so glaube ich, durch unser Beispiel und nicht durch Autorität erziehen. Wenn wir glücklich oder doch zumindest fröhlich und zufrieden mit unserem Leben sind, dann wird das Kind natürlicherweise davon ausgehen, dass Glück der Normalzustand ist. Erkennbar unglückliche Eltern, die ihren Kindern erzählen, was sie tun sollen, sind keine gute Werbung für das, was sie da anpreisen. »Wenn du das so siehst, werde ich das Gegenteil machen, damit ich nicht so werde wie du.« Stellen Sie keine Regeln auf. Dann können Ihre Kinder auch nicht rebellieren.

Ich selbst befinde mich nun im goldenen Zeitalter des

Familienlebens. Die Babyjahre sind vorbei. Keine Windeln mehr. Viel mehr Schlaf. Die Kinder sind jetzt drei, sechs und acht. Bis zu den Strapazen der Teenagerzeit bleiben uns noch ein paar Jahre. Ich habe ausgiebig über das Leben als Familie nachgedacht, habe viele Fehler gemacht, und auch wenn ich noch immer nicht viel klüger geworden bin, so bin ich mir doch zumindest darüber im Klaren, dass ich es genießen will, und das bedeutet zuerst und vor allem, dass ich mein Leben so einrichte, dass es mich froh macht. Alles andere wird sich daraus ergeben. Ich warte nicht darauf, dass mich eine Ehefrau, ein Chef, eine Regierung oder ein Kind glücklich machen. Ich bin achtsam geworden für die Bedeutung des jetzigen Augenblicks, weil der das Einzige ist, was wir haben. Alles andere ist Illusion. Außerdem ist mir klar geworden, dass es, vor allem, solange die Kinder noch klein sind, sehr viel besser ist, arm an Geld (oder Kredit) zu sein und dafür reich an Zeit als umgekehrt. Wir werden immer etwas zu essen haben und immer ein Bett, in dem wir schlafen können. Und so will ich lieber zu Hause sein und nicht in Urlaub fliegen und eine alte Schrottkiste oder gar kein Auto fahren, als zu viel zu arbeiten und das Geld auszugeben. Und es gibt keinen Grund zu leiden: Ich werde weiterhin Bier trinken, Bücher lesen und Ukulele spielen. Ein Leben ohne Freude ist kein Leben.

Danksagung

Mein Dank geht an Victoria und die Kinder, außerdem an meinen Verleger Simon Prosser und den Agenten Cat Ledger, meine Lektorin Emma Horton und alle meine Freunde für die inspirierenden Gespräche zum Thema, insbesondere Heather Hodson, Dan Kieran, James Parker, Murphy Williams, John Nicholson und John Lloyd, außerdem Eefke und Julie, die faulen Mamas aus Antwerpen, sowie Penny Rimbaud und Bronwen Jones.

Register

Abwasch 23, 31, 33, 149, 192, 207f.

Adams, Richard 288
Unten am Fluss 288

Äsop 280
Fabeln 280

Ahlberg, Allan und Janet 276

Aktivitäten im Freien
Baumhaus 15, 88, 191, 233f., 234, 265, 296
Brombeeren pflücken 77
Camping 75f.
Hütten bauen 72, 77, 105, 166, 236, 264f.
Spaziergang 37, 257
siehe auch Spiele/Spielen

Alkohol 17, 58, 61, 93, 139, 154

Amin, Karima 283

Arbeit 9f., 14–17, 19f., 25, 30ff., 37, 41, 43, 52, 55, 60, 72, 77ff., 81, 84, 86, 89, 98, 115, 117, 120f., 150, 157, 173, 178, 183, 193, 195, 196, 211, 220, 230, 236, 246, 264, 275f., 289

als Spiel 18f., 32f., 207, 208, 219, 223, 226, 229, 231, 262ff.
berufstätige Erwachsene 113, 139–152 , 228
Arbeiten mit Holz 122, 225, 231–234
Arbeitsethos 7, 22, 134, 255

Arnold, Thomas Dr. (Direktor der Rugby School) 104

Barrie, J. M. 276
My Lady Nicotine 276
Peter Pan 276

Baxter, Richard 99

Beatles, The 138, 163

Benehmen/Manieren 67f., 193, 198f., 210, 269
A. S. Neill über Manieren 198, 200
bei Erwachsenen 199
im Gespräch 198
Tischmanieren 3, 14, 67, 197f., 200

Bentham, Jeremy 243

Bienen 99, 219

Blake, William 74, 108, 118, 183, 240, 254f., 276f., 284
  Dichtung 108f., 183, 241, 254, 277
  »Garten der Liebe« 108
  »Kindliches Leid« 254
Blyton, Enid 277f.
Bob der Baumeister 134
Briggs, Raymond 278
Brombeeren pflücken 77
Brueghel, Pieter 83, 89
  Kinderspiele 83
Bücher 5, 13, 17, 64, 72, 81, 88, 97ff., 100f., 103–107, 112, 137, 140, 143, 146, 152, 169, 173f., 176, 189, 192, 204, 226, 231, 237, 239, 250, 255, 263, 271–295, 304
  Empfehlungen für Bücher/Autoren 275–289
  für Erwachsene 292f.
  Gedichte 17
  Geschichtenerzählen aus dem Gedächtnis 289f.
  gute/schlechte Bücher 271–292
  Illustrationen 279, 288
  Märchen 282f.
  Nachschlagewerke 294

Platon über Bücher 135, 263, 273
  Propaganda 275
  Rousseau über Bücher 272f.
Burton, Robert 83f., 271
  Anatomie der Melancholie 83f., 271

Carroll, Lewis 278f.
Cobbett, William 32, 118, 211, 263
  Cottage Economy 211
  Rural Rides 32, 263
Coca-Cola 72, 300
Coleridge, Samuel Taylor 153
Computer/Internet 5, 7, 73, 76, 87, 135, 138, 226f., 235, 294f., 299
  als Autoritätsfigur 299–302
  Einwirkung auf Kinder 8, 73, 302
  elektronisches Spielzeug 8, 103, 138, 178, 278, 293
  Konsumismus und Computer/Internet 7, 24, 70, 135, 296

Dahl, Roald 279f., 287
Dante Alighieri 160

De Quincey, Thomas 116, 256

Dee, John 124

Defoe, Daniel 280
Robinson Crusoe 280

Dickens, Charles 173, 202, 281, 284
Eine Weihnachtsgeschichte 281

Disziplin/Autorität 11, 20, 28, 35, 39, 68, 97, 107f., 112, 170f., 173, 177, 188, 198, 202, 227f., 256, 269, 299, 303
auf öffentlichen Plätzen 158
in Schulen 109, 114
Rousseau über Disziplin 35

Doyle, Arthur Conan 281
Der Hund von Baskerville 281

DVD/Video 136ff., 289
im Auto 184

Education Otherwise 104

Edwards, Jonathan 172

Ehrenreich, Barbara 84f., 156
Dancing in the Streets 84, 156

Eigenständigkeit 25

durch Erlernen praktischer Fähigkeiten 117
bei Kindern 117, 170, 249
in der Erziehung 249

Einsamkeit/Isolation 31, 50, 61, 83ff., 86, 88, 90, 255, 299

Eltern 5, 7–17, 21f., 26, 29, 35- 38, 41ff., 51, 53, 58–62, 64, 66ff., 70–73, 76, 81, 83f., 86, 88–92, 95, 98, 103f., 106f., 109, 111, 113–117, 119–123, 125, 133, 143f., 152–155, 162–172, 174, 178, 180, 186f., 192, 196–199, 208, 211, 219, 222, 226ff., 231, 233f., 239, 242, 244, 246–249, 253, 255ff., 262ff., 274, 278–281, 287, 291ff., 301ff.

Eigenständigkeit 20, 25, 264
gestresste Eltern 8, 45
gute/schlechte Eltern 11, 49, 58
natürliche Elternschaft 14, 81
perfekte Eltern 46, 49ff., 56

Schlafmangel 139–143,
147–152
Sex für Eltern 139f.,
142f., 179
Epikur 243
Ernährung 203, 60
Brot backen 203
Fleisch 203, 216f.
Junkfood 188
selbstproduzierte
Lebensmittel 198, 203
vegetarische Ernährung
60, 216f.
siehe auch Mahlzeiten
Erziehung/Schule 173
Bildungsfernsehen 133
Engagement der Eltern
106
Flexi-Unterricht 106
Gemeinschaftsschule
115, 117
Heimunterricht 104–
107, 114, 245
Internat 109
Lehrer 29, 45, 69, 81,
99, 105, 112, 114–
118, 167, 242, 244,
280, 290
Musikunterricht 160–
164
Praktische Fähigkeiten
104, 221, 227, 231

Praktisches Lernen 280,
231
Privatschulen 110, 117
Staatliche Schulen 103,
110ff., 114f., 117f.,
173
Eton 110f., 114, 118, 242

Facebook 235, 295, 299
Familie 113, 115f., 139,
159, 161, 163, 183, 186,
202, 205, 207, 223, 227,
260
als Gemeinschaft 23f.,
26, 29f., 57f., 75f.,
93f., 141, 144f.,
193ff., 197, 208, 224,
255f., 298f.
Konzepte von Familie
49f., 85ff., 148–151,
304
Familienausflüge 77, 150,
183–196
Fernsehen 72, 125, 157,
178, 226, 250
Fernsehverbot/Minimie-
rung 131–138, 201
Werbung 125
Freiheit 5, 14, 16, 22, 29f.,
36, 40, 59, 62f., 66, 73,
85, 99f., 107f., 112, 118
131, 198, 231, 240, 247,
268f., 276, 296, 302f.

Freunde/Freundschaften
128, 148f., 157, 179,
193, 195, 198, 215, 233,
271, 282, 285, 287,
300f.
Fukuoka, Masanobu 78f.,
81, 162
*Der Große Weg hat kein
Tor* 78
über Musik 162

Gärtnern 32, 79, 117
Gemüse/Obst anbauen
209
Rousseau über das Gärt-
nern 32, 81, 123
Gedichte 17, 52, 105,
142f., 155, 192, 200,
271f., 274, 276f., 279,
285f.
Gefahren 27
Geld/Wirtschaften 12,
17ff., 24f., 41ff., 47,
57, 64, 67, 70, 72, 74f.,
79, 94, 113, 116, 120f.,
123f., 127f., 133, 136,
138, 145f., 149f., 157f.,
183, 189, 195, 217, 219,
221f., 237, 239f., 250f.,
254, 258, 275, 278, 282,
295, 300–304
German Popular Stories 282

Geschichten aus 1001 Nacht
288f.
Gespräch/Reden 70, 77,
88, 91f., 195, 257, 273
John Locke über Kon-
versation 205f.
siehe auch Wörter/Spra-
che
Grahame, Kenneth 282
Der Wind in den Weiden
282
Grant Museum, London
191
Greene, Graham 288
Grenfell, Joyce 174
Griffith, Jay 204
Grimms Märchen 282f.
Großeltern 53, 174, 298

Handbücher zur Kinder-
erziehung 15, 59, 140,
176, 200
Handwerker 31, 160, 236
Harris, Joel Chandler 283
Onkel Remus erzählt 283
Hartman, Alia 85
Hase/Kaninchen 124,
214ff., 221
als Nahrungsmittel 216
Hazlewood, Charles 266
Heimdekoration 195
Hepworth, Barbara 49
Heywood, Colin 128

Hobbes, Thomas 235, 300
Hockney, David 131
  Geheimes Wissen 131
Hundertwasser, Friedens-
  reich 145, 167, 264
Hutton, Ronald 156
Huxley, Aldous 71, 78, 86,
  111, 118, 224, 250f.,
  292f.
  Die Pforten der Wahrneh-
    mung 292
  Eiland 86
  Eine Gesellschaft auf dem
    Lande 293
  Schöne neue Welt 224

Illich, Ivan 24f.
  »Taught Mother Ton-
    gue« 24
  International Magic 109

Jacobs, Richard 112
James, Oliver 90
Janes, Sarah 174
Jerome, Jerome K. 239,
  276
  Things We Meant to Do
    239
John, Augustus 76
Jugendliche/Teenager 63,
  93, 133, 164, 304

Katzen 212–215, 221, 262

Keats, John 112, 142
Kennett, White 98
  The Charity of Schools for
    Poor Children (*Die*
    Wohltätigkeit der Schu-
    len für arme Kinder)
    98
Kinderarbeit 5
  im 18./19. Jhd. 10, 173
  im Haushalt 19, 23, 29,
    150
  im Mittelalter 175f.
Kinderbetreuung 9, 117,
  89, 92, 226
  als Belastung 19, 26, 53
  als Spiel 26
  durch die Großeltern
    148
  Kindermädchen/Au-pairs
    53f., 126, 148f., 165,
    250
Kindesentführung 171f.
Kindheit 7, 13, 21, 35, 44f.,
  56, 63, 81, 86, 88, 90,
  135, 137, 144, 165, 167,
  170f., 173, 175f., 179,
  195, 236, 272, 284, 296
  im Mittelalter 90, 128f.,
    176, 255, 258
Kingsley, Charles 283f.
  Die Wasserkinder 283
Kipling, Rudyard 284
  Das Dschungelbuch 284

312

Kleidung für Kinder 59
  Pucken 59
Konsumismus 17
  Spielzeuge 14
Krach machen 165, 266–269
Kultur und Glaubensvor-
  stellungen 102

Lagerfeuer 76, 177f., 266
Landwirtschaft 78, 80f., 232
Lawrence, D. H. 7, 9, 14, 21f., 28, 55f., 97, 100, 104
  »Education of the People« 7, 97
  über Mutterschaft 55f.
Lear, Edward 285f.
  Die Schuggelkinder 285
  Kompletter Nonsens 286
Lewis, C. S. 286f.
Libertine, Eve 113
Liddell, Alice 178
Liebe 43, 67, 108, 124, 128, 144, 155, 192, 194, 213, 224, 246, 253, 286
Liedloff, Jean 152, 170, 226–229, 234, 247f., 297

Auf der Suche nach dem verlorenen Glück 152, 140, 226, 247
Lloyd, John 241, 245ff., 305
Lob/Ermutigung 227f.
Locke, John 15f., 19, 58–68, 83f., 86, 90f., 107, 116, 154, 176, 232f., 263, 268
  Gedanken über Erziehung 16, 19, 83
  über Arbeit 232f.
  über das Schwimmen 169
  über das Tanzen 153f.
  über Konversation 206
  über Essenszeiten/Ernährung 203f.
  über Spielzeug/Spiele 72f., 126f., 231

Mabey, Richard 77
  Bei der Natur zu Gast 77
Magie 282, 287
Mahlzeiten 197, 205
  feste Essenszeiten 173, 201, 204
  siehe auch Ernährung
Manning, Mark 77
Marktwirtschaft 24
McLuhan, Marshall 135
Medizin 61

Mevlana Dschalal ad-Din
 ar-Rumi 155
Mill, James 243
Mill, John Stuart 118,
 243f.
Milne, A. A. 287
Ministry of Sound, The 158
Mitford, Nancy 54
Moral 46, 67, 82, 98, 103f.,
 168, 282, 284, 289
Morpurgo, Michael 281
Morris, William 187, 189
Museum 187, 191
Musik/Tanz 153–164
 Musik-/Tanzunterricht
 158
 religiöse Tänze 155
 Rough Music 267f.
 Singen 90, 163f., 267
 Ukulele 106, 160f., 164,
 278
Mütter 7, 25, 27, 29, 49–
 68, 125, 176, 255, 297f.
 berufstätige Mütter 51
 D. H. Lawrence über
 Mütter 21, 55f.
 Idealvorstellungen von
 der Mutter 46, 49f.,
 56
 im Mittelalter 175f.
 mediale Images von der
 Mutter 57f.
 siehe auch Eltern

Nabokov, Vladimir 191
Nacktheit 174
Natur 5, 25ff., 33, 39, 56,
 61, 65, 69–81, 123, 139,
 162, 164, 167, 177, 180,
 193, 211, 220, 223f.,
 235f., 295
 Natur versus Erziehung
 59, 83f., 90f.
Naturhistorisches Museum,
 London 187
Neill, A. S. 93ff., 97, 107,
 109, 124, 175, 177, 231
 über Manieren 198ff.

*Office of Christian Parents,
 The* 45
organisierte Beschäftigun-
 gen 180, 228
Orwell, George 111, 276,
 295

Parker, James 279, 284
Platon 135, 263
 Der Staat 49
 über Bücher 273
Ponys/Pferde 215, 220f.,
 297
Postman, Neil 135ff.
 *Das Verschwinden der
 Kindheit* 135
Potter, Beatrix 288
Protestantismus 157

Prüderie 175
Pullman, Philip 228, 290
Puritaner 17, 59, 131, 155,
    172, 199

Quengelnde Kinder 88
    Ursachen 88
    Vorbeugen 248

Rackham, Arthur 282
Religion 239, 289
Rimbaud, Penny 254, 259,
    299, 305
Rousseau, Jean-Jacques
    Emile 16, 19, 27, 30, 32,
        35, 39, 45, 55, 59, 69,
        83, 119, 225, 272, 280
    über Bücher 272f., 280
    über Disziplin 35
    über das Gärtnern 32
    über Handwerk 33, 225,
        232
    über Mutterschaft 55, 58
    über das Neinsagen 42f.
    über Spielzeug 119, 123
Russell, Bertrand 103f.,
    269
    »Freiheit oder Autorität
        in der Erziehung?«
        269

Schlaf 139–152
    Ausschlafen 77, 143f.

Kinder im Ehebett 141
    Nickerchen 131, 139,
        141, 145–148, 150,
        213
    Schlafengehen 142
    Schlafenszeiten, feste 140
Schweine 217f., 222f.
Selbstsucht/Egoismus 29,
    55
Sendak, Maurice 165
    *Wo die wilden Kerle woh-
        nen* 165
Seymour, John 209, 217f.
Simpsons, Die 30, 131, 136,
    138
Spiele/Spielen 8, 33, 35,
    38, 76, 89, 121, 169,
    283, 302
    Brettspiele 262
    Catchen 180f., 301
    Einmischung der Eltern
        45f., 91, 276
    Grimassen schneiden 258
    Kinderbetreuung als
        Spiel 26, 89, 226
    kreatives Spielen 122,
        134, 138, 189, 192,
        233, 235, 237
    Sofaspiele 179f.
    siehe auch Aktivitäten im
        Freien
Spielzeug 5, 33, 43, 62, 71,
    77, 102, 129, 195, 274f.

aus Plastik 119ff., 128
Holzspielzeug 128, 235
im Mittelalter 258
Rousseau über Spielzeug
    32, 123
selbst gebautes Spielzeug
    122, 124, 127, 225
Werbung/Marketing für
    Spielzeug 123ff., 275
siehe auch Spiele/Spielen
Sport/körperliche Spiele
    169, 233
Beaufsichtigung durch
    Erwachsene 11
Locke über das Schwim-
    men 169
Mannschaftssport 169,
    233
Schwimmen 169f.
Sprache/Wörter 258,
    271f., 274, 278, 293
Stallybrass, Peter 157
Stress bei Erwachsenen 5,
    37, 40, 170, 183, 293
Sufismus 155
Summerhill School, siehe
    Neill, A. S. 93f., 97, 109,
    113, 198

Tao Te King 57
Technologischer Fortschritt
    135

siehe auch Computer/
    Internet
Tenniel, John 279
Thiel, Peter 235
Thompson, E. P. 267
Thompson, Flora 205, 296
    Lark Rise to Candleford
    205, 296f.
Tiere 5, 192, 215f., 224,
    283, 287
Arbeitstiere 218f.
Haustiere 35f., 211–214,
    218, 224
Tierhaltung zur Nah-
    rungsgewinnung 222f.
Total Liberty 110
Trilling, Lionel 84
Tuan, Yi-Fu 84

Urlaub 17, 65, 72–75, 113,
    139, 192, 195, 304

Väter 11, 14, 20, 25f., 43,
    50, 52, 54–57, 62, 64,
    87, 92, 125, 131, 146,
    150, 167f., 178ff., 184f.,
    191, 197, 212, 227, 243,
    246, 248, 254f., 259,
    280, 285
siehe auch Eltern
Vergnügungsparks 150
Vorgaben, feste 173, 255
Zeitpläne 37ff., 204

Vorlesen 274, 279, 281, 285

Wassailing 266
Warne, Frederick 288
Waugh, Auberon 133
Werbung 57, 80, 88, 125, 135, 138, 172, 195, 295f., 300–303
  im Fernsehen 125, 132
  für Spielzeug 121
  siehe auch Konsumismus
Wesley, John 172
Wesley, Susanna 44

Westminster School 58, 112f., 116
White, Allon 157
Wilde, Oscar 284
Woodcraft Folk 180

Yequana-Indianer (Südamerika) 205, 226f.

Zeichnen 101, 166, 192, 261f.
Zusammenarbeit 101
  siehe auch Kinderarbeit